RECLAM-BIBLIOTHEK

Wir kennen sie alle, ob »In the Summertime« oder »Yellow Submarine«, »Satisfaction« oder »Sailing«, »Smoke on the Water« oder »Sultans of Swing«. Oldies sind unverwüstlich. Auch nach Jahrzehnten sind sie immer noch so taufrisch im Ohr wie an dem Tag, an dem wir sie zum ersten Mal im Radio hörten, uns die Haare lang wachsen ließen und uns Schlaghosen zum Geburtstag wünschten.

Stefan Erhardt und Johannes John haben die schönsten und besten Oldies aus drei Jahrzehnten ausgewählt und kompetenten Interpreten anvertraut. Sie fördern verblüffende Einsichten zutage, legen »verständige Interpretationen« vor und lassen sich zu hemmungslosen Liebeserklärungen hinreißen.

Ein nostalgisches, witziges und profundes Buch für Kenner und Neulinge, mit den Hits von Abba und T. Rex, David Bowie und Elton John, den Sweet und den Kinks, Smokie und Santana, den Beatles und den Stones, Middle of the Road, Mungo Jerry und vielen anderen.

Oldies, die wir nie vergessen

Verständige Interpretationen

Herausgegeben von Stefan Erhardt & Johannes John

RECLAM VERLAG LEIPZIG

Mit 15 Abbildungen

ISBN 3-379-01670-5

Reclam-Bibliothek Band 1670
1. Auflage, 1999
Reihengestaltung: Hans Peter Willberg
Umschlaggestaltung: Oberberg + Puder
Abbildungsnachweis am Schluß des Bandes
Gesetzt aus Meridien
Satz: Peter Conrad, Brandis
Druck und Bindung: Ebner Ulm
Printed in Germany

Inhalt

Intro

I.

»Die Geschichtenerzähler machen weiter, die Autoindustrie macht weiter, die Arbeiter machen weiter, die Regierungen machen weiter, die Rock'n'Roll-Sänger machen weiter, die Preise machen weiter, das Papier macht weiter, die Tiere und Bäume machen weiter, Tag und Nacht machen weiter ...« (Rolf Dieter Brinkmann, Westwärts 1&2, 1974)

Und auch der Pop macht weiter, klar. Doch welcher Pop mittlerweile: »Pop I« oder »Pop II« (Diedrich Diederichsen)? Und was ist damit überhaupt gemeint? Brit-Pop? Ethno-Pop? Oder Hip-Hop? Trip-Hop? Fusion? Grunge? Rap? Reggae? House? Techno oder Tekkno? Trance? LowFi? Ambient? Post-Punk? Ska? Death-Metal oder Speed-Metal? Dub? Drum 'n' Bass? Crossover? Am Ende sogar World-Music?

Die Dinge sind einigermaßen unübersichtlich geworden. Mit der Globalisierung – jeder kennt Michael Jackson überall auf der Welt – ging auch hier die Tribalisierung einher, und jeder Stamm hat seinen Soundtrack, wenn er sich nicht gar erst durch einen solchen konstituiert. Szenen für Spezialisten. Obwohl's auch ›damals‹ schon Sparten, Fraktionen und Schubladen gab, etwa im ›Rock‹: von Rock 'n' Roll und Rockabilly, Folk-Rock, Acid-Rock, über Psychedelic-Rock, Country-Rock bis zum Glam-Rock, Hard-Rock, schließlich dem Punk-Rock.

Deshalb einfach nur: Oldies.

II.

Als ob es damit einfacher würde.

»Olldie [o^u^ldie; *amerik.*]| der; -s, -s: a) alter, beliebt gebliebener Schlager; b) (ugs.) jmd. od. etw., der bzw. das einer älteren Generation bzw. einer schon vergangenen Zeit angehört.« So der Fremdwörter-Duden in seiner 5. Auflage von 1990, die – mittlerweile fast zehn Jahre alt – ja selber schon Oldie-Status besitzt.

Der Begriff ist schillernd, die Grenzen sind fließend: Steffi Graf galt schon mit Mitte Zwanzig als Tennis-Oldie, Lothar Matthäus ward dies spätestens jenseits der Fünfunddreißig, und wer von den ›Jungen Wilden‹ in diversen Parteien nicht rechtzeitig den Sprung auf den einen oder anderen Karrierezug geschafft hat, wacht eines Morgens unvermutet als Oldie auf.

Natürlich hätten wir noch ein paar Monate warten können. Ob die Jahrtausendwende nun Ende 1999 oder eigentlich erst Silvester 2000 ins Haus steht: jenseits dieser Schwelle wird dann vermutlich bald alles zum Oldie mutieren, was aus unserem Jahrhundert stammt oder dort seine Wurzeln hat. Ein verächtliches »Das ist doch tiefstes zwanzigstes Jahrhundert!« wird in nicht allzu weiter Ferne wohl zum Synonym für all das werden, was nicht mehr modern, sondern ebenso hoffnungs- wie rettungslos ›out‹ ist.

Doch geht die Rechnung so nicht auf, weil dies nur die eine, gewissermaßen die B-Seite der Single ist. Vielmehr erweisen sich diverse Perlen der Vergangenheit gegen jeden Zahn der Zeit und den Wechsel der Moden als überaus resistent, was ja die dämliche Wendung von den ›Oldies but Goodies‹ genauso signalisiert wie die Formulierung ›Golden Oldies‹: jene eben, die wir nicht vergessen. Und nie vergessen werden.

III.

»Die Amis haben unser Unterbewußtsein kolonialisiert«, heißt es in Wim Wenders' Film »Im Lauf der Zeit«. Wie immer man die sechziger und siebziger Jahre bewerten mag: Was sich in jenen Jahrzehnten in den berühmten ›weiten Kreisen‹ der Jugendlichen vollzog, ist ganz ohne

Zweifel eine Kulturrevolution gewesen: und die sprach Englisch, was keineswegs alle Eltern verstanden, geschweige denn sprachen, im Gegenteil; ein Reservoir der Exklusivität, auch wenn es uns selbst dabei ja oft nicht besser ging, und viele Zeilen, Strophen oder Wendungen ebenfalls lange böhmische Dörfer blieben ... Während diese ›Negermusik‹, wie uns ältere Geschwister oder andere Veteranen versichern, anfänglich noch mit Zähnen und Klauen verteidigt werden mußte, wurde der Ton im Zuge ihrer flächendeckenden Etablierung zunehmend selbstbewußter, zugleich selbstverständlicher, weil das Terrain geebnet war und viele Schlachten nun nicht mehr geschlagen werden mußten. Oder wie es Udo Lindenberg treffend formulierte: vorher hätten wir immer zu hören bekommen, dafür seien wir noch zu jung. Nun hatten wir etwas, wovon wir sagen konnten: dafür seid ihr zu alt!

Something was happening, und die Musik war das Medium. In Kofferradio, Musikbox, Schallplattenspieler, Tonbandgerät. Und wo Generationen zuvor noch hoch auf dem gelben Wagen das Fahren lernten, fuhren wir mit dem »City of New Orleans« in den tiefen Süden, und daß derlei Traditionsbrüche – die sich selbstverständlich aus Politik und Zeitgeschichte erklären – auch ihre liebenswert grotesken Seiten haben, dafür mögen jene von Bruce Springsteen enthusiasmierten Burschen in Krachledernen stehen, die in den frühen Achtzigern – nachdem der Boss mit seiner E-Street-Band das Münchner Olympiastadion fast zerlegt hatte – Richtung U-Bahn zogen, wobei in regelmäßigen Abständen ein donnerndes »Born in the USA« herausbrach. Und wo die Verteidiger des Abendlandes bitter beklagten, die heutige Jugend könne keine Gedichte mehr auswendig, wären wir gerne bereit gewesen, auf Wunsch das Gesamtwerk der Beatles oder der Kinks, von Cohen, Dylan (eher schwierig), den Beach Boys (eher einfach) oder Scott McKenzie (eher überschaubar) zu rezitieren. Daß dieser Wunsch kaum geäußert wurde, hat nicht weiter gestört: so ist, war und blieb es *unsere* Musik.

Oldies sind also keine Schlager, diese Bezeichnung bleibt

dem deutschen Liedgut und -schlecht vorbehalten, dem bereits im Band »Schlager, die wir nie vergessen« (1997) die Reverenz erwiesen wurde. Sie stammen damit nicht notwendigerweise aus dem Vereinigten Königreich oder seinen ehemaligen Kolonien jenseits des Atlantiks, aber sie bedienen sich der dort gesprochenen, mittlerweile universal gewordenen Sprache. Weshalb auch alle in diesem Band versammelten Titel englischsprachig sind – bis auf eine Ausnahme.

Wer also kritisieren mag, daß dieses Florilegium unsterblicher Oldies auch die Amerikanisierung weiter Regionen unseres Denkens und Fühlens widerspiegle, dem können wir nur entgegnen: so isses.

IV.

Im Februar 1999 veröffentlichte die Münchner »Abendzeitung« ganzseitig »Münchens größte Faschings-Hitparade«, die fünfhundert Titel umfaßte, welche wiederum 10 105 Leser gewählt hatten. Waren die Medaillenränge mit Cher, Oli P. und Emilia erwartungsgemäß ein Tribut an die gerade aktuellen Charts, ließen die Plätze 157 (»Yesterday« von den Beatles), 171 (Bob Dylans »Blowing in the Wind«) oder 250 (Bruce Springsteen: »Streets of Philadelphia«) doch aufhorchen. Hatte man derlei bislang im Pappnasen-, Schwoof- und Schunkelambiente angesiedelt?

Man kann auf jene Songs ganz augenscheinlich also auch tanzen, klatschen und gehörig die Sau rauslassen.

Wieso auch nicht, dienen viele unserer Golden Oldies heutzutage vor allem dazu, allerlei buntes Zeug an die Frau, den Mann und vor allem die dazugehörigen Kinder zu bringen. »Born to be Wild«, das ist doch die Musik zur Ford-Werbung? Oder Opel? Nein, für die fährt ja Eric Clapton, Modell »Layla«. Und wie heißt noch diese talentierte Sängerin, die sich Bitburger geangelt hat: Aretha Franklin? Nie gehört: gibt's die schon lange? Immerhin:

»Respect«! Und was hat Aral erst für eine kreative Musikabteilung, die im Nullkommanix Ohrwürmer wie »I'm Walkin'...«, »What a Wonderful World« oder »Paranoid« aus den Ärmeln schüttelt. Wobei es mittlerweile ja auch eigene Soundtracks dieser Commercials gibt. Und die Bilder dieser Clips brennen sich zu diesen Tönen unauslöschlich ins Gedächtnis. Ein Enthistorisierungsprozeß, den man nicht gutheißen muß. Geschweige denn mitmachen.

Man kann auf Oldies tanzen, man kann mit Oldies Sachen verkaufen. Also kann man sie auch interpretieren.

V.

Man kann sie analysieren und historisch situieren; man kann sie loben und preisen; man kann sie zur Sau machen oder verdammen; man kann zu erklären versuchen, warum sie ein Leben verändert haben oder aber völlig kalt ließen. Die Spannbreite, das jeweilige Temperament, Stillage und Akzentsetzungen sollten dabei durch möglichst wenige Vorgaben eingeengt werden. Machen Sie sich also auf einiges gefaßt: auf Satiren und Glossen, kenntnisreiche Auslegungen, tatsächliche oder fiktive Lebensläufe, Hymnen und Liebeserklärungen!

Daß sich dabei auffällige Parallelen, Überlagerungen und Übereinstimmungen ergeben, die die Sozialisationsmuster einer ganzen Generation erkennen lassen, ist ebensowenig überraschend wie geradezu spannend zu verfolgen.

Orte und Plätze, Wohnungen und Zimmer, Dekorationen und Accessoires, Kleidung und immer wieder: der Gitarrenunterricht. Ob nun als Eleve oder als Lehrer, ob man sich die Finger blutig üben oder später Adepten mit der Akkordfolge von »Smoke on the Water« oder Komplizierterem traktieren durfte. Dekaden, in denen das Klavier ausgespielt hatte und sechs Saiten und ein Griffbrett zu Instrumenten eines kollektiven Musikunterrichts, oft genug ja als autodidaktisches Wagnis (mit dementsprechend fatalen Folgen) unternommen, aufstiegen. Wenn bei Kerzenschein, Lagerfeuerschimmer, bei Jugendclub- oder Discobeleuchtung zeitgleich millionenfach »Satisfaction«, »School's Out« oder zu fortgeschrittenerer Stunde und mit durchaus handfesten Interessen und höchst irdischen Absichten die »Sounds of Silence«, »Blowing in the Wind« oder »Sailing« intoniert wurden, so trug dies nicht nur im wahrsten Sinne des Wortes zur Popularisierung dieser Lieder bei, sondern dokumentierte darüber hinaus auch, wie unendlich viel diese Drei- oder Vier-Minuten-Kunststücke mit unserem Leben und Erleben zu tun hatten.

Eben dieser autobiographische Bezug, die Unmöglichkeit, über die Rolling Stones, über T. Rex oder Creedence Clearwater Revival zu schreiben, ohne auch von sich selbst zu sprechen, ist womöglich der rote Faden, der sich durch fast alle der hier versammelten Beiträge zieht. Wann, wo und wie wir diese Musik zum ersten Mal gehört haben: oder mit wem. Das zählt, das bleibt: ob als Schock oder als Offenbarung, so wie bei der ersten Liebe. Mit der Musik steigen Bilder auf, auch heute noch. Oder umgekehrt: viele Bilder sind unauslöschlich mit einer Tonspur unterlegt: Initiationen, Prägungen. Auch wenn man ja nie zweimal denselben Elton John hört …

VI.

Die Schwerpunkte unserer Auswahl liegen dabei ganz eindeutig bei den späten sechziger und frühen siebziger Jahren, dem Zeitraum zwischen 1967 und 1974, aus dem das Gros der hier ausgewählten Titel stammt. Das hat nicht nur mit Rache zu tun. Schon beim ersten Kokettieren mit den Seventies, dem Revival der Schlaghosen, Wespenpullover und Pullunder, der Renaissance von Räucherstäbchen und Plateauschuhen hatten wir nachdrücklich gewarnt: schließlich waren wir damit aufgewachsen und konnten die seltsame Anziehungskraft dieser und anderer Utensilien nicht mehr recht nachvollziehen. Genützt hat's bekanntlich nix, als Revanchefoul – da habt ihr's nun geballt! – wollen wir die Gewichtung unserer Anthologie dennoch nicht verstehen.

Zu erklären ist das viel eher mit schlichter Biologie: die meisten der Autorinnen und Autoren dieses Bandes sind mit diesen Liedern aufgewachsen, die mehr waren und blieben als Hüllen, die man irgendwann abstreift und hinter sich läßt. Die Anthologie der Hits aus den achtziger und neunziger Jahren müssen andere schreiben. Falls dies überhaupt möglich ist.

Denn zweifellos hatten wir's einfacher, war die ›Szene‹ damals doch überschaubarer, ob wir nun in den Metropolen, an der Peripherie oder aber in der Provinz lebten. Da gab's den »Beat Club«, nachher »Disco« und einige andere wenige Derivate, gab's noch keine Privatsender und Spartenkanäle, gab es vor allem aber das Radio und dort die jeweiligen Dritten Programme, wenn auch noch nicht flächendeckend rund um die Uhr. »Popshop« hieß das oder »Pop nach Acht« oder »Club 16« oder …

Sodann der Plattenspieler, jene andere lebenswichtige Verbindung zur großen weiten Welt. Als man Worte wie »Dual« schreiben und schätzen lernte. Die Prozeduren nicht zu vergessen, bis die Nadel an der rechten – oder eben gerade nicht richtigen – Stelle saß: das ging auch ins eigene Fleisch, wußte man doch, daß derlei Fehlgriffe und Bruchlandungen auf Vinyl sich im Laufe der Zeit zu einem ekelhaften Knistern, Spratzen und Spritzeln addieren würden: Plattenrillen als Jahresringe. Beneidenswerte Altersgenossen besaßen schon ein Tonbandgerät, mit Hilfe dessen man sich seine privaten Programme zusammenstellen konnte. Die Qualen, wenn der Hit angesagt wurde und man zudem gerade aufnahmebereit war, vorschriftsmäßig auf die »Record-« und »Playtaste« gleichzeitig gedrückt hatte und nun nur noch zitterte, ob der Bandrest auch reichen würde. Und was heißt schon: Tonband?

Ob's ein Grundig oder ein Telefunken war, ein Uher oder gar ein Revox, welche Ausmaße diese Kästen hatten und welche Tücken. Und was tun, wenn das Band riß: und zwar genau an der ungünstigsten Stelle? So lesen sich die Artikel auch als Beiträge zu einer kleinen Mediengeschichte, als Essays über das Musikhören in Zeiten vor Erfindung der Fernbedienung.

VII.

Doch soll hier nichts postum romantisiert oder gar nostalgisch verklärt werden: in Häusern mit Dächern lebten wir damals alle schon, hatten genug zu essen, meist sogar mehr als genug, und auch die Lokomotiven fuhren nicht mehr mit Dampf. Und nicht alle der hier vertretenen Autorinnen und Autoren sind in den Fünfzigern geboren: gottseidank!

Auch sollte die Auswahl wie vor allem die Interpretation unserer Oldies nicht bloß im Biographischen oder dem Bereich privater Vorlieben bleiben. Denn genuin musikalische Gründe für die genannte Fokussierung auf die späten Sixties und frühen Seventies lassen sich ja nur schwerlich leugnen. Nun gibt es bekanntlich »innerhalb einer Epoche [...] keinen Standpunct, eine Epoche zu betrachten« (Goethe, »Maximen und Reflexionen« Nr. 1023), und ob wir es hier mit der ›klassischen‹ Periode der Popmusik zu tun hatten, sollen künftige Kulturgeschichtsschreiber entscheiden. Von den soziologischen Rahmenbedingungen her ließe sich dies durchaus plausibel begründen: Nach überaus heftigen Durchsetzungskämpfen war die *popular music* in jenen Jahren mittlerweile irreversibel etabliert, von umfassender Präsenz und zudem relativ homogen (ganz abgesehen davon, daß sich mittlerweile damit ein Haufen Kohle verdienen ließ, was nun an keine Altersgrenzen mehr gebunden war...), bevor sich die Szene Ende der siebziger Jahre zunehmend differenzierte und zersplitterte. Jene Dekade zwischen 1965 und

1975 war ja möglicherweise wirklich die goldene Zeit des Pop, eine Explosion der Kreativität, die bis heute fruchtbar geblieben ist, wenn man nur an die epidemisch grassierenden Recycling-Aktionen denkt, in denen die Wiedergänger seliger Zeiten – »Killing me softly with his Song«, »Stand by Me« und was noch alles – mittlerweile Legion geworden sind und kaum ein Golden Oldie von seiner Wiedererweckung verschont bleibt. Und wir können sagen, wir seien dabeigewesen!

Womit natürlich keinerlei Schlußstrich gezogen werden soll: prächtige Popsongs und veritable Ohrwürmer werden natürlich auch heute noch geschrieben und gesungen, man denke nur an »Don't Look Back in Anger« von Oasis oder Natalia Imbruglias »Torn«. Denn alle machen weiter …

VIII.

Bleiben zuletzt die unvermeidlichen Entschuldigungen. Natürlich fehlen Zager & Evans, Sonny & Cher, fehlen Shocking Blue, Gary Glitter, Lynn Anderson, Chicago oder Village People. Prince sowieso. Und wie man eine solche Sammlung ohne Elvis Presley oder Bob Marley machen kann, ist auch uns unverständlich. Daß für Bonny Tyler, Tom Jones oder die Everly Brothers kein Platz war, finden Sie skandalös? Ganz Ihrer Meinung!

Überhaupt: eine solche Anthologie ohne die Beach Boys? Die Mamas & Papas? Die Hollies? Ohne Procul Harum oder die Moody Blues? Sind die Siebziger ohne Boney M. überhaupt zu begreifen? Oder die Sixties ohne Scott McKenzies »San Francisco«? Und wo, bitteschön, bleibt das Highlight einer jeden Party, ob mit oder ohne Tropfkerzen: nämlich Uriah Heeps gänsehautverursachende »Lady in Black«?

Weder die Vorauswahl noch die endgültige Festlegung der hier vorgestellten Oldies sollten nur subjektiv bleiben. Charterprobt mußten sie sein, wenn möglich Number-

One-Hits; und wo sie diesen Sprung nicht geschafft hatten, galt Wetterbeständigkeit über alle die Jahre hinweg. Oder das Richtungweisende für Nachfolgendes. Oder das Typische, die kaleidoskopartige Inkarnation des Zeitgeists. Oder daß sie einfach nur toll waren …

Eine solche, rund hundert Titel umfassende Liste – auf der sich alle, alle wiederfanden, die nun hier fehlen: ehrlich! – wurde mit Bitte um Optionen und Adoptionen verschickt, woraus sich dann vorliegende Kerngruppe formierte. Und all denjenigen, die das trotzdem ungenügend finden, rufen wir aufmunternd zu: schafft eine, zwei, schafft viele solcher Anthologien!

IX.

Auch kann und sollte diese Sammlung kein Lexikon der Popmusik werden. Nachschlagewerke dieser Art, wenn auch von durchaus unterschiedlicher Qualität, gibt's mittlerweile mehr als genug, und wer sich über die Vita oder die Diskographie einiger der hier vorgestellten Heldinnen oder Helden näher informieren oder intensive Bandgeschichte(n) studieren will, ist dort in aller Regel bestens aufgehoben. Vom »Internetzl« (Rainald Goetz) ganz zu schweigen.

X.

Und wem wir dieses Buch widmen? Euch allen natürlich und denen, welchen wir diese Musik zu verdanken haben.

Wem sonst?

Stefan Erhardt & Johannes John
München, im Juli 1999

♫ Hank Williams
I'll Never Get Out Of This World Alive (1952)

Text und Musik: Hank Williams

Der erste Rock-Star?

von WALTER HETTCHE

Der Mann und seine Musik scheinen einer sehr fernen Welt anzugehören. Fotos zeigen die Karikatur eines Country-Sängers mit breitkrempigem Hut und einem Glitzeranzug, dessen Ärmel und Hosenbeine mit Notenzeilen verziert sind; auf den wenigen Filmaufnahmen, die es von seinen Konzerten gibt, ist ein eher hölzern wirkender Hillbilly zu sehen, der bei jedem Takt auf eine nachgerade alberne Weise kniebeugenartige Verrenkungen vollführt: Kaum vorstellbar, daß dieser Mann namens Hank Williams einer der ersten Superstars nicht nur der Countrymusik, sondern der populären Musik überhaupt gewesen ist, schwer zu begreifen auch, daß seine große Zeit so sehr lange auch wieder nicht vergangen ist. Williams ist Jahrgang 1923, gerade neun Jahre älter als Johnny Cash und zwölf Jahre älter als Elvis Presley, die beide ihren Karrieredurchbruch hatten, als Williams eben ein Jahr tot war.

So antiquiert uns die Bühnenshow des Hank Williams vorkommt, so merkwürdig vorgestrig die Instrumentierung seiner vielen Hits wirken mag, so altbekannt-gegenwärtig ist das Leben dieses Mannes, das in vielem an die früh zugrunde gegangenen Rock-Stars späterer Zeiten erinnert, an Jimi Hendrix, Janis Joplin und Kurt Cobain: früher Erfolg, selbstmörderische Tourneeprogramme, Drogenexzesse, Alkoholsucht, gescheiterte Ehen, desaströse Bühnenauftritte und Konflikte mit dem Gesetz. Auf einem Foto aus Hank Williams' letzten Lebensmonaten ist er in einer Gefängniszelle zu sehen, mit ausgemergeltem nacktem Oberkörper, eingefallenen Wangen, verstörtem Blick, aber dem Bühnen-Stetson auf dem Kopf. Doch in all dem Elend ist ein Lebenswerk entstanden, das man ohne zu zögern als Bestandteil der abendländischen Kulturgeschichte bezeichnen kann.

Heitere Lieder sind selten bei Williams; es überwiegen die Moll-Akkorde wie in »I'm so Lonesome I Could Cry« von 1949, in »Lonesome Whistle« von 1951 oder in dem zu Unrecht weniger bekannten Juwel »Ramblin' Man« aus demselben Jahr: »And when I'm gone / And at my grave you stand / Just say God's called home / You ramblin' man.«

Überboten wird die trostlose Tristesse dieses Songs durch den Selbstzynismus des letzten Hits, dessen Aufstieg in der Country-Hitparade Hank Williams noch erlebt hat: »I'll Never Get out of This World Alive«, aufgenommen am 13. Juni 1952 und Nummer 1 der Country-Charts im Dezember 1952, wenige Tage vor Williams' einsamem Tod am 1. Januar 1953, auf dem Rücksitz eines Cadillac während der Fahrt zu einer Show in Canton, Ohio. »I had a lot of luck, but it's all been bad«, singt Williams, und fröhlich schrummen die Fiedeln zu den üblichen Desastern: »my woman ran away with another man … Everything's against me and it's got me down / If I jumped in the river I would probably drown / No matter how I struggle and strive / I'll never get out of this world alive.«

Williams ist einer der Künstler, deren Bedeutung vor allem in der kreativen Rezeption nachfolgender Musikergenerationen hörbar wird. Fast alle großen Country-Sänger haben seine Songs eingespielt, oft in ganzen Alben wie George Jones, Johnny Cash und Willie Nelson; manche haben Williams' Einfluß auf ihr Werk ausdrücklich anerkannt, sich jedoch gleichzeitig davon distanziert, wie es Waylon Jennings mit »Are You Sure Hank Done it this Way« und »The Hank Williams Syndrome« getan hat. Selbst Rockgruppen wie *Killdozer* und die *Mekons* haben sich 1998 auf einem Tribute-Album mit dem Titel »I'll Never Get Out of this World Alive. Hank Williams revisited« zusammengefunden.

Der deutsche Regisseur Wolfgang Büld hat 1992 einen Dokumentarfilm über das Leben Hank Williams' gedreht, in dem er Freunde und Verwandte des Sängers ebenso zu Wort kommen läßt wie Musiker unserer Zeit. Einer der ergreifendsten Momente dieses Films ist ein kurzer Auftritt des am 1. Januar 1997 – auf den Tag genau 44 Jahre nach Williams – verstorbenen Sängers und Songwriters Townes Van Zandt, der in irgendeinem Hinterzimmer irgendeiner Konzerthalle sitzt und allein zu seiner Gitarre Hank Williams' »You Win Again« singt. Die unendliche Traurigkeit der Stimme Van Zandts und die schlichte Genialität des alten Songs gehen eine perfekte Synthese ein und lassen etwas von der Größe und dem Charisma des Hank Williams spüren, die man beim Anhören seiner alten Platten allenfalls ahnen kann. Den Titel seines letzten Hits darf man jedenfalls getrost abwandeln und um sein letztes Wort verkürzen: He'll never get out of this world.

♫ Cliff Richard
Living Doll (1959)

Text und Musik: Lionel Bart

Der liebe Gott swingt gern zu Oldies

von SUSANN SITZLER

Seit letzter Woche weiß ich, daß Gott Humor hat. Und ich habe Anlaß zur Vermutung, daß er Cliff Richard nicht nur sein Bekenntnis zu obskuren christlichen Vereinigungen verziehen hat, sondern abends auch gerne zu den Songs des Briten swingt.

Ausgerechnet Cliff Richard, dieser alters- und unterleibsloseste aller Rockstars, der in den Fünfzigern, im zweiten Jahr seiner Musikerkarriere, mit »Living Doll« einen Song hatte, der vom Chart-Hit direkt zum Evergreen wurde. Cliff Richard stellte sich selber damals in die Tradition von Elvis und trat deshalb in Ledermontur auf. Was seinem Gesicht an Männlichkeit abging, legte er in seine Stimme: perlend und rauchig klingt sie noch heute, und manchmal schwingt drin ein kleines Lächeln. Nach »Living Doll« folgten unzählige Hits. Richard erklärt sich den Erfolg damit, daß er die für eine Singleauskoppelung zur Auswahl stehenden Stücke stets seiner Mutter und seinen Schwestern vorspielt und sich dann ganz auf deren Urteil verläßt.

1963 starb der Vater des damals 23jährigen Cliff; ein Verlust, den der Engländer nicht verwinden konnte. In seinem Kummer schloß er sich nacheinander den Zeugen Jehovas und der evangelischen Vereinigung »Crusaders« an. Schließlich landete er bei einem amerikanischen Fernsehprediger, der sich selber »Maschinengewehr Gottes« nennt, Billy Graham. Mit ihm ging Richard 1965 zum ersten Mal auf Evangelisationstour durch England, wo er

Ich sing jetzt mal mein neues Lied vor, Mutter, es heißt »Lebendige Puppe«, aber du darfst dich nicht wieder über den Text aufregen!

den Massen erzählte, wie er Jesus kennengelernt hat. »Es war an einem Abend, als ich schon im Bett lag. Plötzlich wußte ich, Jesus liebt mich. Es hat nicht geblitzt und nicht gedonnert, aber es war der wichtigste Moment in meinem Leben.« Den Wortlaut kenne ich, weil ich einst einer Grahamschen Massenevangelisation in der Essener Grugahalle beiwohnen mußte, wo Cliff nicht nur von Gottes Sohn erzählte, sondern auch teilweise für die musikalische Untermalung sorgte. Das konnte man ihm nicht hoch genug anrechnen, denn eigentlich war mit dieser Aufgabe ein buntgekleideter Jugendchor betraut, dessen einziges mir erinnerliches Lied die Refrainzeile »...Herzen, die kalt sind wie Hartgeld« enthielt.

Wahrscheinlich hat diese Darbietung Gott nicht gefallen. Genausowenig wie all der andere Sound, in dem man Ihn sonst so preist. Denn in Wirklichkeit mag Gott es fetzig. Daran habe ich keinen Zweifel mehr, seit mir ein Freund folgende Begebenheit erzählte.

Dieser Freund, Mittdreißiger und Musikjournalist, wollte sich für ein paar Wochen aus dem Lärm der Stadt verabschieden und suchte zu diesem Zweck ein Kloster der Franziskaner auf, das abgelegen in einer wunderschönen und milden Landschaft liegt. Während des Tages machte er sich in der Gemeinschaft nützlich, schälte in der Klosterküche Kartoffeln oder saugte den Boden in der Gebetskapelle. Alle paar Stunden versammelten sich die Brüder zum Gebet, und mein Freund durfte auch diesen spirituellen Versammlungen beiwohnen. Besonders angetan war er dabei von den Abendandachten, die jeweils in der Krypta der Klosterkirche stattfanden. Manchmal kam auch Schwester Benedicta aus dem benachbarten Frauenkloster dazu und sang im Rahmen der Andacht. Deren glockenreine Stimme rührte meinen Freund derart, daß er beschloß, ihren Gesang auf Tonband aufzunehmen, damit er sich, zurück in seinem normalen Leben, noch oft an ihr erfreuen und eine Erinnerung an die wohltuende Ruhe im Kloster lebendig halten konnte. Von einem Bekannten ließ er sich also einen Walkman schicken. Eine bespielte Kassette, irgendwas Altes, das mit Schwester Benedictas Gesang überspielt werden konnte, war bereits drin. Zur Abendandacht erschien mein Freund mit dem unauffällig in seine Kleidung installierten Gerät, schließlich sollte keiner der Klosterbrüder oder gar Schwester Benedicta durch die Aufnahme in ihrer Andacht gestört werden. Das Mikrofon steckte unter einer Armbanduhr, die er extra zu diesem Zweck umgelegt hatte. So verkabelt, setzte er sich nun in die kühle, vom Schein einiger Kerzen nur matt erleuchtete Krypta und drückte auf »record«.

Heilige Texte wurden gelesen. Es wurde geschwiegen. Es wurde meditiert. Und dann sollte Schwester Benedicta ein Gebet singen. Zur Ehre Gottes erhoben sich alle Anwesenden von ihren hölzernen Sitzen. Auch mein Freund. Schwester Benedicta holte Luft. Cliff Richard schmetterte »Got myself a crying, walking, sleeping, talking living do-oll ...«, und seine schmeichelnde Stimme überschlug sich beinahe an den steinernen Bögen der Krypta. Noch während mein Freund schamrot hinausrannte, erklärte sich ihm das eben Geschehene: Beim Aufstehen verschob sich durch die Bewegung ein Knopf am Aufnahmegerät, das sich in seiner hinteren Hosentasche befand. Statt auf »record« stand es nun auf »play«. Und der Bekannte hatte eine alte Cliff-Richard-Kassette zum Überspielen in dem Gerät gelassen, und die schallte nun aus dem Lautsprecher des Walkman.

Als die Mitternachtsandacht zu Ende war, suchte mein Freund den Vorsteher der Brüderschaft auf, um sich in aller Form zu entschuldigen. Unendliche Erleichterung schlug über ihm zusammen, als er sah, daß die Brüder den Humor des lieben Gottes teilten: Der Vorsteher winkte nur ab und schmunzelte milde. Und mein Freund, seither mit unendlicher Freude beim Kartoffelschälen und Kapellenschrubben, schwört, daß er es in den folgenden Tagen im Kloster aus mehreren Ecken hat summen hören: »... gotta do my best to please her, just 'cause she's my living do-oll ...«.

♫ Bob Dylan
Blowin' in the Wind (1962)

Text und Musik: Bob Dylan

Kassandrarufe zum Mitschunkeln

von GERHARD HENSCHEL

Daß Bob Dylan, der produktivste, erstaunlichste, klügste, wandlungsfähigste und – nach meinem einmütigen Urteil – beste Songschreiber des Jahrhunderts, auch viele miserable Songs geschrieben hat, leugnen nicht einmal seine größten Bewunderer: »Man Gave Names to All the Animals« zum Beispiel, »Ballad in Plain D«, »Do Right to Me Baby (Do Unto Others)«, »Are You Ready?«, »Trouble«, »Union Sundown«, »Wiggle Wiggle«, »Man of Peace« oder »Handy Dandy«, doch er hat kaum einen davon für längere Zeit in sein Konzertrepertoire aufgenommen – bis auf zwei.

Es wird nicht allen Dylan-Fans gefallen, wenn hier die Songs »A Hard Rain's A-Gonna Fall« und »Blowin' in the Wind« zu Dylans miserabelsten gerechnet werden, aber die Elegie über Dichter, die im Rinnstein sterben, Clowns, die auf der Straße weinen, junge Mädchen, die Regenbögen verschenken, und blauäugige Söhne, die aus dem Schlund eines Friedhofs schreiten und in die Tiefen des dunklen Waldes wandern, war schon in ihrem Entstehungsjahr 1962 ranzig und abgeschmackt, und was von »Blowin' in the Wind« zu halten ist, wurde mir endgültig klar, als 1983 in der Wohnung über meinem Studentenzimmer in Bielefeld zwei pubertierende Mädchen den Gitarrenunterricht aufnahmen, streng nach »Peter Bursch's Gitarrenbuch«, und neben »We Shall Overcome« eben auch »Blowin' in the Wind« trainierten; wieder und wieder und wieder. Auf Peter Bursch habe ich seitdem einen

Robert, einen noch berühmteren Zimmermann imitierend.

Rochus. Vermutlich haben nur wenige Musiklehrer soviel Unheil gestiftet wie Peter Bursch.

»Wieviele Straßen muß ein Mann hinuntergehen, / Bevor man ihn einen Mann nennt? / Über wieviele Meere muß eine weiße Taube fliegen, / Bevor sie im Sand schlafen kann? / Wieviele Male müssen Kanonenkugeln fliegen, / Bevor sie für immer geächtet werden?« Die Antwort kennt nur der Wind, und das muß wohl auch so sein, denn der Sinn des Songs liegt ja nicht in irgendeiner greifbaren Botschaft, sondern in seiner Fähigkeit, einem diffusen Gefühlsgemisch aus Weltschmerz und Friedenssehnsucht Ausdruck zu verleihen. Die menetekelnden Fragen adeln den, der sie stellt; auf Antworten kann er verzichten. Er ist sensibel, mitleidsvoll, menschenfreundlich, tierlieb und naturverbunden: »Wieviele Jahre kann ein Berg existieren, / Bevor er fortgewaschen wird ins Meer? / Wieviele Jahre können manche Leute leben, / Bevor ihnen erlaubt wird, frei zu sein?«

Ja, wer das wüßte. Wie man Leute, die dumme Fragen stellen, abblitzen lassen kann, demonstrierte Dylan 1965, als ein Journalist von ihm wissen wollte, wieviele »Protestsänger« es seiner Meinung nach in den Vereinigten Staaten gebe. »Einhundertsechsunddreißig«, erwiderte Dylan. Von seinem sarkastischen Witz, seinem Genie und seiner Artistik ist in »Blowin' in the Wind« leider keine Spur zu finden. Wo immer dieser Song gesungen wird, mieft es nach Jugendherberge, Schlafsack, Strickzeug und angelutschter Blockflöte; das Odeur einer verquarzten Dachstube wabert einen an, wo indischer Drachentee aus Tassen ohne Henkel getrunken wird und Pferdebücher im Regal stehen, und an der Wand hängen doofe Pierrot-Poster, Che Guevara und Chagallkitsch.

»Jesus, Bobby – what an incredibly dumb song!« soll Dave Van Ronk, als er das wattige Wiegenlied zum erstenmal gehört hatte, zu Dylan gesagt haben, aber da war es schon zu spät. Der Song wurde zum Hit, zur Hymne der amerikanischen Bürgerrechtsbewegung und schließlich zum Klassiker. Peter, Paul and Mary, Duke Ellington, Marlene Dietrich, Stevie Wonder und viele andere Sänger brachten Cover-Versionen heraus, ungezählte Fans gewöhnten sich an, schon bei den ersten Akkorden Feuerzeuge und Wunderkerzen zu entflammen, und Dylans deutscher Biograph Gottfried Blumenstein schwelgte in Superlativen: »›Blowin' in the Wind‹ war als Lied ein ›Jahrhundertereignis‹, vergleichbar mit Luthers Choral ›Ein feste Burg ist unser Gott‹, der ›Marseillaise‹ und der ›Internationalen‹ ... Dylan sang ›Blowin' in the Wind‹ mit solcher Prägnanz (die Botschaft steckt in der Interpretation), daß unmißverständlich klar wurde, die Menschheit habe nur eine Chance zum Überleben, wenn diese Probleme endlich gelöst würden.« Welche Probleme mochte Gottfried Blumenstein meinen? Daß nur der Wind weiß, über wieviele Meere eine weiße Taube zu fliegen hat, bis sie im Sand schlafen darf, oder wie oft ein Mensch nach oben schauen muß, bis er den Himmel sehen kann? Solche Probleme möchte ich auch mal haben, würde ich sagen, wenn ich die Menschheit wäre. Davon geht die Welt nicht unter. Die Botschaft, die angeblich in der Interpretation steckt, ist ein Muster ohne Wert, »worthless foam from the mouth«, Kassandrageschrei zum Mitschunkeln.

»Ich kann nicht viel über diesen Song sagen, außer daß die Antwort im Wind steht«, hat Dylan erklärt. »Sie ist nicht in Büchern oder Filmen oder Fernsehshows oder Diskussionsgruppen. Mann, sie ist im Wind – und sie weht im Wind. Zu viele von diesen schicken Leuten sagen mir, wo die Antwort ist, aber ich glaube denen nicht. Ich sage immer noch, sie ist im Wind, und ganz wie ein ruheloses Stück Papier muß sie irgendwann mal runterkommen.« Wie die Antwort lauten wird, steht noch dahin. Wenn es die auf die Frage nach der Anzahl der von der weißen Taube zu überquerenden Meere sein sollte, lautet sie vielleicht: Einhundertsechsunddreißig.

*

P.S.: Im Lichterkettenwinter 1992/93 schrieben Kathrin Passig, Wiglaf Droste und ich eine Neu-Übersetzung des Songs. »Das ohnehin ja äußerst lichterkettenkompatible ›Blowin' in the Wind‹ machten wir noch lichterkettenkompatibler, indem wir es übersetzten, nicht ins simpel Deutsche aber, sondern ins *Pidgindeutsche*, damit die im Lande lebenden Inländer, die ja der deutschen Sprache nur rudimentär mächtig sind, es gemeinsam mit den im Lande lebenden Ausländern singen können« (Wiglaf Droste).

Unsere Version heißt »Muse feife inne Wind« und geht so:

Wiefille Straße muse Mann gähe weg
Bise heise riktike Mann?
Wiefill grose Waser muse weise Voggl fligg
Bise könne schlaffe inne Sand?
Wie oft muse Kanonnekuggl mache bumm
Bis alle sage: Nix gutt! Verbott?
Riktik Antwort, gutt Freund,
Muse feife inne Wind,
Riktik Antwort muse feife inne Wind.

Wie oft muse Manne kucke immärßu
Bise könne sähe dä Himmäl?
Wiefille Ohre muse eine Manne habb
Bise könne höre Au Au Au?
Wiefill totkaputtä Leutä muse säh
Bise wise, sein zufill totkaputt?
Riktik Antwort, gutt Freund,
Muse feife inne Wind,
Riktik Antwort muse feife inne Wind.

Wiefille Jahr muse grose Berge läb
Bise ise gewasche vonne Sää?
Unne wiefille Jahr könne läbe eine Volk
Bise frei sei, dürfe alles, hurra?
Wie oft muse Massa drähe seine Kopp
Unn immär tue so, als ob nixe säh?
Riktik Antwort, gutt Freund,
Muse feife inne Wind,
Riktik Antwort muse feife inne Wind.

♫ **The Animals**
House of the Rising Sun (1964)

Text und Musik: Traditional

Vom Traum der Kindheit zum Trauma des Gitarristen

von RAINER BALCEROWIAK

Selbst für einen Zehnjährigen gab es 1964 nur eine wirklich relevante Frage: »Biste für die Beatles oder biste für die Stones?« Die falsche Entscheidung konnte zum Ausschluß aus Fußballmannschaften, Platzverboten auf Spielplätzen und dem sofortigen Ende langjähriger Männerfreundschaften führen. Ähnliches war in Deutschland bisher nur aus dem Ruhrgebiet bekannt, wo die Frage »Biste für Schalke oder biste für Dortmund?« bis zum heutigen Tag existentielle Bedeutung hat und bei falscher Beantwortung durchaus den Verlust der körperlichen Unversehrtheit nach sich ziehen konnte und kann.

Ich habe eine fünf Jahre ältere Schwester. Die besaß einen »Mr. Hit«-Plattenspieler von Telefunken (das ist der mit dem eingebauten Lautsprecher im Deckel), die meisten Beatles-Singles und einen lebensgroßen »Bravo-Starschnitt« von Paul McCartney. Wenig später bekam ich meine erste LP – »Big Hits« von den Stones – und ein Tonbandgerät. Somit war meine sowohl fundamental-oppositionelle wie auch stets innovative Haltung gegenüber der populären Musik vorgeprägt. Ein Tonbandgerät ist nämlich viel flexibler als ein Plattenspieler. Mit ihm konnte man, unabhängig vom für LP-Käufe stets zu knappen Taschengeld, aus den ganzen tollen Sendern wie AFN, FFC und BBC-Deutschland ganz tolle Musik aufnehmen, und so gelang es mir sehr früh, aus der regressiven Bipolarität »Stones oder Beatles« auszubrechen. Damals konnte ich das noch nicht so messerscharf analysieren, fand es aber einfach nur äußerst geil, die Kinks, die Small Faces, die Pretty Things, Jimi Hendrix und die Animals zu entdecken. Wobei die Entdeckung der letzteren dem Stück »House of the Rising Sun« zu verdanken ist.

Das alles hängt mit meiner damals schon beginnenden Obsession für das Gitarrenspiel zusammen. Für richtigen Unterricht fehlte meinen Eltern das Geld, aber ich war Besitzer einer Schlaggitarre von »Quelle«, der wenig später auch noch eine ähnlich schlechte E-Gitarre des Fürther Versandhauses folgen sollte. Mit einer Tabelle erlernte ich einige Akkorde, und die langjährige Gottpreiserei in einem renommierten Kirchenchor hatte mich mit einem, in aller Bescheidenheit, hervorragenden Gehör ausgerüstet. Zwar war ich nach dem Heraushören und Nachspielen von »La poupée qui fait non« von Michel Polnareff (E-Dur, A-Dur, D-Dur) und »Like a Rolling Stone« von Bob Dylan (C-Dur, F-Dur, G-Dur) bereits fast auf dem Gipfel des Ruhms angekommen, d.h., mein Stellenwert bei den Mädels in meiner Klasse war exorbitant gestiegen, aber »House of the Rising Sun« brachte schließlich den endgültigen Durchbruch.

In meiner Clique, wir waren schließlich die Progressiven, kannte jeder den Song, und Eric Burdon, der Leadsänger der Animals, war einer unserer Helden. Er war der Underdog: sah aus, als ob er dreimal gegen einen Bus gelaufen wäre, und klang wie der Ruß seiner Heimatstadt Sheffield, mitten im Kohle- und Stahlrevier des Vereinigten Königreiches. Das »House of the Rising Sun« ist ein schäbiger Puff in New Orleans. Die Mutter ist eine ehrbare Schneiderin, die die Kinder durchbringen muß, der Vater aber ist ein Herumtreiber, der nur seinen Koffer, einen Job als LKW-Fahrer und regelmäßige Puffbesuche zum Glück braucht.

Nun könnte man ja einwenden, daß das eine ziemlich plumpe Anleihe an schwarze Bluestexte der vierziger Jahre sei, aber für den europäischen Rock war es einigermaßen revolutionär.

Und die Musik! Ein machtvolles Gitarrenintro (a-Moll, C-Dur, D-Dur, F-Dur, a-Moll, C-Dur, E-Dur), man beachte die nahezu Bachsche Verwendung der Doppeldominante D-Dur und die mediantische Anwendung des kadenzfremden Akkordes E-Dur. Es folgt die erzählende Stimme, direkt aus dem Hochofen des Sheffielder Stahlwerkes: »There is a house in New Orleans«. Wenig später greift die berühmte »Schweine-Orgel« von Alan Price in das Geschehen ein. Es wird immer lauter, heftiger, und mit fast religiösem Pathos beschwört Burdon (in der Rolle des Vaters) schließlich die Mutter, daß sie ihren Kindern beibringen solle, nicht das zu tun, was er getan hat. Ein Song wie gemeißelt!

Und hochgradig feten- und lagerfeuerkompatibel. Damals galten nun mal eherne Gesetze: Wer am besten Gitarre spielen kann, kriegt die besten Bräute, und der Sänger bekommt den Joint immer als erster, und niemand, außer vielleicht Eric Burdon selbst, konnte »House of the Rising Sun« so hinreißend darbieten wie ich!

Doch meine Ära als Platzhirsch bei den Feten Charlottenburger Gymnasiasten und den sommerlichen Open-air-Gelagen in den Sandbergen von Berlin-Heiligensee und am Glienicker See währte nur kurz. Das hatte drei Gründe. Zunächst traten einige Jungs auf den Plan, etwas älter als ich, die in richtigen Rockbands spielten und »Hey Joe« von Jimi Hendrix draufhatten, was damals noch deutlich oberhalb meiner gitarristischen Möglichkeiten lag. Dann begannen sich die wirklich Progressiven, nämlich wir, von der Beatmusik abzuwenden. Statt den immer gleichen Drei-Minuten-Songs der Beat-Bands zu lauschen, widmeten wir uns den endlosen Improvisationen der psychedelischen HohepriesterInnen – dieses eine Mal benutze ich diese gräßliche feminisierte Schreibweise – von der amerikanischen Westküste wie Grateful Dead, Quicksilver Messenger Service und Jefferson Airplane. Dazu gab's noch 'ne Prise Exzess-Bluesrock à la Cream, Hendrix und Mountain und ein bißchen Soundtrack zum Selbstmord (Velvet Underground, Doors). Nur kurz tauchte Eric Burdon in dieser Sphäre nochmals auf. Er hatte offenbar kurzfristig die Droge gewechselt und eroberte mit seinem »Sky Pilot« nochmals unsere umnebelten Kleinhirne. Das »House of the Rising Sun« war für uns schon als Siebzehnjährige eine Erinnerung an die eigene Jugend.

Und schließlich passierte etwas völlig Unerwartetes. Meine Berufsperspektive hatte sich konkretisiert! Zunächst wollte ich mein Leben ja unter dem berühmten Charlottenburger Kampfkiffer-Motto »Immer total muß auch irre sein« als ehrbarer Dauerfreak fristen, doch schon mit siebzehn rief mich die Weltrevolution als ihren einfachen Soldaten in ihre Reihen. Das hieß Kompromisse schließen: Kiffen nur noch heimlich, Haare ab (von wegen der Arbeiterklasse) und Rockmusik offiziell als Ausbund des »Kulturimperialismus« geißeln. Denn eines war ziemlich sicher: Mao Tse Tung kannte Eric Burdon nicht, und Stalin galt eher als Freund tadschikischer Volkstänze. Immerhin konnte ich meine Gitarrenkenntnisse in den Dienst der in westdeutschen Maoistenkreisen überaus populären Agit-Prop-Truppe »Schlagt zurück« stellen. Irgendwie klangen fast alle unsere Songs ein bißchen wie »House of the Rising Sun«.

Mit der Revolution wurde es dann doch nichts. Doch auch Friedens- und Anti-AKW-Gruppen brauchten neue Lieder oder zumindest neue Texte. Das »weiche«, sechs Millionen Mal verkaufte »Wasser« der »Bots« gab den Ton an, und alle klampften mit. Jetzt hatte ich endgültig die Schnauze voll und wurde erstaunlicherweise doch noch ein richtiger Gitarrist, und da man davon in den seltensten Fällen leben kann, letztendlich Gitarrenlehrer. Dieses nach neun Jahren endlich vor kurzem beendete Martyrium verdankt seine Höllenqualitäten nicht ganz unmaßgeblich dem guten alten »House of the Rising Sun«. Kein Liederbuch von »Peter Bursch's Liedbegleitung« über »Die fröhliche Liederkiste« bis hin zu »Student für Europa« ohne Burdons alten Knaller und eindeutig verwandtem Liedgut.

Vierzigjährige Sozialarbeiterinnen kurz vor dem Klimakterium oder ihre männlichen Gegenstücke mit Laufbahnbesoldung und alter Lederjacke im Schrank können anscheinend der Ödnis ihres Lebens nur mit einem zum Scheitern verurteilten Rückgriff auf ihre Jugend begegnen. Und wer dann sein Geld nicht zum Therapeuten oder zu irgendwelchen Esoterikbetrügern trägt, kommt tatsächlich unter Umständen auf den Gedanken, das Gitarrenspiel zu erlernen. Nicht wenige aus dieser unangenehmen Spezies haben inzwischen auch Kinder, und man kann mit der Stoppuhr darauf warten, daß diese im Gitarrenunterricht den von den unsäglichen Eltern oktroyierten Wunsch nach dem Erlernen von »House of the Rising Sun« äußern. So wurde für mich aus der einstmals nahezu bewußtseinserweiternden und revolutionären Akkordfolge a-C-D-F-a-C-E der Inbegriff der musikalischen Regression, der altersbedingten Grenzdebilität und der akustischen Folter.

Ich begann das Stück zu hassen. Ich, der zwar verkannte, aber dennoch recht geniale Gitarrist, im Kopf voller bahnbrechender harmonischer Innovationen, in den Fingern die filigranen Techniken der großen Meister, war gezwungen, meinen Lebensunterhalt mit der Vermittlung dumpfester Dreiklänge zu fristen. Wie ein Meisterkoch, der Tütensuppen erwärmt, ein revolutionärer Architekt für Hundehütten, ein Prophet der malenden Avantgarde als Anstreicher, ein Beherrscher der Sprache als Anzeigenredakteur.

Es ist vorbei! Nie wieder a-Moll und C-Dur hintereinander. A-Moll überhaupt nicht mehr, höchstens a-Moll 7, a-Moll 9 oder a-Moll 11, oder auch a-Moll 7 b5! Keine verdorbenen Menschen, egal welchen Alters, mehr, die im Zeitalter von Gentechnologie und lasergestützten Lenkwaffen »House of the Rising Sun« lernen wollen. Und Eric Burdon bleibt einer der Größten. 1996 sah ich ihn mit Brian Auger und Band. Viele alte Animals-Hits waren im Programm. Aber ein ganz bestimmter nicht. Nicht mal als Zugabe.

♫ Barry McGuire
Eve of Destruction (1965)

Text und Musik: Philip Sloan

Sandra McKas aus California

von TONI SCHMID

Kassandra sagte den Untergang Trojas voraus. Ihre Prognose erwies sich bald darauf als völlig zutreffend, was für sie selbst wiederum fatale Folgen hatte: Bei der Eroberung der Stadt wurde Kassandra erst einmal von Aias geschändet, anschließend machte Agamemnon sie zur Sklavin und Geliebten und erschlug sie schließlich gemeinsam mit Klytemnästra.

Der Untergangsprophet von heute hat es da besser. Seine Prognosen erweisen sich zwar selten als zutreffend. Dafür wird er auch seltener geschändet und so gut wie nie erschlagen. In der Regel bekommt er heute den alternativen Nobelpreis und schreibt Bestseller. Die Autoren des Club of Rome zum Beispiel sagten den Weltuntergang für das Jahr 2000 plus minus x voraus. In Buchform wurde dieser »Fahrplan für den Untergang« vor allem in Deutschland ein gewaltiger Verkaufsschlager. Sehr zur Freude seines Verlages, der sich dennoch ganz optimistisch »2001« nennt. Der Absatz begann erst zu stocken, als besagtes Jahr immer näher rückte. Wobei man nicht ausschließen sollte, daß Prognosen auch mit zeitlicher Verzögerung eintreffen können. Daran glauben wiederum fest die Zeugen Jehovas.

Einer der größten Erfolge des Genres wurde 1965 die Weltuntergangshymne »Eve of Destruction«, mit der ein Amerikaner namens McGuire seinen ersten und gleichzeitig letzten Hit landete. Das Lied war so etwas wie das politisch korrekte Gegenstück zu »Marmor, Stein und

Eisen bricht« (doch, doch: p.c. gab es zumindest unter Jugendlichen auch damals schon, nur der Begriff war noch nicht erfunden). Die Story: Barry McGuire versucht einen Freund davon zu überzeugen, daß wir unmittelbar vor dem Zusammenbruch der Welt stehen. Und weil der sich als ungläubiger Thomas zeigt, sagt er es ihm »over and over and over again«. Soweit der Refrain.

Den haben wir damals kräftig mitgesungen. Die vier Strophen, in denen die Begründung für das baldige Ende geliefert wird, hat zumindest in der nicht-englischsprachigen Welt damals kaum jemand verstanden. Das lag zum einen an der Stimme des Sängers, gegen die sich sogar Bob Dylan wie Belcanto anhört. Zum andern enthielt der Text Wörter wie »toting« oder »coagulating«, die die Englischkenntnisse eines 15jährigen entschieden überforderten.

Immerhin, vage bekamen wir mit, daß mit der Welt eindeutig ziemlich viel nicht in Ordnung war, und dem konnten wir nur aus ganzem Herzen zustimmen. Tod und Gewalt, wohin man schaut, sogar im Jordan schwimmen Leichen, die Commies in China sind voller Haß, und die Senatoren in Washington sind untätig. Martin Luther Kings Märsche werden auch keine Gleichberechtigung bringen und überhaupt: schwer frustrierend das alles. Und dann auch noch dieser Typ, der nicht glauben will, daß die ganz große Katastrophe gleich eintreten wird, obwohl man es ihm immer und immer wieder sagt ... Aus heutiger Sicht ziemlich rätselhaft, warum die Suizidraten nicht in die Höhe schnellten im September '65, als »Eve of Destruction« an die Spitze der Billboard Hot 100 kam.

Wahrscheinlich lag es daran, daß wir nicht unvorbereitet auf jenen Untergang der Welt zusteuerten. Unmittelbar vor McGuire hatte Bob Dylan mit »Like a Rolling Stone« nämlich einen Riesenhit gehabt, und der war von der Stimmungslage her auch nicht viel optimistischer gewesen. Dylan hatte spätestens damit den Typus des an der Welt verzweifelnden Protestsängers fest etabliert. Während die Charts jener Monate weitgehend von Bands wie den Beatles, den Stones, den Beach Boys oder den Byrds durchsetzt waren, trat der Protestsänger grundsätzlich allein auf, um mit seiner Gitarre gegen die Übel dieser unserer Welt anzukämpfen; allein wie der »lonesome cowboy«, dem nach seinem erfolgreichen letzten Gefecht nichts bleibt, als in den Sonnenuntergang zu reiten.

Offizieller Ausstatter unseres Protests war demgemäß die Firma Levi's, wobei es bei den modischen Accessoires damals noch etwas haperte, so daß wir uns das »Ban the Bomb«-Zeichen mit Filzstift auf den Rücken der Jeans-Jacke malen mußten. Angesichts des traurigen Zustands, in dem sich die Welt befand, erschienen uns aber Provisorien jeder Art eigentlich ganz passend. Das reichte übrigens bis hinein in die Beziehungen zum anderen Geschlecht. Wer denkt schon an die Zukunft, wenn er davon ausgehen muß, daß es sie gar nicht gibt? Der nahe Weltuntergang hatte auch seine angenehmen Seiten.

Der Doomsday-Zug war also in voller Fahrt, als der Kalifornier Philip »Flip« Sloan aufsprang. Als festangestellter Songschreiber bei Lou Adler hatte er bis dato vor allem Surf-Songs im Stil der Beach Boys verfaßt und mit »Tell 'Em I'm Surfin'« sogar als Sänger reüssiert. Seine »Vielseitigkeit« bewies er nun mit »Eve of Destruction«. Adler hielt den Song zunächst für eine B-Seite. Die örtliche Radiostation spielte den Rough mix der Aufnahme ein paarmal – der Rest ist Geschichte. Da die Aufnahme in dieser Form hervorragend lief, mußte sie nie fertiggestellt werden. Konservative Radiosender boykottierten »Eve« wegen seines depressiven Textes, was womöglich noch mehr zum Erfolg beitrug.

Das war's dann auch schon wieder für den Herrn McGuire. Er hatte in der Folge noch zwei mäßig erfolgreiche Nachzieher, vor allem aber ein massives Drogenproblem. Schließlich schloß er sich den Born-Again Christians an und nahm – was Wunder – Gospel-Songs auf. Heute, immerhin 35 Jahre nach seinem pessimistischen Unkenruf, lebt er in Neuseeland, ist nach eigener Aussage »glücklich verheiratet« und hat zwei erwachsene Kinder.

Und damit ist es ihm unterm Strich zweifelsohne wesentlich besser ergangen als Kassandra.

Nachtrag: Das Neueste von der Untergangsfront kommt aus Madrid, wo sich angeblich »die besten Wissenschaftler der Welt« (O-Ton diverser Nachrichtenagenturen) trafen. Zitat aus der Münchner Boulevardzeitung »tz« vom 22. März 1999: »Zuerst die gute Nachricht: Die Erde kann die Klima-Katastrophe überstehen. Aber: Der Mensch wird wohl keine Chance haben.«

♫ The Who
My Generation (1965)

Text und Musik: Pete Townshend

Pete Townshend muß nicht sterben!

von CONNY LÖSCH

»My Generation« kam am fünften November 1965 auf den Markt und wurde von der BBC schnurstracks mit Spielverbot belegt. Man fürchtete, Leute mit Sprachfehler könnten protestieren. Tatsächlich aber ist der Song gegen alles, nämlich »anti-middle-age, anti-boss-classes, anti-young-marrieds« (Townshend) – nur eines ist er nicht: Anti-Stotterer. Aber wahrscheinlich war das ohnehin nur eine faule Ausrede, denn es ging um viel mehr.

Das zwischen Zunge und Zähne stoßweise hervorgepreßte »F-f-f-f-f« war das bis dahin deutlichste »Fuck off« der Musikgeschichte – auch wenn zum Schluß nur ein »fade away« zu hören war. Es ist das arrogant vom Rücksitz nach vorne gepöbelte Manifest einer Jugendbewegung auf der Fahrt in den Ausverkauf. Genau dort hat Pete Townshend den Song auch geschrieben: auf dem hinteren Sitz eines fahrenden Autos, auf dem Rückweg von einem Treffen mit seinem Manager, der einen Hit und klare Aussagen von ihm verlangte. Im schaukelnden Wagen muß ihm die Handschrift verrutscht sein, denn Daltrey hatte später beim Singen Probleme, den Text zu entziffern: er stockte und zögerte und brachte den Song nur in vereinzelten Schüben heraus. Der Stotterer war erfunden – so jedenfalls will es die Legende. Ein anderes Gerücht besagt, im Studio sei es so klirrend kalt gewesen, daß Daltrey den Text lippenbibbernd runterbuchstabierte. Aber natürlich ist das Blödsinn.

»My Generation« ist eine Hymne. Es ist die Hymne der eleganten Speedschlucker, der gutangezogenen Purple-

The Who, an der Haltestelle auf den magischen Bus wartend.

Hearts-Proleten, jener Lambretta fahrenden Anhänger einer dreieckigen, bläulich-violetten Wunderdroge, die billig zu haben war und dafür sorgte, daß man mühelos von Freitag abend bis Montag früh durchtanzen konnte. Es ist die Hymne der Eitelkeit, des Größenwahns und der Selbstüberschätzung und damit die beschleunigte Form der Vorgängersingle »Anyway, Anyhow, Anywhere«: »I can do anything, right or wrong; I can talk anyhow to get along. I don't care anyway, I never lose, anyway, anyhow, anywhere I choose.«

The Who waren auf den fahrenden Mod-Zug aufgesprungen, sie hatten den Markt gerochen. Eine Single später steckt das Scheitern schon drin, ohne daß dadurch die Arroganz geschmälert wäre. Häßlich sein und gut dabei aussehen, so wie Townshend selbst, der Pop-Art-Epigone und Müllsammler in Warenwelten, es vorexerzierte, verleiht enorme Energie.

»My Generation« ist die stolze Selbstdefinition eines bis zum Scheitel mit Amphetaminen abgefüllten Lehrlings, eines Teenagers, dem der Wirtschaftsboom Geld in die Tasche stopft, von dem er sich Vergnügen kauft, um die Langeweile zu bekämpfen. Nachdem er sich eine Überdosis Selbstbewußtsein in der Apotheke besorgt hat, zeigt er der Welt, wo der Hammer hängt. Aber Speed lähmt die Zunge, mit der Coolness klappt es nicht, angetrieben von Verfolgungswahn stammelt er statt dessen die nackte Verachtung.

»My Generation« besteht nur aus Refrain. Das »Talking 'bout my generation«, das der Chor manisch gedehnt wiederholt, ist blanker Unfug, denn geredet wird hier über gar nichts. Klargemacht wird nur, daß sich alle anderen gefälligst zu verpissen haben.

»My Generation« ist die Apotheose von Mod und markiert gleichzeitig seinen Niedergang. Der Weniger-ist-mehr-Stil der frühen Mods hatte sich klammheimlich in Konsumterror verwandelt – Geschmack und Haltung wurden Nebensache: mehr Spiegel, mehr Lampen, mehr Badges. Ab 1962 war der Stil bereits so verbreitet, daß er, befeuert durch das Medienecho, eine unkontrollierbare Dynamik entwickelte. Mods wurden zu Prügelclubs außerhalb der Fußballstadien, Eintritt frei fürs Rocker-Bashing. Mod befand sich 1965 auf dem Höhepunkt, doch die Idee dahinter war am Ende.

Das waren The Who auch. Roger Daltrey hatte verstanden, worum es in dem Song ging, deshalb haßte er ihn. Und alle haßten Roger. Wäre »My Generation« nicht der Kassenschlager gewesen, auf den die Band gewartet hatte, hätte es The Who zum Jahreswechsel 65/66 nicht mehr gegeben. Jedenfalls nicht mit Daltrey als Sänger, der Jahre später bekannte, im Grunde seines Herzens sei er Ted geblieben.

Von Anfang an stritten Daltrey und Townshend um den Chefsessel. Daltrey hätte am liebsten eine R&B-Nummer nach der anderen aufgenommen, weil er fand, die stünden seiner Stimme gut, doch das Publikum zog die Originale vor. Was die Band dringend brauchte, war tatsächlich eine Hit-Single. Pete Townshend, John Entwistle und Keith Moon schluckten munter runter, was sie in die Finger kriegen konnten. Waren sie in Stimmung, spielten sie gerne laut. Daltrey wollte seine Stimme schonen, blieb meist clean und wurde es leid, gegen seine Band zu singen. Hysterisch brüllend, wild die Fäuste schwingend, weigerte er sich, mit »Junkies« aufzutreten.

Kaum war die Aufnahme im Kasten, kam es zum finalen Krach. Daltrey entleerte Moons Pillendöschen in die Kloschüssel und verdrosch den Schlagzeuger, als dieser sich beschwerte. Band und Manager fanden, das sei genug, und setzten Daltrey auf die Straße. Wenige Tage später packten ihn Reue und Realität: eine bessere Band würde er nicht finden.

Also bat er um ein Treffen, auf dem er seine bedingungslose Kapitulation erklärte. Die anderen willigten ein, sie hatten keine andere Wahl: »My Generation« war auf Platz 16 der NME-Singles-Charts eingestiegen und arbeitete sich rasant bis auf Platz 2 hoch. Townshend wurde zum freundlichen Diktator. Doch nicht nur Daltrey wurde weich, auch die BBC gab unter dem Konkurrenzdruck der Piratensender den Radio-Boykott der Single auf. Der Weg war frei: »Ready Steady Go«, das »Top of the Pops« der sechziger Jahre, das Mekka der Mods, konnte aufgemischt werden. England bekam den ersten Song zu hören, der so klang, wie er gemeint war.

Der Baß haut in die Stille rein, läßt die Leere explodieren, reißt die Ruhe an sich und füllt sie nervös aus. »My Generation« ist ein Laufband, das schneller rennt als die schlappgetanzten Füße obendrauf. Scharf und hart schweift der Baß kurz ab, dreht eine Schleife und geht dann wieder in die Zielgerade. Um das hinzukriegen, wurde ein amerikanischer Danelectro-Baß, der extra dünne Saiten hatte, gekauft. Die klangen nicht nur gut, sondern rissen auch sehr leicht. In England gab es keinen Ersatz, es war der ganze Baß oder gar nichts. Bis die Aufnahme stimmte, mußten drei Baßgitarren gekauft werden – eine Randnotiz in der dicken Akte »Materialverschleiß« der Who.

Kaputt ist Konzept, das Feedback macht es hörbar. Obwohl es schon bei den Beatles und auch den Kinks integriertes Feedback gab, wird es in »My Generation« Teil der Melodie. Mit dem Feedback bricht die komplette Struktur zusammen. Gemeint war aber mehr als nur der eigene Song. Gemeint war das System, das stolze Menschen in die Knie zwingt.

»We didn't care about ourselves or our future. We didn't even really care about one another. We were hoping to screw the system, screw the older generation, screw the hippies, screw the rockers, screw the record business, screw the Beatles and screw ourselves. We've been most successful on the last account«, meinte Townshend ein paar Jahre später. Das ist kein reifes Relativieren, das ist »My Generation« zusammen mit der Traurigkeit über Keith Moons Tod in eine präzise Aussage gepackt.

In den siebziger Jahren haben The Who das Dagegensein an den Nagel gehängt und sich in lebensgefährlichem Rock-Gigantismus aufgelöst. Am Ende waren's nur noch drei. »My Generation« war Townshends letzter lauter politischer Kommentar, der Macht verleihen konnte. Und der bleibt. Auch wenn Pete Townshend inzwischen alt und noch immer nicht gestorben ist.

♫ **The Rolling Stones**
Satisfaction (1965)

Text und Musik: Mick Jagger/ Keith Richards

Let the Musiktruhe play

von KNUD KOHR

Wann immer die Rolling Stones in den letzten Jahren zu einer neuen Tournee aufbrachen, waren die Gazetten voll mit indiskreten Anspielungen auf das Alter der Musiker: Wie unwürdig ist Mick Jagger diesmal gekleidet? Werden Charlie Watts' Drumsoli deshalb immer sparsamer, weil er einen Herzanfall befürchtet? Befindet sich wirklich noch Whiskey – und nicht Hustentee – in den Flaschen, die in Keith Richards Garderobe herumstehen? Hat das Management Ron Wood mittlerweile durch einen Roboter ersetzt?

So gut wie nie hingegen erfährt man, wie alt ihre Fans mittlerweile sind. Der älteste Stones-Fan nämlich, den ich jemals kennenlernte, hieß Else Krahnert und blickte zu dem Zeitpunkt, da sie sich mir als Verehrerin des Songs »Satisfaction« zu erkennen gab, bereits auf 84 Lenze zurück. Durch sie weiß ich auch mit Sicherheit, daß die Musik der Stones medizinische Wunder bewirken kann.

Anfang der neunziger Jahre verdiente ich mein Geld als mobiler Altenpfleger in Berlin-Moabit. Morgens um halb sieben schulterte ich meine Tasche, um nacheinander etlichen alten Damen in den Tag zu helfen. Der Grad der Invalidität meiner Patienten bestimmte, was zu tun war: Bei einer reichte es, Frühstück zu machen und schwerere Putzarbeiten zu verrichten, bei einer anderen mußten Stützstrümpfe angelegt werden, eine dritte galt es zu waschen und aus dem Bett in den Rollstuhl zu hieven.

Else Krahnert stand ganz oben auf meiner Einsatzliste, und so klingelte ich jeden Morgen gegen sieben an der

Tür ihrer Altbauwohnung. Körperlich war die alte Ostpreußin, die es zwischen den Kriegen aus Rastenburg – dem heutigen Ketrzyn in Polen – nach Berlin verschlagen hatte, noch sehr rüstig. Ein Pflegefall war sie geworden, weil es bei ihr im Kopf nicht mehr stimmte; Else Krahnert litt unter dem sogenannten Korsakow-Syndrom.

Das Korsakow-Syndrom ist eine unheilbare Hirn-Leistungsstörung, die oft alte Trinker befällt. Die Kranken verlieren ihr Langzeitgedächnis. Bis zu einem bestimmten Punkt ihres Lebens haben sie ein ganz normales Erinnerungsvermögen. Ab diesem Punkt aber erinnern sie sich nur noch an die jeweils letzten Minuten. Die Zeit dazwischen wird fast komplett gelöscht. Alles, was sie vor ein paar Tagen oder Stunden erlebt haben, ist immer wieder neu für sie.

Else Krahnerts Gedächtnis war an einem Sommertag Anfang der siebziger Jahre eingefroren, als sie sich mit ihrem – mittlerweile längst verstorbenen – Mann Otto in einem Dresdner Hotel aufgehalten hatte. So führten wir jeden Morgen, wenn die weißhaarige, bucklige Frau im Morgenrock nach meinem Klingeln mit verwundertem Blick die Tür geöffnet hatte, den gleichen Dialog.

»Guten Morgen«, sagte ich. »Ich komme zum Putzen.«

»Nanu«, wunderte sie sich. »Sind Sie vom Hotel?«

»Genau. Ich soll hier aufräumen.«

Sie schüttelte den Kopf. »Das paßt mir jetzt aber ganz schlecht. Ich warte nur noch auf meinen Mann. Dann fahren wir zum Bahnhof, den Zug nach Berlin nehmen. Können Sie nicht wiederkommen, wenn wir abgereist sind?«

»Leider«, widersprach ich, »stehen Sie jetzt auf meiner Liste. Ich bekomme Ärger mit der Direktion, wenn Sie mich nicht einlassen.«

»Na, das wollen wir ja nicht. Kommen Sie mal rein.« Jeden Morgen begann sie an dieser Stelle des Gesprächs zu kichern. »So ein junger Mann in meinem Zimmer. Wenn Otto jetzt kommt und uns beide sieht. Na ja, er ist ja nicht eifersüchtig.«

Dann ließ sie mich in die Wohnung. Ich bugsierte sie in ihr Wohnzimmer, das mit alten blauen Teppichen ausgelegt war. An den Wänden standen dunkelbraune Schränke. Sie selbst nahm Platz auf einem Sessel, der vor dem schwarzen, mit Decken überladenen Eichentisch stand. Direkt hinter dem Sessel befand sich eine Musiktruhe aus den fünfziger Jahren. Von außen sah auch sie aus wie ein Schrank. Wenn man jedoch ihre Schiebetüren öffnete, kamen dahinter ein Weltempfänger und ein Plattenspieler zum Vorschein.

Meine Arbeit bestand darin, ihr das Frühstück zu bereiten, die Medikamente zu geben, Staub zu saugen und das Badezimmer zu reinigen. Weil Else Krahnert manchmal nachmittags in den nächsten Supermarkt humpelte, um sich Bier zu kaufen, hatte mir meine Pflegestation außerdem eingeschärft, diskret alle Flaschen aus dem Kühlschrank verschwinden zu lassen. Während der ganzen Zeit saß die alte Frau nahezu bewegungslos in ihrem Sessel. Ab und zu schaute sie sich um und murmelte irritiert: »Komisch, das Hotelzimmer ist genauso eingerichtet wie meine Wohnung in Berlin.«

Nach etwa einem Vierteljahr begann sie, mich morgens wiederzuerkennen. Sie ließ mich ohne Diskussionen ein. Außerdem waren an ihr selbst Veränderungen festzustellen. Sie öffnete mir die Tür nicht mehr im Morgenrock, sondern im Kleid. Einige Tage später hatte sie lackierte Fingernägel. Auch ihre Lippen waren mit zittriger Hand geschminkt. Im Wohnzimmer hatte sie die Schiebetüren der Musiktruhe geöffnet, und durch die sonst totenstille Wohnung dudelte das Frühprogramm eines Berliner Radiosenders. Einmal, als wir nach getaner Arbeit noch für ein paar Minuten zusammen am Tisch saßen, murmelte sie: »Das ist wirklich komisch. Wenn ich zu Hause in Berlin bin, dann kommt seit einiger Zeit auch immer ein junger Mann zu mir. Der sieht Ihnen sogar ähnlich. Ich muß doch mal Otto fragen, ob der Sie bestellt hat, damit ich nicht immer so allein bin.«

Gerührt stand ich am nächsten Tag etwas früher als

sonst und mit einer Tüte frischer Brötchen vor der Tür. Ich erledigte kurz die Arbeit. Viel zu tun gab es bei ihr sowieso nicht. Da sie sich kaum aus dem Wohnzimmer wegbewegte, war es sinnlos, die übrigen Räume täglich zu putzen. Von diesem Morgen an frühstückte ich immer zusammen mit Else Krahnert. Während die Musiktruhe leise spielte, erzählte sie Bruchstücke aus ihrem Leben. Von ihrer Kindheit auf einem Gutshof in Ostpreußen. Von ihrer Berufszeit – sie war Vollzugsbeamtin im Berliner Frauengefängnis gewesen. Und fast jeden Tag von ihrem Mann Otto, dem Polizisten, der gleich zur Tür reinkommen würde. Obwohl er seit fünfzehn Jahren tot war.

Eines Morgens in dieser Zeit geschah das medizinische Wunder, das die Herren Jagger & Co. ermöglichten. Else Krahnert und ich saßen wieder bei Brötchen und Kaffee zusammen, als plötzlich das bekannteste Riff der Rockgeschichte aus der Truhe drang. Da-da-dadadaa-dadadadada. Der Mann vom Frühstücksradio versuchte seine Hörer mit »Satisfaction« von den Rolling Stones auf Trab zu bringen. Else Krahnert registrierte das mit einem kurzen Blick gegen die Decke, stand auf und wackelte um ihren Stuhl herum zur Truhe. »Klar«, dachte ich, »so einen Lärm haben alte Damen nicht gern.«

Doch statt den Sender zu wechseln, riß sie den Lautstärkeregler ihrer Truhe ruckartig nach oben. Es war ohrenbetäubend. Seelenruhig wackelte sie auf ihren Sessel zurück. Dann schrie sie: »Das habe ich immer gern gehört. Weiß nur nicht, von wem das ist.«

»›Satisfaction‹ von den Rolling Stones!« schrie ich perplex zurück.

»Ach ja«, lachte sie und wippte ein wenig. »Otto mochte das ja nicht so gerne, wenn ich Musik hörte. Aber seit der gestorben ist, kann ich so laut Musik hören, wie ich will. Seit 1977 kann ich schon so laut Musik hören. Das ist der Vorteil, wenn man Witwe ist.«

Mir klappte die Kinnlade runter, während Jagger »Oh, yeah, yeah, yeah, that's what I say« fauchte.

»Sie bringen doch seit ein paar Wochen immer Brötchen mit«, schrie sie weiter. »Wenn Sie Geld dafür brauchen, ich habe auf der Pflegestation ein Konto einrichten lassen. Außerdem mag ich am liebsten Mohnbrötchen.«

An diesem Morgen stolperte ich völlig verwirrt nach Hause. Offensichtlich war ich Zeuge der ersten Heilung des Korsakow-Syndroms in der Menschheitsgeschichte geworden. Und das Jahre bevor der Film »Zeit des Erwachens« in die Kinos kam.

Am nächsten Tag zitterte die Brötchentüte in meinen Händen, als ich an Else Krahnerts Tür klingelte. Die alte Frau öffnete. Sie trug einen Morgenrock. Die Wohnung hinter ihr war dunkel. »Ja, bitte?« fragte sie mit verständnislosem Blick.

»Guten Morgen«, sagte ich. Und nach einer Pause: »Ich komme zum Putzen.«

»Nanu«, wunderte sie sich. »Sind Sie vom Hotel?«

»Genau«, sagte ich, während sich in meinem Hals ein fieser Kloß bildete.

Ein paar Wochen später gab ich das Pflegen auf, weil mir ein besserer Job angeboten wurde. Else Krahnert und meine anderen Patienten sah ich nie wieder. Wahrscheinlich sind sie mittlerweile auch alle schon tot. Aber manchmal, wenn ich durch Zufall in mein altes Pflegegebiet Berlin-Moabit muß, spitze ich die Ohren, ob nicht aus Else Krahnerts Straße das bekannteste Riff der Rockgeschichte klingt.

♫ The Beatles
Yellow Submarine (1966)

Text und Musik: John Lennon/
Paul McCartney

Von gelben Tauchseebooten und anderen Liebestötern

von DIETMAR GEBAUER

Musikhören in den sechziger Jahren, lange vor der Erfindung der CD: Das war die Zeit, als man sich, wenn man bequem war, *alle* Lieder einer Langspielplatte anhören mußte, ob man sie mochte oder nicht. Natürlich konnte man ein ungeliebtes Lied überspringen: Man mußte dazu nur, wenn das vorausgegangene zu Ende war, sich rasch aus den Armen seiner Freundin lösen, aufspringen, zum Plattenspieler eilen, den Rauchglasdeckel hochkippen, mit dem Hebel den Tonarm anheben, ihn mit dem Zeigefinger weiterbewegen und dabei den Anfang des nächsten Titels auf der Platte anpeilen, den Tonarm langsam wieder senken, zuvor noch vorsichtshalber den Lautstärkeregler zurückdrehen, da es selten auf Anhieb gelang, mit der Nadel in die Pausenrille zu treffen, dann die Lautstärke wieder hochdrehen, den Deckel wieder herunterklappen, um dann endlich wieder zurückzukehren in die Arme seiner Freundin. Interruptive Erotik der Prä-CD-Zeit! Es war ja ohnehin schon umständlich und störend genug, nach 18 bis 20 Minuten die Platte umzudrehen bzw. zu wechseln. Und so verzichtete ich meist auf diese Prozedur des Überspringens und ließ *alle* Titel einer Seite abspielen. Auf diese Weise kam ich dann regelmäßig in den Genuß von Stones-Machwerken wie »She's a rainbow«, Dylan-Schnulzen wie »Lay, Lady, Lay«, Deep-Purple-Goes-Classic-Fehlversuchen und, ja eben, von …

»Ich wußte ja«, so Paul McCartney, »die Leute würden

allerlei Interpretationen hineinlegen, doch es war schlicht und einfach ein Kinderlied. Ich war ganz verrückt danach, es von kleinen Kindern singen zu lassen.« Warum nur engagierte Paul McCartney damals, 1966, dann keinen Kinderchor für dieses Lied? War er in finanziellen Schwierigkeiten? War er bereits tot? (Aber dann würde die Altersangabe auf dem »Abbey Road«-Cover drei Jahre später – »28 IF« – nicht stimmen.) Oder war es ganz einfach so, daß Paul sich dachte: kleine Kinder – haben wir denn nicht in unserer Gruppe diesen Schlagzeuger mit der großen Nase und dem Gemüt eines kleinen Kindes? *Der* wäre doch der ideale Sänger für ...

Das Cover der Beatles-LP »Revolver« war klassisches Jazz-Label-Design: Ganz in Schwarzweiß gehalten, zeigte es auf der Vorderseite groß die Beatles-Köpfe in Federzeichnung, in die Haare viele kleine Beatles-Fotos hineinmontiert, auf der Rückseite ein grobkörniges Studiofoto der Fab Four. Ich hatte mir die Platte beim einzigen Elektrohändler unseres kleinen Ortes bestellt und nach drei Wochen und vielen Nachfragen dann endlich auch bekommen. Ich kannte noch kaum ein Lied davon, denn die Versorgung Niederbayerns mit Popmusik per Radio beschränkte sich damals auf je eine Stunde Ö3-Music-Box und B2-Club 16 am Tag. Der Empfang von Radio Luxemburg, das mehr an Popmusik bot, ging meist im Rauschen der Mittelwellen unter, dito der Empfang von Radio Prag. Gespannt also legte ich zu Hause die Scheibe auf den Teller des Telefunken-Plattenspielers, führte den Tonarm zum Rand und senkte ihn vorsichtig. Die ersten Gitarrenakkorde schlugen mir entgegen, ungewöhnlich hart für die Beatles: »Taxman«. Es folgten das Streicherarrangement von »Eleanor Rigby«, die somnambulen Klänge von »I'm Only Sleeping«, George Harrisons Sitar-Sound von »Love You Too« und das etwas sehr softe, aber doch schöne »Here, There And Everywhere«. Ja und dann ...

»IN THE TOOOWWN, WHERE I WAS BOOORN«, dröhnte eine Stimme aus den Lautsprechern, die gut einen

Achtelton unter der intendierten Melodie lag und diesen Abstand auch hartnäckig für den Rest des Liedes beibehalten sollte. Das Symbolhafte dieses Abtauchens unter die Melodie sollte sich mir im Fortgang des Textes sehr bald erschließen. »Lived a man who sailed to sea« ging es weiter – mir fiel ein, daß John Lennons Vater Schiffsjunge gewesen war, ehe er als Steward seine Familie verlassen hatte. Sollte dieses traumatische Erlebnis in Johns Jugend jetzt wieder hochgekommen sein? Doch nein, es war anders: »And he told us of his life, in the land of submarines« – das letzte Wort kannte ich bis dahin nicht, konnte es mir aber gleich erschließen, da die Beatles für ihre deutschen Hörer die folgenden Takte zum Verständnis des maritimen Kontextes mit Meeresbrandung unterlegten. »So we sailed on to the sun, till we found the sea of green, and we lived beneath the waves, in a yellow submarine.« Bisher war das Lied, vom Sänger einmal abgesehen, ganz passabel gewesen, einfach instrumentiert, akustische Gitarre, Baß, Schlagzeug, dazu die Meeresgeräusche als Anleihe an die Musique concrète. Doch nun kam – bum, bum, bum, machte Ringos Trommel – der Refrain des Liedes: Er bestand aus ganzen zwei Akkorden und einer Melodie aus immerhin drei Tönen in abfallender Linie – o. k., um genau zu sein: es kam ein Sechzehntel lang auch noch ein vierter Ton vor. Dieser Refrain, in stampfendem Rhythmus vorgetragen, untertraf an Banalität alles, was die Popmusik bisher an Einfallslosem hervorgebracht hatte!

Weiter gings im minimalistischen Text: Von Freunden aus der Nachbarschaft war die Rede, die auch an Bord des Submarines seien – im Hintergrund Stimmen und Gläserklirren –, und von der Kapelle, die zu spielen beginne – was man prompt darauf zu hören bekam. Dieses Verdoppeln des wenigen Gesagten durch entsprechende Geräusche schien überhaupt das Prinzip dieses Liedes zu sein, verhalf dem schmalen Text aber nicht zu mehr Größe. Bum, bum, bum – nochmals der Refrain. Jetzt kam die Experimentalphase mit weiteren Anleihen aus der konkreten Musik: Man hörte U-Boot-Kommandos, Wasser-Einbrüche, eine Schiffsglocke, einen Feuer!-Befehl und dann einen Knall. War es wiederum Kundendienst für die Hörer aus Germany, daß die Befehle auf deutsch gegeben wurden, oder spiegelten sich darin die Urängste des englischen kollektiven Unterbewußten vor einer U-Boot-Invasion der Insel durch die Krauts wider? – Wie auch immer: Nach der Feststellung in der letzten Strophe, daß man alles zum Leben Nötige habe in diesem »Tauchseeboot« (so eine zeitgenössische Übersetzung), wurde dem Hörer zum Abschluß dann noch einmal der Refrain mit verstärkter Baßtrommel eingebleut. Und langsam, langsam entfernte sich das Boot.

Ja, das war dieses Lied. Für mich fiel es damals heraus aus den übrigen Songs von »Revolver«: ein Gassenhauer, von Ringo Starr kongenial realisiert. Wußte man bis dahin, daß Ringo nicht gerade der begnadetste Schlagzeuger war, so bekam man obendrein die Gewißheit, daß er auch nicht singen konnte. Und doch gewann das Lied in der folgenden Zeit eine gewisse Popularität. Es wurde Aufhänger für einen abendfüllenden Zeichentrickfilm, der nur wenig mit dem Song gemeinsam hatte, also ganz gut war; es wurde in die Jugendgruppenliedersammlung »Liedersonne« aufgenommen; und der Faschingsverein meines Heimatorts dichtete im nächsten Jahr für den Rosenmontagsball mit dem Motto »Im Reiche Neptuns« den Refrain um zu »Mari, nu a Hoibe, denn i hob im G'sicht scho Sprüng'« schließlich mutierte der Titel in der deutschen Version eines berühmten gallischen Comics zum Namen der Ehefrau eines Fischhändlers, dessen Ware kein besonders hoher Frischegrad attestiert wird. Das Lied selbst aber geriet in Vergessenheit. Und nicht nur bei seinen Hörern …

Es war 1969, bei den Aufnahmen zu »Abbey Road«. Ringo saß nach einer der Studio-Sessions am Tresen seines Stamm-Pubs und zermarterte sich seit Wochen sein Hirn: Er wollte schon lange nicht mehr der Gruppenblödel sein, er wollte, wie beim Weißen Album, auch ein eigenes Lied für die neue Platte beisteuern! Ein originelles

Lied sollte es sein, etwas noch nie Dagewesenes, aber ihm fiel und fiel einfach kein originelles Thema ein! Verzweifelt klammerte er sich an sein Bierglas und starrte in das Aquarium, das auf der Anrichte hinter der Theke stand … Plötzlich durchzuckte sein gequältes Gehirn ein Blitz: Das war es! Ein Lied über das Leben unter Wasser! Das hatte es noch nicht gegeben! Ja, ja, ein Lied über ein glückliches Leben in den Tiefen des Ozeans, mit den Freunden aus der Nachbarschaft, lachenden Kindern … Schon formten sich in seinem Kopf die ersten Worte und Sätze, die ersten Reime: »to be – under the sea«, »joy – every girl and boy«. Ha, das ging ja wie von selbst! Weitere Worte würden sich finden, da war sich Ringo sicher, und bezüglich der Melodie machte er sich keine Sorgen: Einfach sollte sie sein, ganz einfach, wie, wie … wie bei einem Kinderlied! Ob man es auch von kleinen Kindern singen lassen sollte? Ringo erwog diese Möglichkeit kurz, verwarf aber den Gedanken schnell: Kleine Kinder sangen zu ungenau, trafen oft den Ton nicht! Nein, er selbst würde das Lied singen. Doch man könnte, wie es die anderen drei ja auch manchmal bei ihren Liedern taten, ein paar originelle Effekte einbauen, man könnte das Lied beispielsweise mit Meeresgeräuschen unterlegen Ach, er war ein Genie, die anderen würden staunen! Als Ringo nach einer Reihe von Pints das Pub verließ und sich etwas wacklig, aber glücklich wie lange nicht mehr auf den Heimweg machte, führte ihn sein Weg wie immer an einem kleinen griechischen Gartenlokal vorbei, in dem es prima Tintenfisch gab, und da fiel ihm nun auch ein Titel für sein, *sein!* Lied ein …

Und so hatte ich dann wenig später auch bei der neuen Beatlesplatte wieder das Entscheidungsproblem, an einer bestimmten Stelle meine Freundin aus dem Arm und den Tonarm in die Hand zu nehmen oder die Platte einfach weiterlaufen zu lassen.

♫ **Neil Diamond**
I'm A Believer (1966)

Text und Musik: Neil Diamond

Es gibt keine Neil-Diamond-Groupies

von MARTIN KRAUSS

Neil Diamond ist ein fleißiger Mann. Über jedes seiner Lieder hat er eine kurze Notiz verfaßt, wie es entstand, was es ihm bedeutet usw. Über »I'm A Believer«, ein Lied, das er für die Monkees, eine von einem Produzenten zusammengestellte Hitparadencombo, schrieb und das in deren Interpretation 1966 sieben Wochen lang die Nummer eins der USA war, schreibt er: »Don Kirshner suchte für eine neue Sache, die er zusammengestellt hatte, neues Material. Ihr Name war ›The Monkees‹, und Don liebte mein Lied ›Cherry, Cherry‹, das damals ein großer Hit im Radio war. So wandte er sich an meinen Freund Jeff Barry, ob ich nicht noch so etwas hätte, das seiner Gruppe vielleicht gefallen könnte. Jeff und ich gingen in Kirshners Büro, und ich wußte, daß ich den Job übernehmen würde, denn es war schließlich das erste Mal, daß ich von diesem Erfolgsproduzenten um etwas gebeten wurde. Wir spielten meine Version von ›I'm A Believer‹, und Don mochte es. ›I'm A Believer‹ etablierte mich als Texter und Komponist, ›Cherry, Cherry‹ als Sänger, der Hits vortragen konnte. Plötzlich war ich eine doppelte Drohung und gefährlich wie eine Pistole.«

Auch in Diamonds Version wurde »I'm A Believer« erfolgreich. Und auch außer »Cherry, Cherry« hatte Diamond noch große Hits. »Blue Destiny«, »Red, Red Wine«, »Sweet Caroline«, »I am ... I said«, »Longfellow Serenade«, »Beautiful Noise«, »September Morn'«, »Forever in Blue Jeans«, »Hello again«, um einige wenige zu nennen. Um aber herauszufinden, warum Neil Diamond große Hits schrieb und dennoch nie und nimmer zu den großen Stars der Popmusik gehören wird, ist »I'm A Believer« besonders geeignet.

»I'm A Believer« ist ein US-Schlager, einer der besten, die je produziert wurden. Aber Neil Diamond hält sich gar nicht für einen Schlagersänger oder -komponisten. Er selbst bekannte einmal in einem Interview, er träume davon, »Beethoven, Tschaikowsky und Robert Frost zu sein. So viel glaube ich nämlich musikalisch leisten zu können.«

Das Selbstbild mag arrogant sein, es ist aber in einer bestimmten Hinsicht völlig richtig: Neil Diamond beherrscht all das, was, wollte man in einer Liste das Jobprofil eines Komponisten und Musikers erstellen, einen großen Künstler ausmacht. Nur das nicht benennbare Element, das man in Ermangelung eines genaueren Begriffs meist Genie nennt, fehlt ihm.

Will man das Genialische doch ein wenig näher bestimmen, muß man nur Neil Diamond singen hören: Seine Stimme klingt, egal was er vorträgt, stets pathetisch, sie ist klar und wohl prononciert, und nie käme er auf die Idee, so zu singen, als stünde er vielleicht nicht hundertprozentig hinter dem Text, den er da gerade vorträgt. Ähnlich trägt er seine Instrumentals vor: Es gibt keinen Gitarrengriff, den er nicht beherrschte, keine Tonlage auf dem Klavier, die er nicht schaffte, und die Abmischung im Studio ist sauber. Gegen Neil Diamond gibt es keinen Einwand.

Nur: Er kommt nicht auf die Idee, daß man das Glatte, Ordentliche, Saubere auch mal brechen sollte, und wenn man ihn zwänge, es ab und zu weniger klar und endlich einmal genuschelt vorzutragen, er arbeitete stundenlang an dieser Aufgabe, so daß es bei jedem Auftritt an der gleichen Stelle die gleiche Brechung im Vortrag gäbe und sich das Nuscheln nie vom Nuscheln des Abends zuvor unterschiede.

Das ist nämlich Diamonds Verständnis von Musik. Er

trägt schöne Sachen vor. Märchen, die die Leute glauben sollen, und mit dem Hinweis auf ein Märchen beginnt »I'm A Believer«: »I thought love was only true in fairy tales / Meant for someone else but not for me / Ah, love was out to get to me / That's the way it seemed.«

Statt Love könnte er auch Music oder Culture sagen oder auch: das Schöne, Wahre und Gute. In der Liebesbeziehung darf es keinen Streit und Hader geben, in der Musik keine Dissonanz. Wahrscheinlich hat Neil Diamond diese Vorstellung schon immer gehabt, aber in »I'm A Believer« bringt er sie auf den Punkt: »Then I saw her face / Now I'm a believer / Not a trace / Of doubt in my mind / I'm in love / I'm a believer I couldn't leave her if I tried.«

Übersetzt heißt das: Ich sah die Kultur, ich hörte die Musik, nun glaube ich an sie, es gibt keinen Zweifel, daß ich der Musik verfallen bin, ich liebe sie, und daß ich sie nie verlassen könnte, liegt daran, daß es ja nie eine Mißstimmung geben wird, die mir einen Anlaß zum Verlassen geben könnte.

»What's the use in tryin', all you get is pain«, heißt es an anderer Stelle, und eine Strophe weiter singt er: »Disappointment haunted all my dreams«, Enttäuschung nämlich, daß bei den Bemühungen, große Kunst zu machen, etwas herauskäme, das nicht unerreichbar schön, rein, also glatt klänge.

Auch der Umstand, daß Neil Diamond über jedes seiner Lieder eine Notiz verfaßt, auf der man das Zustandekommen nachvollziehen kann, und übrigens kein Eintrag existiert, auf der Drogenkonsum als Grund des Songs genannt würde, verweist auf die Verzweiflung des Mannes, der das Handwerk des Künstlers vollständig beherrscht, aber doch kein Künstler ist.

Die Monkees, die aus dem Song einen großen Hit machten, lösten wie vor ihnen die Beatles und wie heutzutage die Boygroups richtige Hysterieanfälle bei weiblichen Fans aus. So etwas ist Neil Diamond wahrscheinlich nie passiert. Zwar – ein Zufall ist bei einem wie Diamond auszuschließen – endet »I'm A Believer« mit dem sehr beatleesken »Yeah, yeah, yeah, yeah, yeah, yeah, yeah ah-uh-uh«, aber dennoch fällt es zumindest schwer, sich ein Diamond-Groupie vorzustellen.

»Ich bin nicht des Geldes wegen hier«, hat er 1972 bei einem Konzert in New York gesagt, »ich habe genug Geld. Ich bin hier, weil ich Ihre Liebe brauche.« Soweit man die sich erarbeiten kann, hat er es getan, denn faul ist Neil Diamond gewiß nicht. Das kann man ihm getrost glauben.

♫ **The Doors**
When the Music's Over (1967)

Text und Musik: The Doors

When the music's over, The End – oder wer ist der wahre Morrison?

von ROLAND BERBIG

Für Tine und Günther

Das erste, was sie verwirrt habe, erzählt die Freundin, sei ein Zettel an der Tür seines Zimmers gewesen. Darunter das Bild eines schönen Mannes, lange und lockige Haare, die Züge weich und traurig. Der Satz habe gelautet: *Jim Morrison is dead*. Damals sei sie gerade von zu Hause ausgezogen, nicht im Zorn, aber mit dem Wunsch, in einer Wohngemeinschaft anderes Leben zu probieren, unter dem Arm ihre Platten von Udo Jürgens, Howard Carpendale und Peggy March. Sie habe nicht gewußt, was das soll, Jim Morrison – wer war das? Warum der Satz an der Tür? Warum auf englisch? Eine Todesbotschaft statt des Türschildes: »Ihr habt damit zu rechnen: hier trauert einer. Wenn ihr von mir etwas wissen müßt, dann das.«

Mit diesem Satz an der Tür begann eine Freundschaft, begann eine Liebe, begann ein Ende ...

In dem Satz *Jim Morrison is dead* hatte alles gelegen. Besiegelt war in ihm eine Entdeckung, nämlich die Entdeckung jenes Wesens, das tief verborgen war und sagte: »Break on through to the other side«. Rockmusik, die wir lieben, läßt sich in keinem Lexikon nachschlagen. Sie hat sich in Leben verwandelt, das unser eigenes ist. Fangen wir an, über sie zu schreiben, schreiben wir über uns und über Menschen, meist über Menschen, die wir lieben. Musikernamen oder Liedtitel sind Bezeichnungen für

Seelenzustände, an die wir uns erinnern, weil sie verlorengingen, unauffindbar. Nur im Klang einer Gitarre, im Dröhnen eines Basses oder beim rauhen Schlag eines Trommelstocks taucht leise Erinnerung auf. Dann ist uns, als wäre das ausgelöschte Leben neu anzufachen, und wir rücken den Stuhl heran, sind gebannt für einen langen Augenblick. Und am Ende bleibt immer ein Satz, der gilt: *Jim Morrison is dead.*

Dabei hat dieser Morrison nichts zu tun mit jenem, der »sagenumwobenes Symbol für Sex, Aggressivität und eine neue Underground-Kultur« gewesen sein soll. Er ist eine Stimme, die zu dem Musikstück »When the music's over« gehört, mit dem jedes Ende beginnt und durch das wir, nachdem wir es zum ersten Mal gehört haben, wissen, daß unser Ende begonnen hat.

»When the music's over« war ein Konzept. Es war die Idee einer Band, die als die Doors Legende ist. Jim Morrison, ihr Sänger und ihr Texter, hat ihnen Ewigkeitsruhm verschafft. Was immer die Überlebenden von ihm berichten, es nährt die Flamme, die niemand löscht. Der Mann, der mit dem Mikrofon das Publikum prügelte oder der betrunken auf der Bühne zusammenbrach, der sich selbst in ein bärtiges Monster verwandelte, seine Stimme ruinierte und so viel Gifte zu sich nahm, um mehr »wahrzunehmen« bis er nichts mehr von sich als »wahr« nahm – dieser Mensch hat in dem Leben, das ich führte, als ich seine Stimme zum ersten Mal hörte, keinen Platz. Die Vorstellung, er hätte plötzlich in meinem Zimmer des Elternhauses im Harzer Blankenburg gestanden, ist abstrus. Das Bild, mit ihm durch die Straßen jener Kleinstadt zu gehen, in der damals der Sozialismus sowenig zu Hause war wie heute der Welfen-Prinz Ernst August von Hannover, ernüchtert jedes Begehren, das den Fan ausmachte.

Mit dem dunkelsten und eingleisigsten Song der Popkultur – »The End« – verlor die Popmusik ihre Unschuld. Als Jim Morrisons Stimme aus den Lautsprechern meines Radioapparates sang: »The killer awoke before dawn, / He put his boots on, / He took a face from the ancient gallery, /

And he walked on down the hallllllll«, verlor ich meine Unschuld. Wie sollte ich den Eltern meine Faszination erklären, wie mit meiner Schwester über den Text sprechen, den ich fein säuberlich in mein Tagebuch trug? Warum trug ich ihn fein säuberlich dort ein? Um mit meinen erworbenen Englisch-Kenntnissen zu protzen? Vor mir selbst? Gefielen mir die Laute so, daß ich wieder und wieder vor mich hin murmelte »The killer awoke before dawn,/He put his boots on«, oder war es der Sinn, der betörte? Heute weiß ich: Ich war Poesie begegnet, und zwar jener Poesie, die keine Gnade kennt und nicht anheimelt. Nur, ich hatte es nicht gemerkt.

Jim Morrison bestand für mich aus wenigen Musikstücken, von einer Discographie konnte keine Rede sein. Die Welt, in der dieser Morrison existierte, existierte nicht. In ihr gab es keine Flower-Power-Reihen, nur am Rande blubberte etwas von Psychedelic Music herum. Das erste Foto, das ich von Morrison sah, zeigte ihn mit freiem Oberkörper, halblangem Haar und einer Indianerkette. Die Bühne meiner Welt betrat er als Widerspiel seiner selbst, nicht durch den Hintereingang, sondern durch die Wand, hinter der wilde Brombeeren wuchsen und die Himbeeren im Sommer leuchteten. »Mein« Morrison stand im Licht eines abendlichen Feuers und erinnerte mich an die Bilder spielender Indianer, die wir gewesen waren, ließ meine Lebensgeschichte mit der meines westfälischen Cousins zusammenwachsen. Die Grenze, sie war nicht zu durchbrechen mit Tabubrüchen – sie brach, als wir uns in der gemeinsamen Erfahrung wiederfanden. Ohne es je ausgesprochen zu haben, wußten wir, die Doors und Morrison waren »unsere Kunst«. Zu hoch waren die Hürden, der Stacheldraht, zu durchsuchungsbesessen die Grenzer, um Deutungsdiskurse anzuzetteln. Wir hielten Morrisons Poesie stand, verloren nie ein Wort darüber und begnügten uns mit dem Zurufen, dem Schreiben von Titeln oder Refrains.

Als ich das erste Mal »When the music's over« hörte, war Morrison fünfzehn Jahre tot. Der *Jim Morrison is dead* an die Tür gepinnt hatte, überredete die Frau, zu der er gezogen war und die ihn pflegte, mir das Live-Doppelalbum zu schenken. Ich nahm es über die Grenze mit zurück in den Osten und hörte es eine Nacht ohne Unterbrechung. »The face in the mirror won't stop / [...] A feast of friends – ›Alive!‹ she cried / Waiting for me / Outside!« Und dann, plötzlich und banal: »The west is the best«. Den tiefen Zynismus dieser fünf Worte verstand nur ich. »The west is the best.« The best is the rest ... Daß die Musik der einzige Freund sei bis zum Ende, war Bestätigung und stürzte mich in eine Trauer, die mit niemandem zu teilen war und umstellt war von Versen wie: »Before I sink into the big sleep / I want to hear / I want to hear / The scream of the butterfly.«

Und dann war da etwas von »lead me to the promised land« zu hören, ich folgte für Augenblicke dem Lied in seinen Wendungen, ohne mich auch nur im entferntesten in die konzeptionellen Absichten jenes wahren Morrison hineingedacht zu haben. Mein Ohr hörte den »Gentle sound«, und jenes »Come today, come today« war nah aller Unvergänglichkeit, die dieser geheimnisvollen Formel innewohnt. Nie wieder danach habe ich die Erschöpfung so genau gespürt, die die Frage »What have they done to the earth« bedeutet, und nie wieder die Kraft, die der gewinnt, der sie stellt. »See the light.« In dieser Nacht trennte ich mich von meinem Morrison, für immer.

Der eine oder andere Oldie erinnert uns an jene laue Sommernacht, die wir uns vornahmen, nie zu vergessen, und die wir nur deshalb nicht vergaßen, weil es jenen Oldie gab, den das Radio wieder und wieder in unser müdes Gedächtnis hämmerte. Der Morrison mit den Doors, der durch die Wand kam mit Brombeeren in der Hand und zerkratzter Haut, der die Himbeeren neben das Tonbandgerät Qualiton legte, der muß schlucken, wenn er das Wort Oldie hört, lachen, so sehr lachen, daß er sich auf den Boden legen muß. Er hält sich den Bauch und beginnt sich langsam aufzulösen, zum Schluß bleibt nichts als ein schmutziges Hemd, Jeans und diese boots, von denen »The End« erzählt.

♫ **Foundations**
Baby Now That I've Found You (1967)

Text und Musik: T. McAuley/ Jay Mcleod

Unanständige Bewegungen

von MORITZ REICHELT

Ich habe von meinem Vater immer die ausrangierten Geräte bekommen. Als er sich 1967 ein Uher Report zulegte, fiel für mich das Grundig TK 24 ab. Ein Neckermann-Radio mit eingebautem Plattenspieler hatte ich schon. Mit dem Tonband und der dadurch geschaffenen Möglichkeit, Töne aufzuzeichnen, begann mein Interesse für Musik ernsthafte Formen anzunehmen. Damals war alles neu für mich, und Tonbandtechnologie eröffnete mir die Chance, mich gründlicher mit Musik zu beschäftigen, als dies vorher möglich gewesen war. Ich konnte mehr Lieder öfter hören. Wenn man ein neues Stück oft genug hört, fängt man allmählich an, es zu verstehen. Die Aufnahmen vom Radio erfolgten mangels fortgeschrittenen technischen Know-hows mit Hilfe eines Mikrofons, das ich möglichst nah am Lautsprecher des Neckermann-Musikmöbels plazierte. Niemand durfte während einer solchen Aufnahme das Zimmer betreten oder zu laut atmen. Ich erinnere mich noch sehr gut an das Mikro: es war sehr hübsch, zweifarbig weiß/grau, und hatte die Form eines kleinen Fernsehers.

Eine der ersten Sendungen, die ich auf diese Weise aufzeichnete, war eine komplette Hitparade des englischen Soldatensenders, der in der norddeutschen Provinz der sechziger Jahre die Verbindung zur großen weiten Welt repräsentierte. Die »Top Twenty Show« kam jeden Samstag im British Forces Broadcasting Service, dem BFBS, und wurde ein fester Termin in meinem neuen Leben.

In jener Woche irgendwann 1967 waren die Beatles mit »Magical Mystery Tour« gerade auf einen der unteren Tabellenplätze abgesackt. Sandie Shaw war neu in den Charts mit dem Nachfolgehit ihres Eurovisionssiegertitels »Puppet on a String«, Titel: »You've Not Changed«. Dann gab es noch The Seekers mit »When Will the Good Apples Fall«, den Evergreen »The Letter« von den Box Tops, »Only a Fool Breaks His Own Heart« von Long John Baldry, »Flowers in the Rain« von The Move, »There is a Mountain« von Donovan, »Tin Soldier« von den Small Faces, »San Franciscan Nights« von Eric Burdon and the Animals, »From the Underworld« von The Herd, »Love Is All Around« von den Troggs und »Hole in my Shoe« von Traffic. Engelbert, der sich damals noch Humperdinck nennen durfte, hatte seinen notorischen »Last Waltz« am Start, und Brenton Wood war vertreten mit dem aberwitzigen »Gimme Little Sign«. Ich weiß das deshalb so genau, weil ich dieses erste Tape meines Lebens, das ein dickes dunkelbraunes Viertelzoll-Band war, ungefähr 100000 Mal gehört habe. Tag und Nacht, 24 Stunden rund um die Uhr.

Ich hatte zu der Zeit in der Schule noch keinen Englischunterricht und versuchte mir immer einen Reim zu machen auf das, was BFBS-DJ John Benson zum besten gab. Es ging immer los mit »It's Top Twenty Time«, und dann folgte diese legendäre Titelmelodie. Ich habe nie herausbekommen, was das eigentlich für ein Stück war. So ein Gitarren-Instrumental, das ich unbedingt noch einmal hören muß, bevor ich sterbe.

Nun, ganz oben auf dem ersten Platz der Hitparade dieser Woche im Jahre des »Summer of Love«, als ich zum ersten Mal eine Tonaufzeichnung einer Radiosendung machte, war das Lied, das auf diesem Ehrenplatz eine hübsche Anzahl von Wochen bleiben würde: »Baby Now That I've Found You« von den Foundations. Auf dem ersten Platz zu sein, adelte ein Stück irgendwie. Egal, ob es einem gefiel oder nicht, man mußte sich damit auseinandersetzen. Ich wußte noch nicht einmal, wie so eine Hitparade ermittelt wird, und so ganz klar ist es mir eigentlich bis heute nicht geworden. Ich dachte, die Hörer der Sendung schicken eine Postkarte mit ihrem Lieblingstitel an den Sender. Ich habe das tatsächlich einmal gemacht, bezweifle aber, daß die Karte je in London ankam. Ich hatte die ganze Adresse, des Englischen nicht mächtig, lautmalerisch aus dem, was John Benson sagte, herausinterpretiert.

»Baby Now That I've Found You« war nicht gerade mein Lieblingslied, das war »Tin Soldier«. Aber es hatte eine besondere Qualität, die ich zu dieser Zeit noch nicht einmal begriff, nur spüren konnte: Es war »Schwarze Musik«. Und zwar ziemlich massiv. Im nachhinein würde ich sagen: Meine erste Begegnung mit dem Exotischen.

Ich liebte natürlich die Beatles; sie waren genau einen Schritt von dem entfernt, was man uns in der Schule oder in der Klavierstunde beibrachte. Eigentlich klassisches Liedgut in den Harmonien des 19. Jahrhunderts. Diese schwarze Musik aber war etwas anderes. Hier wurde körperlich gearbeitet. Ohne daß ich die Foundations jemals gesehen hatte, vermittelte sich über ihre Musik der Einzug diffuser erotischer Gedanken in meine präpubertäre Seele. Ach was, erotisch ... purer Sex! Schwitzendes Negerfleisch! Das war eindeutig die Musik, vor der die etablierte weiße Gesellschaft Angst hatte, weil sie die Jugend wirklich verführte und ihren traditionellen Bindungen entfremdete. Wenn der Körper anfing, sich zu bewegen zu solch einem Song, dann konnten es nur »unanständige« Bewegungen sein. Und wer sich einmal unanständig bewegt hatte, ohne sich dafür zu schämen, der war noch zu ganz anderen Schandtaten fähig.

Der Text spielte als Auslöser subversiver Gedanken offensichtlich eine unwesentliche Rolle. Bis zu meinem 14. Lebensjahr habe ich kaum etwas davon verstanden, und da war ich bereits ganz und gar der Rockmusik verfallen. So wußte ich auch nicht, daß die Foundations sangen: »I build my walls around you, I need you so«. So was würde man heute nicht mehr singen, es klingt irgendwie unkorrekt. Damals waren Texte aber lieber ehrlich als korrekt. Man schämte sich nicht, seine unvollkommenen Seiten zu zeigen, im Gegenteil: Das gehörte dazu, war mutig und rebellisch. Aber dies gehört zu den Überlegungen, die ich mir erst im Laufe der Zeit zu diesem denkwürdigen Song gemacht habe.

Anfang der Achtziger hatte ich auf einmal das Bedürfnis, mir die Lieder meiner Kindheit, an die ich mich noch erinnern konnte, als Schallplatten zuzulegen, sofern ich sie nicht schon besaß. Bei Saturn in Köln fand ich so eine »Golden Oldies«-Wiederveröffentlichung mit dem Nachfolgehit »Build Me Up Buttercup« als B-Seite. Die Foundations sind heute vergessen. Sie haben es nicht in die Hall of Fame der ganz großen Interpreten der Rockmusik geschafft. Ihr Song »Baby Now That I've Found You« aber war einer der ganz großen Hits.

Ich warte immer noch darauf, daß jemand eine aktuelle Version des Stückes aufnimmt. Es würde todsicher wieder ein Hit werden.

♫ **The Bee Gees**
World (1967)

**Text und Musik: Barry Gibb/
Robin Gibb/Maurice Gibb**

Die Entdeckung der Kugelgestalt der Erde durch die Popmusik

von CLAUS MELCHIOR

Wenn Plattenfirmen die Absicht haben, etwas ihrer Meinung nach ganz Besonderes unter die Leute zu bringen, so schalten sie gelegentlich in den einschlägigen Medien Anzeigen, in denen ein Gang durch die Jahrzehnte gestartet wird und letztlich alles darauf hinausläuft, den »Künstler«, dessen neuestes Werk wir nun alle kaufen sollen, in eine Reihe mit Interpreten oder Trends zu stellen, die für ihre Dekade als stilbildend gelten können. Gewöhnlich steht dann Elvis für den Rock 'n' Roll der Fünfziger, die Beatles vertreten die Sechziger, wenn's lieber ein wilder Mann sein soll, übernimmt das Jimi Hendrix, auch Bob Dylan kommt in Frage, hier also noch ein Überangebot, doch mit den siebziger Jahren wird's schwierig.

Zwei Trends fallen uns da ein, die man geneigt ist, mit diesem merkwürdigen Jahrzehnt in Verbindung zu bringen, in dem man Hosen mit Schlag und Schuhe mit gewaltig hohen Absätzen trug: Punk, kommerziell weniger erfolgreich, dafür aber nicht ohne Einfluß, und Disco. Für viele der Horror schlechthin, amerikanische Plattenreiter taten sich gar mit einer »Disco sucks«-Kampagne hervor, die angesichts der Tatsache, daß Disco als Musik primär auf vorwiegend von Interpreten afro-amerikanischer Provenienz gepflegten Stilrichtungen aufbaut, durchaus rassistische Untertöne trug.

Sicherlich hängt der schlechte Ruf, den Disco bei vielen genießt, auch damit zusammen, daß es sich bei der Musik in der Tat um eine Verwässerung sowohl der Soulmusik der Sechziger als auch des Funk der Siebziger handelt. Noch wahrscheinlicher aber liegt es daran, daß Disco für die meisten untrennbar mit dem Kinobild eines Schauspielers im weißen Anzug verbunden ist, der zum schrillen Falsettgesang des Soundtracks über die Tanzfläche fegt. Der Schauspieler, die Rede ist von John Travolta, darf dank Quentin Tarantino heute wieder häufiger auf der Leinwand erscheinen. Die Musik stammte von den Bee Gees, die mit dem Soundtrack zu »Saturday Night Fever« die bis dahin erfolgreichste Platte aller Zeiten produzierten.

Wir Kinder der Fünfziger, die in den Sixties begannen, dem Radio zu lauschen, kannten die Bee Gees natürlich schon länger, waren sie doch bereits mitten in den schönsten Flower-Power-Zeiten auf der Bildfläche erschienen, als sie – eine Art frühe Inkarnation des Boygroup-Phänomens – begannen, die Herzen des weiblichen Teils der Bravo-Leserschaft zu erobern. Aber auch wir Jungs brauchten sie; ein paar langsame Titel durften auf unseren Feten zwischen »Satisfaction« und dem im gemeinsamen Gesang von »Und immer wieder geht die Sonne auf« zelebrierten Ende des Fests schließlich nicht fehlen.

Den harten Kern der Gruppe bildeten die BGs, die Brüder Gibb, damals waren sie noch zu fünft und für eine Boygroup eigentlich viel zu häßlich. Allenfalls Barry konnte als ansehnlich gelten, die ungleichen Zwillinge Robin und Maurice hatten damals zwar noch Haare, hätten bei Schönheitskonkurrenzen aber bestenfalls hintere Ränge belegt.

Maurice allerdings geriet dennoch in die Schlagzeilen, als er vorübergehend, im Showgeschäft war das damals so üblich, die schottische Rockröhre Lulu ehelichte, die damals allerdings bereits den Pfad der musikalischen Tugend verlassen hatte und mit dem Eurovisionsschlager »Boom Bang-a-Bang« unangenehm aufgefallen war, einem Schlachtruf, der sich hinsichtlich seiner aufrüttelnden Wirkung in keiner Weise mit Little Richards »awopbobaloopbobalopbamboom« messen konnte.

Zum Anfang ihrer Karriere hatte sich die Gruppe mit einem Lied bemerkbar gemacht, das den für einen Popsong absolut ungewöhnlichen Titel »New York Mining Desaster 1941« trug und in dem es um einen gewissen Mr. Jones ging, der scheinbar aber nichts mit jenem schimmerlosen Mr. Jones zu tun hatte, der bereits Gegenstand von Bob Dylans »Ballad of a Thin Man« gewesen war: »Something is happening, but you don't know what it is, do you Mr. Jones?«

Barry Gibb schien aber schon zu wissen, wo es lang ging, und so dauerte es nicht mehr lange, bis die Bee Gees mit einer Trilogie von Top-Ten-Hits, deren Titel jeweils kurz und prägnant aus einem einzigen Wort bestanden, den endgültigen Durchbruch schafften. Der erste davon, »Massachussetts«, für den der Verfasser dieses Artikels immer noch eine rational nicht zu erklärende Vorliebe hegt, verdankt seinen Erfolg möglicherweise der simplen Tatsache, daß darin die Stadt San Francisco erwähnt wird, und damit konnte man im Jahre 1967 in der Tat alles verkaufen. Für uns Oberschüler war damit immerhin auch ein Bildungseffekt verknüpft; wir mußten zwar nicht mehr die Namen aller 50 amerikanischen Bundesstaaten auswendig lernen wie noch das Herrmännche in Edgar Reitz' »Heimat«, aber wie sonst hätten wir lernen sollen, wie sich in diesem alten Indianerwort das fünffache S verteilt?

Der dritte Titel, »Words«, enthielt die den zukünftigen Literaturstudenten mit festem Glauben an die Macht des Wortes durchaus ansprechende Zeile »Words are all I have to take your love away«, auch wenn in der Praxis oftmals weder der Zauber der Musik noch die Überzeugungskraft der eigenen Worte ausreichten, das Herz der Angebeteten zu gewinnen.

Den nie übertroffenen Höhepunkt im Schaffen der Brüder Gibb, zumindest was das Verfassen von Songtexten angeht, bildet aber unzweifelhaft der schöne Titel »World«. Da wird nicht lange gefackelt, gleich geht es mit dem Refrain in medias res: »Now I've found that the world is round.« Wow! Könnte natürlich sein, daß den

Gibbs diese Erkenntnis auf dem Rückflug von Australien, wo sie Jahre ihrer Kindheit und Jugend verbrachten, ins heimische Vereinte Königreich gekommen ist, als sie beim Blick aus dem Flugzeugfenster auf die Erdkrümmung aufmerksam wurden; an und für sich war diese Tatsache schon in der Antike nicht völlig unbekannt, und spätestens seit Galileo und Kopernikus ...

Genauso schön und erkenntnisreich geht es weiter: »And of course it rains every day.« Nicht nur erinnert dieser Satz in seiner ganzen Größe an Shakespeare – »For the rain it raineth every day«, singt der Narr am Ende von »Was ihr wollt« –, nein, in Verbindung mit seinem Vorgänger könnte er, nicht zuletzt aufgrund des eingeschobenen »of course«, Eingang in jedes Rhetoriklehrbuch finden, als Beispiel für ein klassisches non sequitur. Oder sollte es bei dem Regen etwa tatsächlich um den ersten Eindruck von England nach der Rückkehr von der terra australis gehen?

Auch die beiden Strophen des Textes wollen sich nicht recht zu einem großen Ganzen fügen. Da geht es um die Zukunft und den Platz des Sängers darin, da wird die Erinnerung beschworen, und alles kulminiert in der Frage: »Why do they keep me?« Wer, wo, wann und warum? Die Welt der Bee Gees ist nicht nur rund, sondern vor allem rätselhaft.

Nach erfolgreicher Bewältigung der beiden Strophen wird aber für den Rest des Liedes dem Refrain breiter Raum zugemessen. Die Geigen schmachten, die Intensität wächst mit jeder Wiederholung. Man könnte behaupten, damit sei nun eine wunderbare Synthese von Form und Inhalt erreicht, doch den Zuhörer beschleicht eher jene Angst, der Karl Valentin anläßlich der Entdeckung eines Wiederholungszeichens im Notenblatt in der Orchesterprobe Ausdruck verlieh: »Des geht dann tausend Jahr im Kreis rum!«

Eine schreckliche Vorstellung, doch glücklicherweise hatte der Toningenieur ein Einsehen und zog schon bei der vierten Wiederholung des Refrains den Regler zur langsamen Ausblende nach unten. Die Frage aber bleibt: Was wollten uns die Dichter damit sagen?

♫ Steppenwolf
Born To Be Wild (1968)

Text und Musik: Mars Bonfire / John Kay

Bodenhaftung und Bewegung

von HANS ULRICH SCHMID

Nein, zur feindlichen Übernahme ist es dann doch nicht gekommen. Aber die Gefahr bestand, daß der Deutsche Philologenverband im Schulterschluß mit dem Germanistentag das Rock-Musik-Lager stürmen würde. Pop-Formationen hießen plötzlich »Novalis«, »Zauberberg« und – »Steppenwolf«. Das alles zum Entzücken nicht weniger Literaturprof(i)s und Deutsch-Pauker. Doch es kam anders, der subkulturelle Super-GAU blieb aus. Janis, Jimi und Jones im Himmel sei's gedankt!

Ob John Kay, Goldie McJohn, ob Jerry Edmonton, Mike Monarch oder einer der nicht wenigen anderen Musiker, die später irgendwann vorübergehend zu Steppenwölfen mutierten (Larry Byrom, Kent Henry, Nick St.Nicholas oder George Biondo), jemals Hermann Hesses Roman, von dem sie sich den Namen geborgt hatten, gelesen haben, bleibt verborgen im Dunkel der Rock- und Literaturgeschichte. Es darf aber vermutet werden, daß sie alle wenig echtes Interesse aufgebracht hätten für die Leiden jenes alterspubertären Harri Haller, des wackeren »Steppenwolfs« des braven Hermann Hesse. Und seien wir doch ehrlich: Rock-Steppenwölfe haben auf Dichters Parnaß so wenig verloren wie Philologen auf *Captain America's* Highway. Die Konflikte, die im Film zum brutalen Ende von Jack Nicholson (im Film einfach »Jack«) und später zur letalen Apotheose des Dennis Hopper (alias »Captain America«) führten, waren aus anderem Stoff (!) als die des Original-Steppenwolfs. Trotzdem muß redlicherweise der Steppenwolf-Sänger John Kay als Literaturkenner mit der ebenso ehrlichen wie dialektischen Erkenntnis zu Wort kommen, die da lautete, der literarische Steppenwolf lehne »die Normen der Mittelklasse ab und versucht dennoch ihnen gemäß sein Glück zu finden«. Na also, Herr Lehrer!

»Steppenwolf« – die Gruppe hat übrigens zuvor den im Vergleich dazu fast lächerlichen Namen »Sparrows« getragen – haben zwei Songs zum legendären Soundtrack von »Easy Rider« beigesteuert: »The Pusher« und »Born to be Wild«. Letzteres ist ein Bekenntnis, mag auch der »Rolling Stone« das Repertoire der Band als »romantisch-reaktionär« bemäkelt haben. Uns, die wir damals weißgottwieoft den Film gesehen haben, die wir noch nach mehr als zwanzig Jahren den Rhythmus und wenigstens Textfetzen im Ohr (und im Herzen) haben, und die wir in unserem allertiefsten Innersten noch immer nicht Abschied genommen haben von der Illusion, selber »Born to be Wild« zu sein – uns rührt solcher Tadel nicht. Und zwar auch dann nicht, wenn jemand sich mokieren sollte, wir hätten es auf unsere alten Tage dahin gebracht, daß der auch schon reichlich grau gewordene Rock-Steppenwolf seinem literarischen Namensvetter die alterslahme Pfote reicht. Schließlich ist es, wie wir aus leidvoller Erfahrung wissen, nicht jedem vergönnt, das zu realisieren, wozu er *born* ist!

An jener von der Wissenschaft noch nicht aufgefundenen Stelle, wo das Ohr ins Herz mündet, pulsiert und hallt es nach: vorwärts drängender, schwerer Zweiviertel-Takt, zunächst angetrieben und geprägt von Baß und Schlagzeug, dann, nach jeder stenogrammartigen Textzeile (oft ohne grammatikalischen Zusammenhang mit der vorausgehenden und nachfolgenden), eine prägnante Orgelauspuffwolke. Vor dem zweiten Textdurchlauf ein Zwischenspiel, in dem für ein paar Takte E-Gitarre und Orgel dominieren (die Doors lassen eben mal kurz grüßen!). Und noch mal der Text von vorne. Wie eine zweite Beschleunigung. Alles in allem: Bodenhaftung und Bewegung, die beiden magischen Kräfte des Feuerstuhls, sind (Rock-)Musik geworden. Die Message aus der Feder von Mars Bonfire (selber kein Steppenwolf) und der rauhen Kehle von John Kay ist auf seltsame Weise martialisch (»fire all of your guns at once / And explode into space«) und zärtlich in einem (»Yeah Darlin', go make it happen / Take the world in a love embrace«). Ein Widerspruch? Nein. Denn es gibt die Synthese von beidem. Sie ist PS-getrieben: »I like smoke and lightning / Heavy metal thunder / Racin' with the wind / And the feelin' that I'm under.« Mit der weichen, idyllisch-sanften Natur- und Blumenmystik der Hippies, für die übrigens auch Dennis Hopper im Film absolut keine Sympathie empfindet, verträgt sich das nicht. Im Gegenteil: »A true natures child« ist »born, born to be ...« (richtig!).

Nachbemerkung. Was ist denen geblieben, deren Kinder heute computergenerierte Geräuschentfaltung für Musik und die achtzigfache Wiederholung ein und desselben Satzes für einen Text halten? Was ist übrig von solchen Songs und von dem Lebensgefühl, das sie vermittelt haben und das – umgekehrt – die Songs hervorgebracht und getragen hat? Darf man diese Fragen ganz subjektiv beantworten? Okay, ein letztes Mal: »We can climb so high / I never wanna die. / Yeah Darlin'.« Liebste, schöner könnte ich das nach dreißig Jahren auch nicht sagen!

♫ **Creedence Clearwater Revival**
Proud Mary (1968)

Text und Musik: John C. Fogerty

Kein Ton zuviel

von JOHANNES JOHN

Für P.

Natürlich ist man gewarnt worden; von den Freunden und nicht zuletzt auch von der inneren Stimme, die sich bei diesen Gelegenheiten zumeist ja raunend zu äußern pflegt: Vorsicht, schreib nicht über deine Favoriten, nichts kann schiefer gehen und peinlicher sein als solche Elogen, auch wenn man den Objekten der Zuneigung wesentliche Teile seiner Sozialisation verdankt. Vielleicht grade dann. Keine postumen Liebeserklärungen, zumal wenn man mittlerweile selbst ebenso in die Jahre gekommen ist wie die Idole von einst.

Also zunächst das Negative: ein Rückblick in den Sommer unseres Mißvergnügens, anno 1997, jene Monate, in denen Vorfreude und Enttäuschung, Hoffnung und erneute Desillusionierung so nah beieinander lagen. Eigentlich hätte man ja gleich mißtrauisch werden können, schon als man's zu Beginn des Jahres in den Konzertankündigungen las: Creedence Clearwater Rev. Nun wußten wir ja schon immer, wie schwer dieser Namensbandwurm zu sprechen, zu schreiben und folglich auch in einer Spalte unterzubringen war. Was sich dann auch im Kürzel CCR niederschlug. Dennoch: ohne weitere Recherchen kauft man die Tickets, die um die fuffzig Mark kosteten, hielt über die Monate hinweg seine Erwartungen am Köcheln und fuhr schließlich an einem Samstagabend raus nach Riem, als es das Terminal dort noch gab. Schon auf dem Weg zur Halle der erste Hammer: der John Fogerty, nein, der sei nicht dabei.

Sofort kehrtmachen und heimfahren, weil: CCR ohne John Fogerty, das ist wie, wie – das geht einfach gar nicht, da fehlen einem alle Vergleiche. Denn John C. – was für Cameron steht – Fogerty, geboren am 28. Mai 1945 in Berkeley/Kalifornien, das *ist und war und bleibt* Creedence Clearwater Revival, nicht nur die Stimme, die Leadgitarre, der Komponist und Texter aller Hits dieser Band, sondern unbestreitbar eines der Kraft- und Energiezentren der Rockmusik zwischen 1968 und 1971, als CCR mit fast schon beängstigender Treffsicherheit einen Hit nach dem anderen produzierten und in den Charts plazierten: »Proud Mary«, »Bad Moon Rising«, »Green River«, »Down On The Corner«, »Fortunate Son«, »Travelin' Band«, »Hey Tonight«, »Have You Ever Seen The Rain«, »Up Around The Bend«, »Lookin' Out My Backdoor«, »Sweet Hitchhiker«. Ein Revival der Revival ohne Fogerty? Lächerlich.

Oder ärgerlich: und so war's dann auch, die Laune verhagelt und selbst der Anblick von Stu Cook (Baß), augenscheinlich immer noch der Spaßvogel von einst, oder Doug Clifford (Drums), als Inkarnation ewigwährender Westcoast-Fitness in ein doch albern prasselenges Muscle-Shirt gezwängt, versöhnte nicht. Und weil Fogerty eben ein Unikat ist, hatten die beiden zwei Klone auf der Bühne plaziert. Der eine konnte Fogertys Organ, von früh auf in Kneipen und Kaschemmen geschult, in denen, so die Fama, ohne Mikrofon über den aktuellen Geräuschpegel hinweggesungen werden mußte (»If I only had a dollar for every song I sung: ev'rytime I had to play while people sat there drunk«, resümiert später »Lodi« diese harte Schule des Musikantenlebens), zwar passabel nachahmen und Elliot Easton an der Gitarre, immerhin ein Leih-»Car«, hatte dem Meister ebenfalls weidlich auf die Finger geschaut. Nur eben: Kopien. Und wer Fogertys fälscht oder gefälschte Fogertys in Umlauf bringt, wird mit tiefster Verachtung gestraft. Also kein Wort mehr davon, ein verlorener Abend.

Und einige Wochen später schien doch noch Gerechtigkeit auf Erden möglich, wurde Fogerty himself für den Oktober im Zirkus Krone annonciert. Das Gefühl, als man die Tickets in Händen hielt: the missing link! Alle, alle hatte man gehört, die man hören wollte, im Lauf der Zeit sogar mehrfach: Dylan und die Kinks, Neil Young und Patti Smith, Lou Reed und John Hiatt, Leonard Cohen und Townes Van Zandt, die Cowboy Junkies, als sie noch keiner kannte, Ry Cooder, natürlich auch die Stones und den Boss, ZZ Top und und und – und nun also den letzten, eigentlich den ersten, den jedenfalls, der buchstäblich gerade noch gefehlt hatte!

Kurz und schlecht: das Konzert wurde gecancelled, ohne Begründung, und so war's auch auf der Website zu lesen: Momentan »no concerts announced«. Dabei hatte man sich so gefreut.

Bleibt die Erinnerung, vorerst, looking out my backdoor.

Mit »Proud Mary« ging's damals los und ab, 1968, für mich aber eigentlich mit »Bad Moon Rising«, obwohl »Green River« immer mein Lieblingslied gewesen ist. Das Intro: ein Riff, zwei Akkorde im Wechsel zunächst, nochmals ansetzend, und noch mal, bevor dann die Band einstieg, zu der noch Johns vier Jahre älterer Bruder Tom an der Rhythmusgitarre zählte: kompakt, kraftvoll, straight. Das war das klassische Creedence-Opening, nach diesem Muster zelebriert auf nahezu allen Hits dieser Band, und mit welcher Energie und mannschaftlicher Geschlossenheit das jeweils abging, kann man am nachdrücklichsten ermessen, wenn man sich zum Vergleich die Live-Aufnahmen zu Ohren führt, wie sie John Fogerty 1998 mit durchaus bewährten Fachkräften unter dem Titel »Premonition« einspielte und von denen – sorry – kein Titel die Power des Originals erreichte. Und von welcher Vitalität und Beständigkeit diese Riffs und diese Songs geblieben sind, ließ sich im Rahmen einer beliebigen, wohl aber durchaus repräsentativen Feldstudie am 13. Juni 1999 auf dem 841. Münchner Stadtgründungsfest studieren, als am Odeonsplatz eine Band »Proud Mary« – womit bekanntlich keine angebetete, aber unnahbare Schöne, sondern ein behäbiger Mississippi-Schaufelrad-Dampfer gemeint ist – anstimmte und fast der Hälfte des Publikums sogleich und synchron die Anfangszeilen buchstäblich von den Lippen abzulesen waren: »Left a good job in the city, working for the man every night and day …«

Über das Ambiente dieses und anderer in den Swamps des Südens angesiedelter Lieder ist manch Kluges und viel Blödes geschrieben worden. Wer bei Deep South nur die Kette der üblichen Verdächtigen – country, white, redneck, reaktionär – assoziiert, dem ist eh nicht mehr zu helfen. Und wer darin vor allem eine Beschwörung des vormodernen Amerika eines Mark Twain entdeckte, in dem alles seinen Platz und seine Ordnung hatte, sei zumindest daran erinnert, daß diese rustikale Welt zwar wiederholt und vor allem als Fluchtpunkt fungierte (»Green River«, »Up Around The Bend«), über ihr gelegentlich aber auch drohend ein »bad moon« aufzog, wenn es zwischenzeitlich nicht sogar ebenso heftig wie metaphorisch regnete (»Who'll Stop the Rain«). Und »Fortunate Son« schließlich gehört untrennbar in das Amerika des Vietnam-Krieges.

Nun soll das alles nicht intellektuell überfrachtet werden, zumal damals, als ich gerade mal dreizehn, vierzehn Jahre alt war, in einer badischen Kleinstadt aufwuchs und Creedence meine absolute Lieblingsband war, diese Lieder vor allem für eins standen: für Musik, die ich verstehen konnte. Nichts, wofür man als Entree zunächst einmal unabdingbar über diverse Kiffererfahrungen, einen anderweitig exzessiven Background oder aber ein abgeschlossenes Musikstudium verfügen mußte. John Fogerty, der Mann im Holzfällerhemd, und in der Tat waren diese Miniaturmeisterwerke von jener »schönen Primitivität« (Rock-Lexikon), für die der *Spiegel* 1997 die treffende Formel fand: »CCR war nie modern – und deshalb immer auf der Höhe der Zeit.«

So rockten und rollten sie also drei, vier kurze Jahre lang, die so kurz ja nicht waren, und hatten meist mehrere Titel zugleich in den Charts, wobei sich die Proklamation der 2-A-Seiten-Single als überaus clever erwies. Wie denn CCR überhaupt eine Single-Band waren und die drei »Kern«-Alben »Green River« (1969), »Willie and the Poor Boys« (1969) und »Cosmo's Factory« (1970), so benannt nach dem Spitznamen ihres Drummers, vor allem als Sammelplätze ihrer momentan laufenden Hits fungierten.

Wie ging's dann bergab und wann zu Ende? Für mich bereits mit »Pendulum«, das 1970, also zwei Jahre vor dem endgültigen Split der Band im Herbst 1972, veröffentlicht wurde. Tom Fogerty war da schon ausgestiegen, aber daran lag's sicher nicht. Schon von den ersten Tönen war ich damals irritiert und mißtrauisch, und bereits die ersten Töne von »Pagan Baby« sollten diese Skepsis bestätigen.

Denn was konnte man von CCR lernen? Nun, bestimmt kein korrektes Oxford-Englisch, und bis man als Mittelstufenschüler (ab der Quarta Englisch als zweite Fremdsprache) seinerzeit ermittelt hatte, daß das »big wheel keep on toining« als »turning« zu verstehen und übersetzen war, bedurfte es einiger Kombinatorik oder kollektiven Rätselratens. Was John Fogerty aber wie kaum einen zweiten auszeichnete, war das phänomenale Gespür für die »richtige« Länge, heißt: Kürze eines Songs. Zwar waren fast alle Creedence-Hits nach demselben Rezept zusammengebraut (Intro – 1. Strophe – Refrain – 2. Strophe – Refrain – Gitarrensolo – 3. Strophe – Refrain – Fade out): innerhalb dieses Schemas herrscht aber ein Timing und eine bewundernswerte Ökonomie, die der eisernen Formel »Kein Ton zuviel!« gehorchte – auch wenn Hits wie »Bad Moon Rising« oder »Travelin' Band« dann gerade einmal knapp über die Zweiminuten-Grenze rutschten. Eine Fähigkeit von geradezu zeitloser Qualität und in wummernden Techno-Zeiten, in denen die endlose Wiederholung einer musikalischen Phrase die musikalische Intelligenz ebenso unter- wie akustische Geduld überfordert, womöglich noch nie so wertvoll wie gerade heute...

Und mit diesem Instinkt, wie lange ein kompositorischer Einfall trägt, war's auf »Pendulum« vorbei, die Lieder wurden lang und länger, und dabei vor allem uninspiriert und schlaff. Natürlich gab's auch schon vorher – »Effigy« – diverse Achtminutenexzesse (und auch »I Put a Spell On You« hatte mit seinen fünf Minuten nochwas den Spannungsbogen einfach nicht halten können), aber darüber konnte man mit einigem Geschick die Nadel hinwegbalancieren und sich auf Preziosen wie »Don't Look Now« oder »Cross Tie Walker« konzentrieren, auf denen jede Note saß und keine fehlte.

CCR waren unüberhörbar ausgebrannt und »Mardi Gras« – 1972, gemessen an den bisherigen Produktionsspannen also erst nach einer halben Ewigkeit erschienen – im wahrsten Sinne des Wortes der Abgesang. Hier setzte sich das Desaster durch die Einbeziehung aller Bandmitglieder zum Autorenkollektiv fort. Mochte die egalitäre Beteiligung von Stu Cook und Doug Clifford am Repertoire zwar zeitgeistgemäßen Demokratisierungsbestrebungen genügen: vom kreativen Output erwies sie sich als fataler Fehlgriff, bewegten sich deren kompositorische Beiträge doch allenfalls zwischen Kindergarten- und Grundschulniveau. Wobei dieser Bannstrahl den Meister himself ebenso traf, hätte eine veritable Nullnummer wie »Molina« doch auf dem Höhepunkt seines Schaffens nie und nimmer die Endkontrolle passiert.

Nach einer Europatour 72 fiel die Band auseinander und war von nun an nothing but history, wenn auch zweifellos eines ihrer glänzenderen Kapitel. Tom Fogerty, der 1990 an Tuberkulose starb, jammte gelegentlich mit Jerry Garcia, und Bruder John, der 1973 als »Blue Ridge Rangers« eine Sammlung von Country-Standards herausgebracht hatte, die schlimmste Entzugserscheinungen nach seinem unverwechselbaren Organ durchaus befriedigte, der er 1975 ein weiteres, recht famoses Soloalbum folgen ließ, schwieg erst einmal, und nach und nach sickerte der Ärger durch, den sich die Band und insonderheit Fogerty als deren Ideenlieferant infolge eines Vertrags aus den Anfangszeiten von CCR mit Saul Zaenzt eingebrockt hatte, der die immer noch reichlich sprudelnden Tantiemen im Alleingang einsackte. Zehn Jahre später erschien »Centerfield«, auf dem sich Fogerty in »I Saw It On TV« mit dem Riff aus »Who'll Stop the Rain« einigermaßen wehmütig selbst zitierte, ein Jahr später »Eye of the Zombie«, dessen einziger Effekt es war, mit dem Cover und beigelegtem Poster kleine Kinder nachhaltig zu erschrecken. 1997 dann »Blue Moon Swamp«, vielleicht nicht das Meisterwerk, zu dem es verschiedentlich hochgejubelt wurde, aber doch guter, solider Rock 'n' Roll, der – wie in »Centerfield« den Baseball – die amerikanischen Mythen river, road, und railroad in einer Weise beschwor, als wäre die Zeit stehengeblieben und hätte sich in all den Jahren nichts geändert – und vielleicht stimmt das in dem Fall ja wirklich.

Wer Kinder hat, macht sich ab und zu ja Gedanken über diverse Erziehungsziele und überlegt sich dann, wozu man sein Kind erziehen will: zu einem guten Menschen, klar, einem aufrechten, sowieso, einem ehrlichen, naja, einem freundlichen, aber sicher, undsoweiter undsofort. Mir liegt bei meiner Tochter nur eins am Herzen: Sie soll wissen, es nie vergessen und allen – go tell it on the mountain – fürderhin verkünden, daß »Rocking All Over the World« mitnichten von Status Quo stammt, sondern – als Opener des erwähnten fulminanten 75er Albums – aus der Feder von John Cameron Fogerty!

Und wenn irgendwann einmal wieder auf Plakaten angekündigt wird, daß er in die Stadt kommt, lauf ich und kauf uns allen Karten!

♫ Serge Gainsbourg
Je t'aime (moi non plus) (1968)

Text und Musik: Serge Gainsbourg

Pays macho – variations sur un t'aime

von CHRISTINE DEBOLD

Das erste Mal, daß ich mit dem französischen Kultur- und Manneswesen in Kontakt kam, war im Sommer 1981. Mitten in der grünen, schläfrigen Provinz wohnte ich, gerade 14 geworden, bei einer gewissen Cathy, die mit mir nicht besonders viel anzufangen wußte.

Jedenfalls nahm sie mich mit zu ihren Freunden, Olivier und Gaby, beide schon ein paar Jahre älter als sie. Olivier war glutäugig, langwimprig und dauernd in Umschlingungen mit seiner Freundin anzutreffen. Gaby war klein, ziemlich dünn und hatte abstehende Ohren. Gaby bezahlte mir alle Milchkaffees, die ich trinken wollte, zeigte mir die Kneipen der kleinen Stadt und mich all seinen Freunden. Er hatte lyrische Ambitionen und reimte unsägliche Verse über die Farbe meiner gebräunten Knöchel gegen das verwaschene Blau meiner alten Jeans, und ich fand ihn eigentlich ganz nett – wenn nur die abstehenden Ohren nicht gewesen wären. Meine Sympathie schlug in typisch elitär-pubertäre Verachtung um, als er mir in einem Möbelprospekt den Wohnzimmerschrank zeigte, auf den er eisern sparte – eine plastikfurnierte Scheußlichkeit, die so gar nichts mit der Coolness gemein hatte, die er sonst an den Tag und die Terrassen der Cafés legte.

Jedenfalls verdanke ich Gaby zwei Dinge: einmal die Bereicherung meiner Französischkenntnisse um den Wortschatz des Kleinstadtmachos, inbegriffen einer ganzen Menge blumiger, schwärmerisch-romantischer Aus-

Nom de Dieu, wo hab' ich nur meine Kippen gelassen?

drücke – daß man in ein und derselben Sprache gleichzeitig cool und leidenschaftlich sein konnte, war mir neu. Und ich verdanke ihm die Bekanntschaft mit den Liedern und Texten eines Großstadtmachos: Lucien Ginzburg, alias Serge Gainsbourg, dessen Name nur mit möglichst tiefer, brüchiger Stimme genannt wurde, die Zigarette im Mundwinkel, dessen Aussagen in Interviews die Runde machten und auch von Gaby gerne zitiert wurden, insbesondere die eine: »Ce qu'il y a de bien avec la laideur, c'est qu'elle dure.« (Das Gute an der Häßlichkeit ist, daß sie dauerhaft ist.) Gaby fühlte sich Gainsbarre, wie er und alle ihn nannten, verbunden, nicht nur wegen beider abstehenden Ohren; Gainsbourgs Bekenntnis zur Häßlichkeit legitimierte die seine, mehr noch: Sie gab auch ihm das Recht, sich den Frauen (und den Schulmädchen), die ihm gefielen, unbekümmert zu nähern. Und die Farbe ihrer Knöchel zu preisen.

Jedenfalls – als er dies eines Nachmittags mal wieder tat, bis ihm die abstehenden Ohren glühten, und es mir nicht mehr gelang, ihn mit Wohnzimmermöbelprospekten abzulenken, fischte ich ein wenig in seiner Plattensammlung herum. Und als Gaby wieder einmal ein »Je t'aime« in seinen Monolog flocht, reagierte ich diesmal versuchsweise nicht, wie bis dahin, mit »Arrête« (Hör auf), sondern, eine LP in der Hand, mit »Moi non plus« (Ich dich auch nicht). Diese Antwort widersprach zwar allem, was ich bis dahin im Französischunterricht gelernt hatte, aber Gaby gegenüber hatte sie einen, wie ich hoffte, entscheidenden Vorteil: Sie stammte von Gainsbourg. Die Details der nun folgenden Szene mit dem von sich überzeugten und sich ermutigt wähnenden Mini-Macho erspare ich Ihnen; jeder, der das schwülstig-brünftige »Je t'aime moi non plus« schon einmal gehört hat, kann sich vorstellen, daß meine Antwort nicht die geeignetste war. Jedenfalls schimpfte Gaby heftigst auf die zickigen Deutschen, und ich ging reumütig zurück zu Cathy, immer noch die fatale Platte in der Hand. Ein frühes Bild des großen Gainsbarre war auf dem Cover, das ihn, wie die meisten Fotos, im Halbprofil zeigte: unrasiert, die großen, immer ein wenig sabbelnd wirkenden Lippen leicht vorgeschoben, die Nase seltsam ausgebeult, die ewige Zigarette im Mundwinkel. Und diese abstehenden Ohren ...

Die Platte habe ich behalten, und erst nachdem ich mehr über Gainsbourg wußte, habe ich Gaby besser verstanden. Sein Stolz auf seine »sale gueule« (dreckige Visage). Seine seltsame Art, »je pense que« (ich denke, daß) mit insistierender Betonung auf der letzten Silbe auszusprechen und dabei anzüglich zu grinsen (»Je pense queue« mit langem ööh: Ich denke Schwanz). Daß er sich für unwiderstehlich hielt. Ich weiß nicht, wie weit er damit gekommen ist in seiner Provinz; sein Vorbild in der

Hauptstadt brachte es genau damit zu großer Popularität.

Serge Gainsbourg alias Lucien Ginzburg, Sohn eines nach Frankreich emigrierten russischen Juden, Barpianist, Zeichenlehrer, Autor von Songs für Travestieshows, Laiendarsteller in den Cabarets der Rive Gauche, verdankte seinen großen Erfolg hauptsächlich den Frauen, für die er zunächst Lieder schrieb und erst später selbst sang. »Mais quel salaud!« – das war die Standardreaktion in Frankreich, wenn mal wieder ein Gainsbarre-Skandal aufgedeckt wurde, »mais quel salaud!«, ausgesprochen mit einem Grinsen in den Augen und möglichst einer Zigarette im Mundwinkel. Ein salaud ist einer, der all das tut, was Sie sich nie zu tun trauen. Denn das tat er: er soff, er rauchte Kette, er schrieb, er sang, er spielte, er randalierte, er verführte, er betrog. Und das mit dieser Visage? Und diesen Ohren? Mais oui. Na klar.

Michèle Arnaud, Juliette Gréco, Petula Clark, France Gall (die mit seinem Lied »Poupée de cire, poupée de son« einen Grand Prix de l'Eurovision errang), Jane Birkin, Brigitte Bardot, sie alle machten ihn berühmt und ersparten ihm weitere Nebenrollen in so bedeutenden italienischen Filmen wie »Der Aufstand der Sklaven« von 1961.

Spätestens mit dem von ihm und Jane Birkin »gesungenen« »Je t'aime – moi non plus« kam für Gainsbourg der Durchbruch auch außerhalb Frankreichs. Dabei hatte er das Lied damals für eine andere französische Schönheit geschrieben, B.B., die Göttin des französischen Kinos, wie sie immer noch genannt wird, auch wenn sich ihre göttlichen Leidenschaften heute auf den Kampf gegen die Ausrottung gewisser Pelztiere mit dem Reiz des Kindchenschemas zu beschränken scheinen. »Initial B.B.« hieß denn auch, kurz und vielsagend, die LP, auf der das Lied 1968 erstmals erschien. Moment mal – 1968? Hatte man da in Frankreich nichts Besseres zu tun als Liebe zu machen? Den Orgasmus zu singen? Denn nichts anderes ist es, was in »Je t'aime« geschieht. Damit war der erste Skandal besiegelt, den Gainsbarre auslöste, mit diesem

Lied und mit seiner Beziehung zu Brigitte Bardot, über die sich beider Biographen heute noch streiten.

Von allen schönen Frauen, die das Lied interpretiert haben, hat Jane Birkin das SäuselnZirpenStöhnen am überzeugendsten hingekriegt. Das Produkt von Serge & Janes gemeinsamen musikalischen und anderen Schaffens heißt Charlotte; sie singt nur wenig besser als ihre Mutter, wie unter anderem auf »Lemon Incest« (sic!) von 1984 zu hören ist. Dafür durfte sie vor ein paar Jahren immerhin die Jane Eyre im gleichnamigen Film von Zefirelli spielen.

»Je t'aime moi non plus« – das Lied hält, was der Titel verspricht, nämlich wenig und vor allem nicht an sich. Es ist ein Zwiegespräch, eine Seufzorgie, ein Stöhnen im Duett, untermalt von wenigen, langsamen, sphärischen Tönen, eine Hymne an den sich gleichzeitig vollziehenden Beischlaf.

Das Vorspiel zumindest bleibt uns erspart. Gleich in der ersten Strophe geht's zur Sache: »Wie eine unentschlossene Welle komme und gehe ich zwischen deinen Lenden«, singt Gainsbourg, und – ja was? Genau – er hält sich zurück, wie es sich gehört für einen Mann aus dem Land der Liebe. Er wartet auf sie, wartet darauf, daß sie ihm gesteht, er sei die Welle, sie aber dafür die nackte Insel. Und er komme und er gehe zwischen ihren Lenden, das bestätigt sie ihm, und daß dies beiden Lust zu bereiten scheint, ist unüberhörbar. Und was tut sie? Genau – sie ist auch bald soweit. Bis er aber endlich darf, muß die Welle noch einmal unentschlossen herumschwanken und an die nackte Insel platschen, beide müssen sich noch mehrfach erzählen, was sie gerade tun, und der philosophische Satz »Die körperliche Liebe ist ausweglos« muß fallen. Wohin? Genau – mitten in den Orgasmus, denn jetzt darf er endlich; »viens«, das ist das letzte Wort des Liedes, und Janes Stimme geht mitsamt der nackten Insel endgültig in ihrem Stöhnen unter.

Tja. Bewundernswert ist schon, wie sie das hingekriegt haben. Wie macht man so was im Studio? Diese Frage stellen sich sicher auch heute noch nächtliche Besucher schummriger Etablissements mit Plüsch-Atmosphäre, »boîtes de nuit« genannt (Nachtschachteln), in denen »Je t'aime moi non plus« immer noch regelmäßig als Stimmungsanheizer läuft. In Deutschland kennt wohl kaum noch einer die beiden Akteure, auch wenn Jane Birkin als Schauspielerin und Aktivistin für die französischen Grünen auch hierzulande bekannt sein dürfte. In Frankreich aber verkaufen sich Gainsbourgs »chansons admirables et éternelles« nach wie vor auf unzähligen Best-of-CDs, und man rühmt immer noch den salaud in ihm.

Mit 62 Jahren starb Gainsbourg, kurz nachdem er für die gerade volljährig gewordene Vanessa Paradis, seine letzte Muse, die »Variations sur le même t'aime« geschrieben hatte.

Am 2. März 1991 stand in den französischen Zeitungen: »Gainsbarre a éteint sa dernière cigarette«. Er hat seine letzte Zigarette ausgedrückt. Jane Birkin kämpft gegen Atomkraftwerke, Brigitte Bardot gegen Pelzmäntel, und Vanessa Paradis hat sich mit Jonny Depp getröstet. Aber was tun die Gabys dieser Welt, ohne Gainsbarre?

♫ **Mary Hopkin**
Those Were The Days (1968)

Text und Musik: Gene Raskin

Das waren noch Zeiten!

von TONI SCHMID

... als wir uns Zuckerwatte mit Schlagsahne reinzogen, nur weil wir die Beatles so dufte fanden und deshalb mit allen Mitteln verhindern wollten, daß sie – ausgerechnet die! – finanziell baden gehen. Und so machten wir ein sirupsüßes Liedchen zum Hit, das uns ehrlich gesagt nicht besonders gefiel, gesungen von einer wäschermadlsüßen Waliserin, die Mary Hopkin hieß und genauso aussah: die Art von Mädel, die wir Jungs im Partykeller nur im äußersten Notfall beknutscht hätten, weil sie eher der Typ »Tanzstunde« war, stets proper, selbst noch im Minirock, ein bißchen arg proper; nichts, was junge sich an die Wand seines Zimmers gehängt hätte neben die Herren Lennon und Zimmerman. Mädels hingen da, genaugenommen, sowieso eher selten.

Und dann diese Stimme! »Rein«, »engelsgleich«, 100 Prozent Sopran, einfach furchtbar. Natürlich war das endlich einmal eine Platte, die auch den Eltern gefiel, und das ziemlich gut. Während sie die Beatles, die Stones oder die Kinks aus optischen wie aus akustischen Gründen und überhaupt ablehnten, schlugen Mary Hopkin und ihr Hit eine klebrige Brücke über die Generationen hinweg. Eine Brücke, die die Mehrheit von uns gar nicht gebaut haben wollte, während eine Minderheit damit gegenüber Papa und Mama nachzuweisen trachtete, daß John und Paul und George und Ringo eigentlich doch gar nicht so übel waren, wie den »Alten« immer wurde, wenn wir sie auflegten.

Dabei war zu diesem Zeitpunkt musikalisch ohnehin längst Entspannung angesagt. 1968 hatten die Beatles »Hey Jude« herausgebracht, auf Anhieb ein Klassiker an allen Party-Lagerfeuern diesseits und jenseits des Atlantiks und beinahe so populär wie »Blowin' in the Wind« und »House of the Rising Sun«. Die Beat-Musik hatte für die Erwachsenen ihren Schrecken verloren, zum Ausgleich erfuhren die Jugendzimmer der Republik eine schleichende Politisierung: Neben John und Bob hingen jetzt Che Guevara und Ho Tschi-minh, was die meisten Eltern aber nicht weiter beunruhigte, weil Cuba und Vietnam damals noch in keinem Reisekatalog angeboten wurden.

»Hey Jude« war übrigens die erste Scheibe, die die Beatles auf ihrem eigenen Apple-Label herausbrachten, was uns wieder zu Mary Hopkin bringt. Die Situation stellte sich 1968 in den Zentralorganen Bravo (für die Kleinen) und New Musical Express (für die Fortgeschrittenen) folgendermaßen dar: Apple war von den »Pilzköpfen« quasi als Multimedia-Unternehmen konzipiert (auch wenn die Medien damals noch gar nicht so multi waren) und sollte allen talentierten jungen Leuten die Chance geben, ihre Ideen zu verwirklichen. So arg viele scheinen nicht eingegangen zu sein, Ideen meine ich, jedenfalls hörte man später nie mehr davon. Blieb Apple Records.

Da die Beatles zwar fleißig waren, aber trotzdem höchstens zwei Alben pro Jahr produzieren konnten, wir dagegen damals in eine Taschengeld-Kategorie aufgestiegen waren, die uns die Investition von weit mehr als 2 × 18 Mark jährlich erlaubte, gab es viel vagabundierendes Fan-Kapital, das sich auf alles stürzte, was irgendwie mit den Beatles zu tun hatte. Tony Sheridans grauenvolle Hamburger Kooperation mit den frühen Beatles (»My Bonny«) hatten wir längst gekauft, Peter and Gordon zu ihrem ersten Hit verholfen (»A World without Love«, geschrieben von Lennon/McCartney) – immerhin war Peter Asher der Bruder von Pauls Freundin Jane Asher. Angeblich gab es auch eine Platte von Johns 30 Jahre lang verschollenem

Vater (oder war es der Stiefvater?), die in Deutschland nicht zu haben war, obwohl wir sie gerne erworben hätten, und natürlich kauften wir »Lily the Pink« mit Pauls Bruder Mike. Wir legten uns indische Meditationsklänge von Ravi Shankar zu, weil er George Sitar-Unterricht gegeben hatte, was in der Folge auf mehreren Beatles-Platten unschöne Spuren hinterließ, ganz zu schweigen von den berüchtigten frühen Gemeinschaftsproduktionen Johns mit Yoko Ono, von denen nicht einmal die hartgesottensten Lennon-Fans behaupteten, sie hätten sie auch nur ein einziges Mal vollständig durchgehört.

Apple Records konnte also mit einem gewaltigen Käuferpotential rechnen. Bei »Those Were The Days« kam noch ein besonderer Glücksfall hinzu. Auch die damals berühmte Sandy Shaw (richtig: die staksige Barfuß-Maus von »Puppet on a String«) hatte den Song aufgenommen und fast gleichzeitig veröffentlicht. Worauf eine in Tränen aufgelöste Mary Hopkin der Weltpresse mitteilte, die berühmte Kollegin wolle der kleinen Mary den Erfolg quasi stehlen. Wir Beatles-Fans waren hier ganz entschieden gefordert. Wer Ravi Shankar in der Plattensammlung hatte und in Kürze auch »Two Virgins« sein eigen nennen würde, dem durfte es auf »Those Were The Days« nun auch nicht mehr ankommen, Elternbegeisterung hin oder her.

Denen hätte die Platte vermutlich noch besser gefallen, wenn Iwan Rebroff den Russenschlager gesungen hätte. Schließlich handelte es sich um eine original russische Volksweise aus der Zeit um 1800, die unwillkürlich und unweigerlich an »Kalinka« erinnerte. Bestimmt, mit Rebroff hätte die Platte in Deutschland noch umpfzigtausend Stück mehr verkauft – aber was heißt schon Deutschland? »Those Were The Days« wurde dank der vereinten Anstrengungen mehrerer Generationen ein Welthit.

Auf den Text hörte damals niemand. Der ist zwar hübsch, so etwas wie eine anglo-russische Antwort auf Lili Marlen minus Kaserne, im Zusammenhang mit Mary Hopkin allerdings voll unfreiwilliger Komik. Das Lied erzählt schließlich die Geschichte einer Frau, die nach Jahren einen alten Freund in der (schon damals – oder schon immer?) berühmten kleinen Kneipe wiedertrifft und zu dem Schluß kommt: »Oh my friend, we're older, but no wiser / for in our hearts the dreams are still the same.« Das hätte der knapp 18jährigen Mary in merry old England eigentlich sofort Ärger mit dem Jugendschutz einbringen müssen. Jahre zuvor, wie es im Text heißt, hätte sie nämlich kein »glass or two« in der Taverne heben dürfen, weil man sie in England nicht einmal zur Tür hereingelassen hätte. Nicht einmal für ein Glas Pepsi or two. Der naheliegenden Annahme, daß ein Mann, der sich mit einer damals bestenfalls 14- oder 15jährigen Mary – »once upon a time« – in der Pinte auf ein paar Gläschen was auch immer trifft, nicht ganz koscher sein kann, ist 68ff. niemand nachgegangen. Eigentlich wies ja schon der Titel auf eine Zielgruppe, die uns damals biologisch ziemlich fremd gewesen sein mußte.

Ach ja, 68. Das waren noch Zeiten. Da war ja sonst auch noch einiges gewesen: Martin Luther King wurde im Frühjahr erschossen und gleich nach ihm Robert Kennedy. Geschossen wurde überhaupt recht fleißig, vor allem in Vietnam. Dagegen demonstrierten die Älteren von uns ziemlich energisch, weil wir – Viva Maria! – entschieden der Meinung waren, daß nur Dummköpfe Gewalt anwenden. Ein solches Verhalten schien uns viel grotesker als die altkluge Behauptung einer 18jährigen, sie sei auch einmal jung gewesen.

In Amerika kam »Those Were The Days« übrigens nur auf den zweiten Platz der Billboard Hot Hundred. Platz 1 war damals wochenlang blockiert – von den Beatles und »Hey Jude«.

♫ **Peter, Paul & Mary**
Leavin' On A Jet Plane (1969)

Text und Musik: John Denver

Wohin, ach wohin? Und warum eigentlich?

von BRIGITTE WALTENBERGER-KLIMESCH

Peter, Paul and Mary – mit seinen biblischen Anklängen stimmt uns schon der Name des Trios andächtig. Zyniker mögen vielleicht in der christlichen Namensgebung ihren Verdacht bestätigt sehen, das eigentlich für die Rettung unserer Seelen zuständige Personal habe sich, entgegen aller Gerüchte von wegen »Himmelfahrt«, längst mit Hilfe des hier so elegisch besungenen Flugkörpers in die Karibik oder nach Liechtenstein abgesetzt, statt sich im Himmel ordentlich für unser Seelenheil ins Zeug zu legen. Da diese Deutung jedoch theologisch fragwürdig und auch sonst ein Riesenschmarrn ist, soll sie hier unberücksichtigt bleiben.

Andacht also. Und der Andacht bedarf es auch, um das Werk in all seinen metaphysischen Verästelungen durchdringen zu können. Wir nähern uns also mit der gebotenen Ehrfurcht und registrieren nicht ohne Irritation: Wir verstehen den Text, und noch dazu auf Anhieb! Wir sind bestürzt, ruhte doch unser Weltbild bislang auf der Gewißheit, daß der Schlüssel zum Geist jener Jahre ausschließlich in ihren oft bis zur Undurchdringlichkeit psychedelisch vernebelten Songtexten liege, deren nachgewiesene Unverständlichkeit nicht unbeträchtlich zu ihrer Faszination beigetragen hat. Mal ganz unter uns: Hat jemals irgend jemand überrissen, worum es beispielsweise in »Horse With No Name« eigentlich geht? Siehste! Und trotzdem hat man den Song verklärten Blickes vor sich hin gedudelt, weil er irgendwie symbol- und bedeutungsschwanger daherkam. Nur unter Einwirkung brachialer Gewalt hätte ein gestandener Klampfenschläger zugegeben, daß ihm das besagte namenlose Pferd ein ebensolches Rätsel war. Eine solche Gefahr war jedoch äußerst gering, da Brachialgewalt in jenen Kreisen irgendwie einen schlechten Ruf hatte, wahrscheinlich wegen peace und good vibrations und so.

Bei »Leavin' On A Jet Plane« nun erschließt sich die Essenz des Textes unmittelbar in all ihrer Schlichtheit und zugleich Ungeheuerlichkeit: Da verpißt sich jemand, und zwar expreß! Wir sind alarmiert. Spätestens seit eine bekannte englische Prinzessin in die Nackenstütze ihres Mercedes gebissen hat, wissen wir, wie gefährlich eine überstürzte Abreise sein kann. Daß Songwriter John Denver selbst bei einem Flugzeugunglück ums Leben kam, macht die Sache auch nicht besser. Andererseits nehmen wir nicht ohne Befremden zur Kenntnis, daß man im Jahr der ersten bemannten Mondlandung ein solches Aufhebens um das bißchen Düsenflugzeug macht. Wahrscheinlich liegt das Problem mal wieder nicht im Wohin und Womit, sondern im Woher und Ohne-Wen. Jeder bekennende und praktizierende Melancholiker wird zwar bestätigen, daß derlei Marginalien ziemlich Wurscht sind, wenn's nur recht traurig hergeht. Doch wirft der Text so manche Frage auf, der wir uns schlechterdings nicht entziehen können.

So ist bis heute ungeklärt, was ein so bürgerliches Utensil wie der Ehering in einem Song der heiligen Dreifaltigkeit der studentischen Protestbewegung zu suchen hat, wo doch letztere bekanntlich die rituelle BH-Verbrennung, die Pille und den Gebärstreik erfunden hat. Sapperlot! Da krakeelt man von Ho Tschi-minh und der freien Liebe und beutet gleichzeitig unterprivilegierte Taxifahrer aus, trägt Ehering-Trophäen spazieren und verlangt mit kecker Zunge von der Gespielin (dem Gespielen?) erst mal eine Generalamnestie für alle früher begangenen und vermutlich mit Rücksicht auf sittlich nicht gefestigte Zuhörer nicht näher bezeichneten Schweinereien. Außerdem wird sie (er?) dazu verdonnert, doch bitteschön zu warten, bis man zurückzukehren geruhe. Wann das sein werde, wisse man aber leider nicht zu sagen. Wenn das mal gut geht!

Andererseits liegt in der bangen Zukunftsungewißheit des scheidenden Jünglings – der weibliche Part scheidet wohl doch aus, denn seinerzeit durften nur Männer und allenfalls Bond-Girls Flugreisen mit ungewissem Ausgang antreten – doch ein gewisses subversives Potential: Womöglich begibt sich der wackere Knabe auf direktem Weg nach China, um dort die Mao-Bibel zu studieren, deckt sich anschließend in Indien mit Erleuchtung ein, gibt als Freiwilliger in der spanischen Guerilla dem General Franco eins auf die Mütze, flieht alsdann nach Ostberlin, wo er bei Wolf Biermann das Gitarrespielen lernt, und expropriiert noch g'schwind ein paar Expropriateure im verkommenen Europa, bevor er nach solchermaßen vollbrachtem Tagwerk heimkehrt ins Land der Flower Power und sanft sich kräuselnden Cannabisrauchschwaden zwecks Requirierung und erneuter Abküssung der vormals zurückgelassenen Gemahlin.

Zwar wäre es auch denkbar, daß unser junger Freund sich mit den Juwelen der armen, kranken Großmutter in den Taschen aus dem Staub macht, um im dekadenten Rom mit üppigen Blondinen in irgendwelchen Brunnen herumplanschen zu können. Andererseits: Wer so herzzerreißend singt, kann ganz einfach nicht böse sein – zumindest würde so einer der lieben Granny aus Europa ein Chanel-Kostümchen oder doch wenigstens eine Flasche Chianti mitbringen.

Die Frage der sittlichen Verwerflichkeit oder Unbedenklichkeit wäre demnach also völlig neu zu diskutieren. Ungeachtet solcher moralphilosophischer Probleme hatte sich diese Musik in den siebziger Jahren aber schließlich doch bis in die bayerischen Städte vorgearbeitet, wo sie von sogenannten Teenagern zunächst auf Klampfbarkeit untersucht wurde. Neben »House of the Rising Sun«, »Blowin' in the Wind« und ein paar tiefgründelnden Leonard-Cohen-Balladen mußte seinerzeit jeder, sofern er nicht glaubhaft zwei völlig verkrüppelte Hände, chronische Kehlkopfentzündung oder fortgeschrittene Taubheit nachweisen konnte, die entzückende kleine Pièce vom

Düsenflugzeug in die schwermütige Abteilung seines Repertoires aufnehmen. Besonders trefflich ließen sich Saiten und Stimmbänder auch in öffentlichen Parks sowie an den Ufern fließender und stehender Gewässer traktieren, zumal letztere ja seit Schubert von Amts wegen für Gitarre spielende Melancholiker frei gehalten werden müssen. Apropos Schubert: Der durfte zwar trotz John-Lennon-Brille bei PP&M nicht mitmachen. Das soll uns jedoch nicht hindern, den Großmeister aller Liebes-, Abschieds- und sonstigen Verzweiflungsgesänge auch als Ahnherrn für die Liebesklagen des flowergepowerten Flugreisenden der sechziger Jahre in die Pflicht zu nehmen. Von Goethe ganz zu schweigen. Schließlich hat der seinem Faust die markigen Worte »Bin ich der Flüchtling nicht? Der Unbehauste? Der Unmensch ohne Zweck und Ruh'?« in den Mund gelegt! Wer solche Schoten erzählt, darf sich nachher nicht wundern, wenn er auf immer und ewig für alle Zipperlein verantwortlich gemacht wird, die den modernen Menschen gemeinhin plagen, als da wären: Entfremdung, Geworfenheit und Krampfadern.

Nun ist aber der Amerikaner als solcher nach generationenlangem Konsum koffeinhaltiger Erfrischungsgetränke, blutiger Steaks und cholesterinfreier Kartoffelchips zum unerbittlichen Optimisten und Tatmenschen herangereift und von Hause aus dem Tragischen abhold. In diesem Sinne quälten sich denn auch vor 30 Jahren Peter, Paul and Mary, stellvertretend für den vom Abschiedsschmerz gepeinigten Jüngling, nicht in faustisch umwölkter Manier »begierig wütend auf den Abgrund zu«, sondern wehklagten sich zu Platz 1 der amerikanischen Charts hinauf. Und weil sie sich in Hollywood am Schluß immer kriegen, dürfen wir getrost davon ausgehen, daß auch unser versprengtes Blumenkind inzwischen wieder ins heimatliche Schlafzimmer zurückgefunden hat, wo die zurückgelassene Gemahlin vermutlich immer noch zünftig vor sich hin ratzt oder sich zur immerwährenden Bill-Cosby-Show genüßlich in Doughnutkrümeln wälzt.

♫ **Johnny Cash**
A Boy Named Sue (1969)

Text und Musik: Shel Silverstein

Country, postmodern

von WALTER HETTCHE

Die Frage nach dem Beginn der Moderne gehört zu den beliebtesten akademischen Streitthemen. Das Erdbeben von Lissabon im Jahre 1755, die Französische Revolution, die Merseburger Zaubersprüche, der letzte Satz von Theodor Fontanes Roman *Mathilde Möhring* – all diese Markierungen sind mit mehr oder weniger guten Gründen ins Feld geführt worden, ohne daß man auch nur in die Nähe einer allgemein akzeptierten Definition gelangt wäre. Noch schwieriger ist es mit der Postmoderne. Doch zumindest im Bereich der Countrymusik gibt es ein über alle Zweifel erhabenes Datum, so daß an dieser Stelle ein für allemal dekretiert werden kann: Die Postmoderne beginnt am Mittwoch, dem 24. Februar 1969.

An diesem Tag betritt Johnny Cash eine kleine Bühne im berüchtigten San Quentin Prison in Kalifornien. Es ist nicht das erste Mal, daß er vor Strafgefangenen singt, und es ist auch nicht das erste Mal, daß die Show aufgezeichnet und als Langspielplatte veröffentlicht wird. Ein Jahr zuvor war Cash im Folsom Prison aufgetreten, und schon auf der damals entstandenen LP sind Töne zu hören, wie man sie in der als erzreaktionär verschrieenen Countrymusik noch nie vernommen hatte: Punk *avant la lettre*, mit der von Cash gewohnten sparsamen Instrumentierung – akustische Gitarre, E-Gitarre, Baß, Schlagzeug und die unvermeidliche Mundharmonika zum *Orange Blossom Special*, mehr braucht es nicht, um einen Set hinzulegen, der die Sex Pistols wie eine Schülercombo erscheinen läßt. Das Neue an der San-Quentin-Show war allerdings Cashs Information gleich zu Beginn: »The show is being recorded and televised for England.«

Diese Aufzeichnung ist eines der kuriosesten Dokumente der Fernsehgeschichte. Ein Vorspann, der mit dem Konzert auch nicht im entferntesten Zusammenhang steht, verbreitet die üblichen Westernklischees vom lone rider, vom einsamen Cowboy in den Weiten der Prärie – aber wenn das überstanden ist, geht es los: Johnny Cash und seine Band The Tennessee Three, erweitert um den Rock 'n' Roller Carl Perkins, spielen die Hits aus der mittlerweile schon 15 Jahre währenden Karriere des Sängers. Aber es gibt auch einige neue Stücke zu hören.

Im Lauf des Konzerts kündigt Cash eine veritable Uraufführung an, einen Song aus der Feder von Shel Silverstein mit dem sonderbaren Titel »A Boy Named Sue«. Cash kann den Text noch nicht auswendig, und so singt er im Sitzen (wir sind schließlich im Gefängnis) und liest die lyrics vom Blatt ab. Auch die Band ist noch nicht recht vertraut mit dem neuen Material, und entsprechend verhalten steigt sie ein; mehr als W. S. Hollands raschelnde Drums und Marshall Grants Baß ist vorläufig nicht zu hören. Erst nach und nach bringt sich Perkins mit ein paar fills auf der E-Gitarre in Erinnerung. Musikalisch hat der Song nicht viel zu bieten; auf weite Strecken ist es ein Sprechgesang, wie er für Cash in diesen Jahren typisch ist. Der Text dagegen hat es in sich, formal wie inhaltlich. Es ist der einzige mir bekannte Countrysong, der sich der sechszeiligen Schweifreimstrophe bedient (aab ccb):

Well, my daddy left home when I was three
Didn't leave very much to Ma and me
'cept an old guitar and an empty bottle of booze.
Now I don't blame him 'cause he ran and hid
But the meanest thing that he ever did
Was before he left, he went and named me Sue.

Mit diesem Namen behaftet hat es der Junge nicht leicht, und er muß sich gegen allerhand Boshaftigkeiten seiner

Umwelt wehren, wie er mit grandioser Beiläufigkeit erzählt: »Some gal would giggle and I'd get red / Some guy would laugh and I'd bust his head«. Solche Kämpfe begleiten seinen Lebensweg, und Sue wird groß und stark und gescheit dabei. Doch er ist besessen von dem Gedanken, den Vater ausfindig zu machen und sich an ihm für »that awful name« zu rächen. Eines Tages ist es soweit, in Gatlinburg trifft er den Alten im Saloon beim Kartenspielen: »I knew that snake was my own sweet dad / From a worn-out picture that my mother had / Knew that scar on his cheek and his evil eye«. Nachdem er sich mit den unsterblichen Worten »My name is Sue. How do you do?« vorgestellt hat, entwickelt sich ein klassischer *street-fight*, in dessen Verlauf gebissen, getreten und mit Stühlen geprügelt wird und Sue schließlich »a piece of my ear« verliert.

Am Ende, als Sue dem Vater mit gezogener Pistole gegenübersteht, bereit, ihn zu erschießen, erläutert der sein Erziehungsziel: Der Name Sue und die Notwendigkeit, sich gegen allerlei Mißhelligkeiten mit Faust und Kopf durchsetzen zu müssen, haben ihn erst zu einem starken Mann gemacht: »So I gave you that name and I said goodbye / And I knew you'd have to get tough or die / And it's that name that helped to make you strong«. Der Sohn ist gerührt, und der Versöhnung steht nichts mehr im Weg – doch seinem eigenen Sohn will Sue doch lieber einen konventionellen Namen geben, »Bill, George, any damn thing but Sue!«. In späteren Konzerten setzt Cash gern den Namen des eigenen Sohnes – John Carter Cash – ein, in den Highwaymen-Shows erwägt er aus naheliegenden Gründen auch »Willie or Waylon or Kris«.

Die Geschichte ist unverkennbar eine Parodie der Gunfighter Ballads, wie sie Marty Robbins in den fünfziger und sechziger Jahren berühmt gemacht hatte. Über diesen intertextuellen Aspekt hinaus ist die in San Quentin entstandene Aufnahme auch auf einer Meta-Ebene von kulturgeschichtlicher Relevanz. »He does not drink, and he avoids profanity in the company of ladies«, weiß die American Current Biography des Jahres 1969 über Johnny

Cash mitzuteilen: In der Männergesellschaft des Zuchthauses braucht er keine derartige Zurückhaltung zu üben, und four-letter-words wie hell, shit, damn und fuck bringt er ohne Zögern über die Lippen. Eine solche Sprache ist den außerhalb der Gefängnismauern lauschenden zarten amerikanischen Ohren nicht zuzumuten, und so sind schon auf dem Folsom-Prison-Album gelegentlich Pieptöne zu hören, mit denen die schlimmen Wörter weggeblendet werden: »The show is being recorded for an album released on Columbia Records and you can't say hell or BEEP or anything like that«, sagt Cash, und auch auf »Johnny Cash at San Quentin« hat die Plattenfirma von dieser Form der Zensur ausgiebig Gebrauch gemacht.

Während in Folsom allerdings nur Cashs *in-between-talk* betroffen war, hat man hier erstmals in einen Song eingegriffen, eben in »A Boy Named Sue«. Das »any damn thing but Sue« am Ende hat man stillschweigend und diskret zu »anything but Sue« zusammengezogen, auffälliger ist dagegen ein anderer Zensurakt: Als der Vater seinem Sohn gegenübersteht, nennt er sich »the son of a bitch that named you Sue«. Auf der Platte hört man indessen nur »the BEEP that named you Sue«, obwohl natürlich jedem des Englischen halbwegs Kundigen völlig klar ist, wie die Stelle lauten muß. Auch in seinen Konzerten spricht Cash das anstößige Wort nicht aus, sondern ahmt den Piepton nach – ein nachdrücklicher Hinweis auf die Prüderie der amerikanischen Gesellschaft, aufgrund des Verfremdungseffekts weit wirkungsvoller als das ausgesprochene Wort. Das mag auch einer der Gründe sein, warum es von »A Boy Named Sue« bis heute keine Studio-Aufnahme gibt: Ein subversiver Akt wie dieser ist auf die Bühnensituation angewiesen. Diese Selbstreferentialität, der bewußte Verweis auf das Medium, in dem man sich äußert, ebenso wie das illusionsdurchbrechende und die Distanz zwischen dem artikulierten »Ich« und dem Erzähler verdeutlichende Ablesen des Textes – all das macht »A Boy Named Sue« zum ersten postmodernen Countrysong.

♫ **Tammy Wynette**
Stand By Your Man (1969)

Text und Musik: B. Sherrill / T. Wynette

Ansingen gegen die Brüchigkeit der Gattenliebe

von FRIEDRICH W. STALLBERG

»Stand By Your Man« ist gewiß einer der markantesten und erfolgreichsten Songs, den die internationale Popmusik zum Thema Liebe hervorgebracht hat. Seine herausgehobene Stellung begründet sich vor allem darin, daß nicht, wie allerorten der Fall, überwältigender Anfang oder schmerzliches Ende der Liebesbeziehung besungen werden, sondern das eher Unspektakuläre – die Fortdauer der einmal eingegangenen Bindung über alle Belastungen hinaus. Dies freilich geschieht musikalisch eingängig in einer beschwörenden und programmatischen, die Zuhörerschaft mit absoluten Gefühls- und Verhaltensregeln ausstattenden Weise.

Tammy Wynette plädiert ein wenig defensiv, aber eindrucksvoll gläubig für die Bedingungslosigkeit und Unvergänglichkeit der Paarliebe, fordert kompromißlos das Ausharren in der Bindung, egal, wie sich Leidenschaft und Vertrauen entwickelt, wie sich Probleme von Loyalität und Verstehen ergeben haben mögen. Alle Verantwortung für die Qualität und Dauer der Liebesbeziehung wird dabei der beteiligten Frau und ihrem selbstlosen Engagement zugewiesen. Sie soll vollständig annehmen und vorbehaltlos verzeihen, sich hingeben, ohne auf Gegenleistungen zu bestehen, für den Partner und seine Anlehnungsbedürfnisse fortwährend verfügbar sein, Stolz auf ihn empfinden, ihn als einmal gewählten, vermutlich auch geehelichten Gefährten niemals in Frage stellen.

Diese Einforderung und gleichzeitig Idealisierung des Beitrags der liebenden Frau für den Erhalt der Partnerschaft ist von verführerischer Schlichtheit. Sie muß, als sie 1969 vom Radio und Plattenteller zu hören war, Teilen des angesprochenen weiblichen Publikums, aber natürlich gerade den potentiellen Partnern im Lande aus dem Herzen gesprochen haben. Sie wird denen als Hoheslied der Gattenliebe willkommen gewesen sein, die ihre eigene Realität darin noch wiedererkannten. Gleichzeitig bot sie auch Trost in einer Welt, welche schon von der Gleichberechtigung der Geschlechter, dem Recht auf Individualität und Trennung, der Neigung zur Hinterfragung des gemeinsamen Glücks »heimgesucht« war. Ein schon vom Verfall bedrohtes Ideal wird noch einmal machtvoll bestätigt.

Musikhistorisch wird Wynettes dem Country & Western zuzuordnender Song als Ausdruck einer konservativen Ethik kritisiert, nach welcher »der Mann der Herr im Hause ist und eine Frau ohne Mann nur ein halber Mensch sein kann« (*Rock-Lexikon*, Bd. 2, 1998). Indes läßt sich sein schichten- und milieuübergreifender Erfolg durch die Unterstützung der Werte der einfachen Leute kaum erklären. Ich denke vielmehr, »Stand By Your Man« ist eine perfekt gelungene Trivialisierung des alten Leitbildes der romantischen (Gatten-)Liebe.

Dieses Modell der Liebe in der modernen Gesellschaft zeichnet sich durch das Prinzip von Treue und Dauerhaftigkeit, die Einheit von Liebe und Ehe, d.h. Liebe soll auch in der institutionalisierten Beziehung fortbestehen, die Bindung aller Glückserwartungen an das Zusammensein mit dem Partner, die Annahme des gewählten anderen als ganze, einmalige Person, die Verbindung von emotionaler Zuneigung und sexueller Leidenschaft, aber auch die besondere Betonung von Talent und Verpflichtung der Frau zur Gattenliebe aus.

Nun ist aber die romantische Liebe in den letzten Jahrzehnten unmodern geworden. Als Leitvorstellung und teilweise auch im Alltagsleben ist sie durch die partner-

Stand by your man – von der Nummer 1 bis zur Nummer 5!

schaftlich orientierte Liebe ersetzt worden. Hier sind Gegenseitigkeit, Zusammenarbeit, Kommunikations- und Erklärungsbereitschaft, Gerechtigkeit vom Paar unterschiedslos gefordert. An die Stelle des Werts der Selbstaufopferung tritt der Anspruch der Selbstverwirklichung, die Eigenständigkeit der Partner soll gewahrt bleiben, die persönliche Weiterentwicklung ist zur Pflicht erhoben. Totale, abhängige Liebe gilt der Tendenz nach als schon krankhaft. Die Paarbeziehungen sind in dieser Konzeption modernen Zusammenlebens als vergänglich definiert. Ihr Bestand ist an das Vorhandensein hinreichender Liebe gebunden, nicht mehr von unauflöslichen Versprechen geschützt. Im Konfliktfall ist die Wahrung der persönlichen Interessen wichtiger als die Fortdauer der aktuellen Partnerschaft.

In einer Welt der individualisierten Paarbeziehungen sollte Tammy Wynettes Werbung für bedingungsloses Ausharren an der Seite des Partners eigentlich naiv und hausbacken klingen. Schon bei seinem Erscheinen war ja »Stand By Your Man« ein wenig unzeitgemäß. Immer mehr Ehen auch der kleinen Leute brachen auseinander, der Trend zur Partnerbeziehung, die sich immer wieder neu zu bewähren hat und bei Schwund von Anziehung und Vertrauen aufgekündigt wird, war schon deutlich erkennbar. Auch Tammy Wynette hatte ihre ersten zwei von insgesamt fünf Scheidungen hinter sich. Um so rührender mußte freilich ihr unbeirrbares Festhalten an der Hoffnung der wahren und ewigen, allem Wandel der Werte und Bedürfnisse trotzenden Partnerschaft anmuten.

Auch heute findet die musikalische Verklärung der romantischen Partnerliebe seltsamerweise ihr Publikum. Allen Veränderungen zum Trotz wird »Stand By Your Man« überall in der Welt weiter gehört, mit- und nachgesungen. Vermutlich wird Wynettes Song gerade deshalb unsterblich bleiben, weil sich der Alltag des Zusammenlebens so weit vom Ideal romantischer Liebe entfernt hat. Das Lied drückt offenbar beispielhaft eine emotionale Haltung aus, die zumindest für berührende Augenblicke von vielen Liebenden weiterhin geteilt wird. Es bietet denen Ermutigung und Hoffnung, die sich gutgläubig auf den Weg in die immerwährende Bindung machen. Es ist nützlich als Begleiter für Rituale der Paarbildung. Es gibt uns ein wenig recht, wenn wir in unserer Partnerbeziehung gerade eine Zeit von Spannung und Niedergang erleben, aber beschließen, im Liebesverfall auszuharren, den Partner vielleicht durch unsere Beständigkeit anzurühren, die Verantwortung für den Erhalt der Beziehung auch gegen den anderen zu übernehmen.

Wir werden auch künftig offenbleiben für Lieder, die ganz realitätsfern eine Unvergänglichkeit von Liebe und auf Liebe gegründetem Zusammensein behaupten. Jedoch müssen diese Lieder der Dauer – wie »Stand By Your Man« – aus einer einfacheren vergangenen Zeit stammen, um sich nicht als unerträglich banal und konservativ zu disqualifizieren. Von solchen Oldies lassen sich die postmodernen Liebenden nur zu gern in ihrem harten Kampf gegen den Verfall ihrer Gefühle und Bindungen begleiten.

♫ **Simon and Garfunkel**
Bridge Over Troubled Water (1969)

Text und Musik: Paul Simon

Die Schwermut der schwebenden Brücke

von HANS ULRICH SCHMID

Die klassische Urbesetzung einer Rockband (in den Sixties hieß das »Beatband«): Lead-Gitarre, Rhythmus-Gitarre, Baß-Gitarre – alle drei via Kabel mit einem kastenartigen Verstärker verstöpselt – und Schlagzeug. Dagegen das Instrumentarium des klassischen Folk-Sängers: die akustische Gitarre, ohne Kabel und Kasten, höchstens mit dem Akustikloch vorm Mikro. Doch in den späten Sechzigern erfolgte eine Art Quantensprung, nämlich die plötzliche Entdeckung des Klaviers bzw. dessen vornehmeren großen Bruders, des Konzertflügels. »Let it Be« sang ein sichtlich Beatles-müder Paul McCartney, »Imagine« forderte John Lennon seine Gemeinde auf. Die Stones hauchten Chopins edlem Instrument sogar flower power ein: »She's Like a Rainbow«. Und dann gab es noch jenen sanft-melancholischen Superseller »Bridge Over Troubled Water«. Stilistische Unterschiede waren verflogen. Man mochte meinen, Rock/Beat und Folk hätten sich selbstvergessen überm Piano die Hand zum Bunde gereicht.

Die LP »Bridge Over Troubled Water« wurde 1969 in den ersten drei Wochen nach ihrem Erscheinen allein in den USA 1,7 Millionen Mal verkauft. Das Lied, das der ganzen LP den Namen gab, erklomm rasant die Charts. Erinnern wir uns: kurzes Vorspiel, dann eine sanfte Stimme, deren Tonlage an sich schon bewies: hier singt kein Chauvi, hier passiert keine Anmache. Der Altruismus ist Stimme geworden. Glücklich das unglückliche

Mädchen, das vom Besitzer dieser Stimme in den Arm genommen wird! Niemals wird der sich die Mädchentränen schnöde zunutze machen. Kein Fingern nach dem Reißverschluß, kein Nesteln am Blusenknopf!

Diese aufrichtige Stimme wird nun umspielt und umspült von einem fast klassisch arrangierten Piano, dem nichts Schräges, Rockiges oder sonstwie Provokantes anhaftet, allenfalls ein paar andeutungsweise jazzige Harmonien. Das Piano übernimmt stellenweise die gesungene Melodie, um sogleich im Terzabstand eine zweite Stimme zu unterlegen. Vorübergehend verselbständigt es sich harmonisch und verbindet Versübergänge. Charakteristisch sind die immer abwärts rollenden Sextolen, deren Bewegung etwas Streichelndes, Beruhigendes an sich hat. Gegen Ende der zweiten Strophe allerdings kommt instrumentaler Zuwachs, und das nicht zu knapp. Mehrere Beckenschläge vermelden den bevorstehenden Einsatz eines Schlagzeugs. Dann macht sich ein veritables Streichorchester ans Werk, als nächstes ein Baß, und schließlich bahnen sich Trommeln ihren Weg durchs unversehens üppig gewordene Tongebüsch. Sie erzeugen dabei aber nicht nach Art herkömmlicher Rock-Drums einen konsequent durchgehaltenen Rhythmus, sondern sie steigern die Gravität, was von lateinisch »gravis« kommt und soviel heißt wie »schwer«! Dieses schwere Ganze oder ganze Schwere schwillt und ringt sich empor zu etwas, was in der Popmusik jener Tage allmählich zum Trend zu werden begann: Breite und Pathos (vergessen »Mrs. Robinson«, verklungen die »Sounds of Silence«). Vom anfänglichen Piano ist am Ende des Stückes kaum mehr etwas zu vernehmen. Es scheint akustisch förmlich zugedeckt zu sein, was nicht nur an meiner arg zerspielten Vinyl-Scheibe liegen kann, die von einstmals heftiger Rezeption zeugt.

Welche Botschaft wird übermittelt? Wie schon bemerkt: eine Trostbotschaft. Genauer gesagt, Trost in drei Strophen. Aber warum der Trost? Was ist überhaupt passiert? Eigentlich nichts, denn die Leiden sind Eventualitäten. In der ersten Strophe: »When you're weary, feeling small, When tears are in your eyes ... When times get rough, and friends just can't be found.« In der zweiten: »When you're down and out, When you're on the street, When evening falls so hard ... When darkness comes and pain is all around.« Verdammt hart, wenn's dich so gleich sechsmal trifft! Für all diese reichlich unkonkreten Schicksalsfacetten verspricht die sanfte Stimme Abhilfe schon im voraus: »I'm on your side« in der ersten Strophe und »I will comfort you« sowie »I'll take your part« in der zweiten. Ob die Verheißung »When tears are in your side, I will dry them all« ein beabsichtigtes Zitat des biblischen Propheten Jesaja ist (Kap. 25, Vers 8: »ER wird abwischen die Tränen von jedem Gesicht«), müßte durch Rückfrage bei Paul Simon geklärt werden.

Doch in erster Linie bestehen Trost und Hilfe in etwas, was in drei Refrains als Metapher kommt: »Like a bridge over troubled water I will lay me down«. Metaphern haben Tücken, wie man weiß. War sich »Rhymin' Simon« eigentlich klar darüber, daß man schon »Brücken über reißendes Wasser« gesehen hat, die sich plötzlich »niederlegten« um dann in Trümmern davonzuschwimmen? Aber schulmeisterliche Beckmesserei ist nicht am Platze, denn wir wissen, wie's gemeint war: sanft. Nur sanft! Das Zeitwort to lay oder to lay down, das Popmusik-intern eher gleichbleibende Assoziationen hervorzurufen pflegt(e) – »lay lady lay« ... (Dylan), »come and lay down by my side« (Kristoffersen) usw. –, gebrauchte Paul Simon bildlichübertragen: Hilfeleistung in verschiedenen Unglückszuständen, die so allumfassend sind, so melancholisch wie das Piano-Arrangement. Darum ist die individuelle Publikums-Identifikation mit dem you zunächst auch problemlos. Die seelischen Schieflagen kennt jeder irgendwie. Wer war noch nie weary? Wer hat sich noch nie small gefühlt?

Doch mit der instrumentalen Wende, die sich gegen Ende der zweiten Strophe ankündigt und in der dritten vollzieht, kommt auch ein inhaltlicher Umschwung. Das you nämlich entpuppt sich urplötzlich als etwas Rätselhaftes: ein silvergirl. Und dieses seltsame (vielleicht feenartige?) Wesen ist drauf und dran zu entschwinden. Wohin? Den eigenen Träumen hinterher, wie es sich für ein trostbedürftiges Silbermädchen eben gehört: »Sail on silvergirl, Sail on by. Your time has come to shine. All your dreams are on their way«. Doch halt – an dieser Stelle stockt die Analyse. Denn es ist schwer zu verstehen, wo hier der Anlaß zum Trösten liegt. Ist es denn nicht so, daß man eher denjenigen/diejenige trösten muß, der/die das Nachsehen hat, und nicht irgendein auf und davon segelndes traumverlorenes *silvergirl*? Doch Paul S., der Tröster wider die Logik, weiß Abhilfe. Er erhebt sich (Supermans sanfter Antipode?) gleichfalls in die Lüfte: »I'm sailing right behind«. Selbstverständlich tut er das diskret und nur für den Fall, daß es ausdrücklich erwünscht ist: »if you need a friend«. Friend, nix lover. Wie gesagt: keine ungebetene Anmache. Alles ganz platonisch und alles ganz Paul Simon, die Brücke, die segeln konnte.

♫ **The Kinks**
Lola (1970)

Text und Musik: Ray Davies

Schuld war nur die fesche Lola

von MARTIN KRAUSS

Den Kinks geht es wie Manuela. Bei den Kinks denke ich immer nur an Lola. Bei Manuela hingegen fällt mir nur »Schuld war nur der Bossa Nova« ein, ohne daß mir je klar war, wer denn nun dieser Bossa Nova eigentlich war.

Und Lola habe ich auch ganz lange nicht verstanden. Bis zum Abfassen dieses Aufsatzes glaubte ich nämlich, daß Lola wohl eine Frau oder zumindest eine Transsexuelle sei. Das ist so falsch wie meine frühere Vermutung, Bossa Nova sei ein Mann.

Aber es gibt noch mehr Gemeinsamkeiten: Beide, sowohl Manuela als auch die Kinks, spielen keine ganz geringe Rolle in meiner Jugend und der als Studium nur kaschiert verlängerten Jugend. Lola gehört zu den wenigen Liedern, zu denen ich, zumindest früher, getanzt habe. Und Bossa Nova habe ich nie aus dem Sinn verloren.

Beide, sowohl Manuela wie auch die Kinks, haben zwar wesentlich mehr Lieder aufgenommen, aber beide haben doch schon eine Weile akzeptiert, daß sie im Grunde genommen nur je einen Hit aufweisen können. Schuld war nur der Bossa Nova und – Lola.

Auf einer Live-LP aus dem Jahr 1979, die ich jetzt extra rausgesucht habe, illustriert Ray Davies, Sänger und überhaupt der Kopf der Kinks, meine These vom nur einen wirklichen Hit ziemlich einfach und letztlich desillusionierend: Er spielt einfach wenige Takte von Lola an. Das Publikum, scheinbar nur gekommen, um Lola zu hören, jubelt daraufhin, schließlich hat sich der Kommenszweck wohl erfüllt, aber Ray Davies stoppt und sagt: »We don't wanna play this one tonight.« Das Publikum buht in einer Weise, wie Ray Davies offenbar vermutete, daß es jetzt wohl zu buhen hat, worauf er plötzlich sagt, als sei es spontan: »O.k., I'll do it.«

Die einzige Verwirrung, die er bei mir anrichtet, besteht darin, daß er »I«, also »Ich« sagt und nicht etwa »We«, also »Wir«, obwohl doch bei dieser Live-Aufnahme nicht nur er, Ray Davies, auf der Bühne steht, sondern die ganze Band, nämlich die Kinks.

(Unbewußt hat Ray Davies wahrscheinlich auf seine Seelenverwandtschaft mit Manuela hingewiesen, die als Solokünstlerin ja auch eher die erste Person benutzt hätte, um zu sagen, daß sie den Bossa Nova spielt.)

Egal. Es kommt, wie es kommen muß. Die Kinks spielen, was die Leute in der Halle und ich vor dem Plattenspieler erwarten, und der Abend ist gerettet. Lola. Und Lola beginnt so: »I met her in a club, down in Old Soho, / where you drank champagne and it tasted just like cherry-cola.«

Ray Davies, wenn sein Bericht, den er im Text des Liedes gibt, authentisch ist, traf Lola in einem Club in Soho, wo DU einen Champagner mit Cherry Cola-Geschmack trankst – eine Art amerikanischer Faber-Sekt scheint's. Wer da den Fusel konsumierte, bleibt unklar. Beim ersten und flüchtigen Hören war ich ja noch der Meinung, Lola tränke ihn, aber das ist ja wohl falsch.»She walked up to me and she asked me to dance / I asked her her name and in a dark brown voice she said, / ›Lola‹.«

Sie kam zu ihm, dem mutmaßlichen Ray Davies, und bat ihn um einen Tanz. Der wollte aber erst wissen, wie sie heißt, was sie mit einer »dark brown voice«, weiß der Geier, wie man das übersetzt, mit »Lola« beantwortete. »Well, I'm not the world's most physical guy, / But when she squeezed me tight she nearly broke my spine.«

Im Gefolge des Abends drückte sie ihn, obwohl er nicht der kräftigste Mann der Welt ist, derart, daß sie ihm beinah das Rückgrat brach. Wo da der Sinn bleibt, weiß

Ray Davies alleine. »Well, I'm not dumb, but I can't understand, / Why she walks like a woman and talks like a man / Oh my Lola, lo lo lo Lola, lo lo lo Lola.«

Wie das Lied weitergeht, tut hier nicht so viel zur Sache. Die Verwirrung ist schon hier komplett: Lola kann beinahe alles sein: eine Transsexuelle, eine Tunte, eine kräftige Frau, für die der Begriff Mannweib in unserem Sprachgebrauch herumschwirrt, eine alkoholbedingte schwule Phantasie eines verklemmten Ray Davies, eine, wie es so schön heißt, »literarische Figur« oder auch die Beschreibung einer androgynen Gesellschaftsutopie.

(Sage keiner, daß in einer solchen Gesellschaft kein Champagner, der nach Cherry Cola schmeckt, getrunken würde: Jochen Zimmer in seiner »Rocksoziologie« von 1973, zitiert nach der Ausgabe von 1981, formuliert bezüglich der Kinks dieses: »Der destruktiven Präsentation einzelner Charaktermasken der sog. freien Marktwirtschaft und dem kafkaesken Bild von oben geführter Klassenkämpfe steht die Vision einer sozialistischen Gesellschaft gegenüber; – jedoch nicht als strahlende Endlösung, sondern in kritischer und ironischer Darstellung zu erwartender Defekte und Fehler.« Wo man Kommunismus und Endlösung für Synonyme hält, sind schlechte Getränke wohl erst recht zu den Defekten zu zählen.)

Lola ist also kompliziert. Während das Vertrackte beim Bossa Nova, die Vermutung, es sei ein Mann, nur meine Unbildung war. Beim Bossa Nova handelt es sich nämlich in Wirklichkeit um eine brasilianische Tanzmusik, die Ende der fünfziger Jahre Verbreitung fand, und dieses Wissen hätte ich ja eigentlich haben können, wenn ich nur auf Manuela gehört hätte:

Schuld war nur der Bossa Nova, was kann ich dafür
Schuld war nur der Bossa Nova, bitte glaube mir.
Denn wenn einer Bossa Nova tanzen kann,
dann fängt für mich die große Liebe an.
Schuld war nur der Bossa Nova,
der war Schuld daran.

Womit, zumindest bei Manuela, die Sache klar wäre. Und was spricht eigentlich gegen die Vermutung, daß bei Lola der Text ähnlich unwichtig ist wie beim Bossa Nova?

Lola, davon bin ich mittlerweile überzeugt, gibt's gar nicht, hat es nie gegeben, auch nicht als literarische Person, und es wird sie nie geben. Lola ist wie der Bossa Nova nur eingeführt worden, weil es klingt. Weil die Stimme ein Instrument sein kann. Etwa wie die »Cherry Lady« von Modern Talking.

Lola ist Musik. Zu ihrer Intonation gehört zwingend eine »dark brown voice«. Dann fungiert sie als Fixpunkt in einer nicht gerade einfach sortierten Welt: »Girls will be boys, and boys will be girls. / It's a mixed up, muddled up, shook up world, except for Lola.«

Oder eben Bossa, bei dem immerhin die Schuldfrage geklärt wäre.

♫ **Santana**
Samba Pa Ti (1970)

Text und Musik: Carlos Santana

Von Sansi-Pa-Ti nach E-U-ropa

von JÜRGEN ROTH

Den aktuellen Zustand der kunstzugewandten Seite der Welt brachte die Hochkulturwahrsagerin Dr. Dana Horáková *(Bild)* am 29. Dezember 1998 schärfstens auf den Punkt: »Angesagt ist Mix, auch Crossover genannt. ›Populär‹ ist kein Schimpfwort mehr. Und finanziell erfolgreiche Events gelten nicht mehr als ›geschmacklos‹. Ernste Kunst und Unterhaltung wachsen endlich zusammen. Besseres konnte der aufkommenden E-U-ropäischen Kultur gar nicht passieren.« Der Buchstabe für Buchstabe jenseitige »Kommentar« trägt den Titel »Revolutionärer Mix!«. Diedrich Diederichsen darf den Ruhestand antreten.

Einfacher war's früher, fein und säuberlich geschieden, Stile blieben erkennbar, das Radio belieferte in Spartensendungen eng umgrenzte Hörergruppen und Fangemeinden, und die Plattenindustrie bediente Erwartungshaltungen, die sich kalkulieren und, ohne große Häresien befürchten zu müssen, zufriedenstellen ließen. Wer popmusikalische Bildung anstrebte, folgte seinem Spleen und lief selten Gefahr, als »nicht hip«, »vorgestrig« oder anderweitig pervers zu gelten.

Zäh und befeuert diskutierte man die neusten Veröffentlichungen, Abweichungen von der reinen Lehre, Gruppenumbesetzungen, Singleauskoppelungen, Entwicklungslinien und -tendenzen dieser und jener Band. Der Weltempfänger informierte über den aktuellen Stoff, die Tonträgergeschäfte hielten ihn umgehend parat, bestachen durch Übersichtlichkeit und Wohlsortiertheit. Musik war ein Zuhause.

Zu Hause war eher gefordert: Picking, Stützschlag, rechte Hand Flamenco, links Akkorde, Oktavsprünge, Glissando, Legato, pipapoundimmerpiano. Zwecks Kompensation und auf daß die Stimmung hielt bis zur nächsten Lektion Harmonielehre: BFB 2, jeden Donnerstag, Rock – Gott sei gedankt nicht gegen Rechts oder Pflanzenversuche, sondern »vom Feinsten«. Gebannt und gelegentlich heimlich schnitten wir mit, oft ganze Stunden, Stück für Stück eine kleine Offenbarung dessen, was das klassische Rockensemble und die Stromgitarre zu inszenieren vermögen. In den Ferien auf dem Land sprang Bayern 3 ein. Pop nach acht präsentierte neben dem jungen Th. Gottschalk, der sogar eine unvergessene Schönlärminitiation wie »Fools« von Van Halen fast sechs Minuten lang zu feiern verstand (leider präferierte er schon damals die, so Michael »Glenn« Rudolf, »wohlkalkulierte, etwas karnevalesk anmutende Rumpelkiste der Affirmation« called The Beatles), den unangenehm via Drehscheibe (ZDF) aufgefallenen, als Radio-DJ indes exzellenten Bennie oder Beny, der selbst meinem Bruder und mir den hörerbrieflichen Wunsch nach mehr Klängen einer kanadischen Combo namens Wrabit erfüllte. Wir nannten sie fälschlich Rabbit, wurden via UKW korrigiert und belohnt. So lernte man Englisch, transkribierte zur Not Titelbezeichnungen onomatopoetisch und machte Songs nieder, die des obligatorischen, entweder hinreichend ausufernden oder knapp-raffinierten Gitarrensolos entbehrten – Spezialistentum der, wie's beliebt, höheren Idiotie oder Gnade, dokumentiert auf ideell und tauschwertlich unbezahlbaren Kassetten.

In Brunssum (NL) hatte ich irgendwann genug von meiner Akustischen, einer erst Hopf (prima Firmenname!), dann Yamaha G-245S, die allerdings bereits Fortschritte Richtung Elektrifizierung signalisierte. Zu Weihnachten 1981 gab's ein Gibson-Les-Paul-Imitat, die schwarze, elfenbeinfarben eingefaßte, mit exzellenter Mechanik versehene und Perlmuttapplikationen verzierte Ibanez Artist 50, das kleinste Modell jener Serie, für die das eher ungern gelesene Fachblatt Musikmagazin durch Gary Moore werben ließ; dazu einen Marshall 12 W, den ich noch heute traktiere, seit 85 oder 86 korrekt in Verbindung mit der Hannoveraner »Friedensstrat« (Toni Prinz, Waldhäuser-Ost). Gary Moore frickelte bei Rockpop in concert (zirka 23 bis 4.30 Uhr), leicht und flink und von mir bewundert (was ich längst korrigiert hab'), ich betrieb Hanteltraining, um die monströs bauchlastige, fehlkonstruierte, höchstens durch Mountain-Man Leslie West zu bezwingende Ibanez am Gurt unter Kontrolle zu bekommen.

Gewohnheitsmäßig spielte ich im Sitzen, linken Fuß auf den Hocker, rechten Arm leger auf den Gitarrenbauch gestützt. Konträr dazu verhielten sich Griff- und Zupf- und Anschlagtechniken. Konzertgitarren sind schwer zu handhaben, die Saitenlagen hoch, die Nylonstrings widerspenstig: ein rechtes Gewürge und Gequäle, sollen – plong, plock, plick – klangreine Akkorde und Tonfolgen erzeugt werden. Meine Ibanez, konträr nunmehr zu ihrem physisch-physikalischen Eigensinn, gewährte ungeahnte Freiheiten. Alles ging wie von allein. Tiefe Saitenlage, Pickups, geringer Kraftaufwand, volle Lautstärke, hohes Tempo, starker Drive. Ich revolutionierte mich selbst, erlernte zum Plattenspieler die Plektrumbenutzung und ruinierte die mühsam erworbene Fünffingertechnik.

Auch mein Gitarrenlehrer hatte sich zu beugen. Plötzlich wollte mir kein Bach einleuchten, kein Tonleitermanöver, nicht die höllische »Sonatina« von Paganini, nicht Villa-Lobos und erst recht nicht – damit trumpfte er jetzt auf, meinen Willen zum PopRockBlues zu zähmen – »When I'm Sixty-Four« oder, auweia, »Yesterday«. Eher gelitten war »Apache« von den Shadows, doch umhin kam Herr Graus nicht, speziell für mich Gary Moores Rockpop-Hymnus »Wait Until Tomorrow« zu arrangieren. Grifftabellen lehnte ich ohnehin ab.

Die spektakuläre Umorientierung gipfelte im Studium eines lehrerseits unterbreiteten, wegen seines dezidierten, strenggenommen reinen Solocharakters von mir akzeptierten Stückes: Santana, »Samba Pa Ti«.

Ich besitze die Partitur noch immer. Wer spielt Rockmusik nach Partitur – und nicht nach Gehör? Der Widerspruch zwischen meinem ziemlich freihändigen Geschrammel und der wöchentlichen Präzisionsschulung wuchs. Das windelweiche wie weicheierige Intro bereitete zwar kaum Schwierigkeiten, über C-Dur und b-Moll und e-Moll und a-Moll glitten die Finger in Achteln hinan und hinab, doch spätestens mit dem Orgeleinsatz und der aber durchaus fälligen Temposteigerung zeigte der »Melody Man« (Herbie Hancock) die Instrumente und mir die Grenzen auf. Das ging mir gegen den Strich. Santana, 1965 von Carlos zunächst als Santana Blues Band gegründet und rasch erfolgreich durch ihre »aufregende Mixtur aus Latino-Drive, urbanem Blues und einem guten Schuß Rock 'n' Roll« (Christian Graf), verdiente sich seine Meriten an der Internationalen AFCENT-Schule, wo ich mich herumtreiben mußte, über vornehmlich trommelgestützte, perkussionsfette Langkompositionen wie »Oye Como Va« und »Soul Sacrifice« (Woodstock!) und eben bei Klassenfeten und hungrigen Damen beliebte »balladeske« (Graf) »Nummern« – was mir zwischenmenschlich behagte, privatmythologisch jedoch zu soft und clean und melodiesatt schien.

1970 war das Album »Abraxas« erschienen und »Samba Pa Ti« 3,5millionenfach in die Welt entlassen worden – eine »Soulsauce aus Samba, Rumba, Cha-Cha und Rock« (Barry Graves/Siegfried Schmidt-Joos). Daß einer, der Charlie-Parker-Partien eins zu eins kopieren konnte (es aber weder live noch auf Platte jemals tat) und etwa durch »Hope You're Feeling Better« auch hörbar Besseres zu bewerkstelligen vermochte (»Marathon«, 1979, mochte ich sehr, ich sage nur: »Aqua marine«), diesen jammervollen Schmelz unter Rückgriff auf die immer gleichen Melodiebögen und Dehnungsübungen darzubringen gedachte, wuchs sich zum Ärgernis aus. Außerdem: Spätestens hinsichtlich des Am9-Akkords hatte er es übertrieben. Hier geriet's zu schwer, zu schwierig, und ich mogelte mich mit allerhand selbsterdachten oder abgekupferten Phrasen über komplexere Takte einfach hinweg – zum Grauen oder bitterlichen Grausen des Herrn Graus, jojo.

Bald ging ich meiner eigenen Wege. Die Emanzipation war, Santana sei Dank, vollbracht – eiskalt in Richtung eines daheim und heimlich entwickelten, weiterhin gültigen, hie und da modifizierten, verbesserten und revidierten Crossovermix' aus Klassikblues und Rockpräsenzismus mit höherem U-, aber unvermindert auch E-Anteil, denn Herr Graus ließ mich obendrein, den ästhetischen Horizont zu runden und meine Nichtigkeit zu verprellen, das »Samba Pa Ti«-Sequel »Europa« (»Moonflower«, 1977) niedersägen, bis ich keine Lust mehr hatte auf Notenblätter und »anspruchsvolle Stücke« (Graus).

Und Carlos ernennt man bitte heuer zum EU-Musikkommissar. Besseres könnte gar nicht passieren. Dann wären beide erwachsen geworden: er und ich.

♫ Melanie
Look What They Done To My Song, Ma (1970)

Text und Musik: Melanie Safka

Die Flucht in den Mutterleib

von SUZAN HAHNEMANN

Zwei Takte Musik, der übliche Hm-ta-hm-ta-hm-ta-ta-ta-Rhythmus, so beginnen im allgemeinen Tanzstücke, fröhlich, leichtfüßig ... für die oft melancholisch anmutenden Melanie-Melodien (»Some Say I Got Devil«, »Peace Will Come«, »Please Love Me«) ist dies gänzlich untypisch, und auch Melanies eigene Einschätzung ihres musikalischen Repertoires weist deutlich in eine andere Richtung: »I wrote sad, sorrowful songs, because they were the only chords I knew.« Eine Neuerung im Singer-Songwriter-Gefüge?

Doch dann kommt der Text: Klage, Anklage, Aufforderung, sich die Misere anzusehen: »Look what they done to my song!« Ganz unvermittelt, man hört unwillkürlich den auf das zugerichtete Lied gerichteten Zeigefinger. Keine Erklärung, keine Beschreibung der Tat oder der Täter. Statt dessen nur die Angerufene: »Ma«. Welch' kindliche Naivität! Wie kleine Rotznasen, die am Sandkastenrand auf den zerstörten Turm deuten und wissen, daß die Mutter den »Schaden« richten kann. Nein, nicht nur kann, sondern wird.

Und wir? Nie enttäuscht, glauben auch wir immer noch an die mütterlichen Kräfte, suchen Trost in Mutters Schoß, auch in auswegloser Situation. Genau diesen Nerv trifft Melanie, wenn sie an jene ihre Klage richtet, die jedem von uns so vertraut ist und gleichzeitig die letzte metaphysische Instanz bildet in einer zunehmend rationalistisch-atheistischen Welt: »Mutter Erde«, »Mutterliebe« – die Sprache spiegelt menschliche Urerfahrung und nirgends eine negative Konnotation: »Muttersprache«, »Mutterbrust«, »Mutterwitz«, »Mutterinstinkt«, »Mütterchen Rußland«, »Mutter Gottes« ... Mutter-X steht immer für Hilfe, Schutz, Verständnis, lebenslange Bindung. Und so ist es kein Wunder, daß Melanie in tiefster Verzweiflung diejenige Instanz anruft, die für alle Gültigkeit hat und uns nichts versagt.

Was mit ihrem Lied eigentlich passiert ist, wird nicht thematisiert, auch die Täter bleiben außen vor. Schließlich muß man nur hingucken (»Look«), um einen ersten Eindruck von dem Schaden zu bekommen. Wahrlich ermessen kann ihn der Hörer jedoch nicht, doch daß er groß sein muß, forciert sie durch die Wiederholung der gar nicht stummen Anklage (»done« betont durch die Oktave) und durch das »it's the only thing I could do half right«. Unwillkürlich ist der Hörer Zeuge eines unglaublichen Verbrechens, die einzige Fähigkeit – respektive deren Produkt – eines Menschen zu vernichten, gleicht einem Anschlag auf die Persönlichkeit als solche.

Folgerichtig übersteigert werden Tat und Opfer in der zweiten Strophe: »Look what they done to my brain, Ma«. Die mentalen Fähigkeiten sind angegriffen, die Existenz zerstört. Was bleibt, ist die Flucht, die Flucht dorthin, wo es friedlich ist, wo keine feindlichen Kräfte hingelangen, wo der mütterliche Rundumschutz sicher wirkt: der Mutterleib.

Doch Melanie wählt einen nicht minder irrealen Zufluchtsort: »Wish I could find a good book to live in« und schlägt damit eine humoristisch-parodistische Kurve, die sich in einem Nebensatz schon vorher angedeutet hat: »I think I'm half insane«. Können Halb-Verrückte noch denken?

Während Gejammer an Mutters Rockschößen noch eine von jedermann nach-erlebbare Reaktion auf erlittenes Leid ist, zeugt ihr Vorgehen bei der eigentlichen Problemlösung nicht von der pragmatischen Intelligenz, die einen das Leben auf dem Weg zum Erwachsenendasein

Es gibt manches, was sich über Jahrzehnte nicht ändert:
Melanie – heute wie gestern.

lehrt. Flucht in die Irrealität, und zwar in eine absurd übersteigerte: Existenz als Fiktion, fingierte Realität. Die Medienwelt als erlebte Alternative. 30 Jahre später im Zeitalter von Cyber-Wirklichkeit ist dies erschreckend real. Doch für Melanie noch brauchbares Stilmittel auf dem steilen Weg zur Klimax der Absurditäten.

Es folgt der Tröstungsversuch, den Melanie im folgenden an sich selbst exerziert im Duktus des bemutternden »Es wird alles wieder gut, wenn …«. Ja, wenn! »If the people are buying tears« – unmögliche Bedingung, aber noch überraschender mutet das »Dann« an: »I'll be rich«. Reichtum als Ausgleich für erlittenen Schaden, insbesondere derart immateriellen Schaden spiegelt eine ganz und gar materialistische Weltsicht. Und das in Zeiten eines »Can't buy me love«! Spitze der Satire? Ende der kindlichen Hoffnung auf Gerechtigkeit?

Melanie gibt keine Antwort. Sie fällt zurück in ihre Klage, zunächst auf französisch und mit der expliziten Gut-Böse-Dichotomie: »Et ce n'est pas bon«. Nein, es ist nicht richtig, was sie tun. Es verdient Strafe. Dann refrainartig auf englisch: »Look what they done to my song« – und während der Hörer schon dem Ende harrt, bekommt er endlich eine genaue Beschreibung der Tat (»they tied it up in a plastic bag and turned it upside down«), die ihn noch hilfloser dastehen läßt. »So what?!« möchte man zunächst und spontan antworten. Doch zu chaotisch erscheint die Geschichte. Mehrfach um 180 Grad im Kreis gedreht, bleibt hinter allem Text nur dies süffig-eingängige »What have they done to my song, Ma« zurück. Wirklichkeit verwischt, Gefühle bleiben.

Doch was ist nun Ernst? Was Ironie? Wo steckt die tiefere Aussage, Melanie? »It's strange, but people are always trying to read deep meanings into my songs. Most of the time they don't have any meaning at all.« Wahrscheinlich ist das das Geheimnis des Erfolgs!

♫ **Mungo Jerry**
In the Summertime (1970)

Text und Musik: Ray Dorset

Your Washbrett ain't your Washbrett anymore

von STEFAN ERHARDT

»Gib mir mal den Krug rüber, Ray – «

»Is aber fast nix mehr drin, Colin –«

»Ich will auch noch'n Schluck, Jungs –«

»Ja, is ja gut, Paul, für dich reicht's grad noch –«

»Und ich?«

»Du hältst 'n Mund, Mike, du hast eh schon genug gesoffen von dem Zeug –«

»Hey Leute, es ist Sommer, die Sonne scheint, mein Auto ist frisch von der Werkstatt gekommen, und ihr sitzt hier rum in diesem beschissenen Keller und frotzelt euch einen ab.«

»Is gut, Ray, komm schon, wer wollte denn unbedingt üben?«

»Genau, Ray, jeden Tag üben – üben – üben, verdammt, wir sind 'ne Partyband und keine Scheißprofis!«

»Ja Scheiße, mit so 'ner Einstellung kommt ihr nie zu was!«

»Reg dich ab, Ray, nur weil du glaubst, du kannst den großen Hit landen, müssen wir hier jeden Tag im feuchten Keller von deiner Oma hocken und spielen, spielen, spielen.«

»Dabei liegt der letzte Auftritt jetzt schon zwei Monate zurück –«

»Oh Mann, erinner mich nicht daran, das war ja wohl das allerletzte –«

»Puh, hör auf, so was von Pleite, erst heißt es: wir sind

die Frontmen, und dann kriegen wir grad mal 'ne halbe Stunde – bloß weil der Typ von der Heilsarmee fand, daß seine Band besser Stimmung machen könnte!«

»Und die paar Pfund waren ja auch nicht das Gelbe vom Ei –«

»Ihr hättet nicht alles versaufen sollen, ich hab euch gesagt, die nehmens von den Lebendigen –«

»Komm, 'ne Veranstaltung zehn Jahre Heilsarmee Ortsgruppe Hampton Court, und dann kostet die Pint zwei Quid!«

»Das ist für'n guten Zweck, vielleicht hast du daran schon mal gedacht?«

»Ach, was denn für'n guten Zweck? Daß der Lümmel von Ortsgruppenleiter seinen Jaguar weiter fahren kann, he?«

»Das ist kein Jaguar, das ist ein Rover, und den hat er von seiner Tante geerbt!«

»Is mir doch egal, die wirtschaften auf jeden Fall ganz schön in die eigene Tasche –«

»Also das kann man so nicht stehenlassen, Paul, ich hab letztes Jahr nix mehr Warmes zum Anziehn gehabt, nachdem die mir den Laden weggenommen haben –«

»Au ja, Colins Beat Scheune – das war wohl nicht gerade der Renner!«

»Komm, ich hab die besten Scheiben gehabt, alles progressive Sachen, Stones, Doors, Iron Butterfly –«

»Du hättest nur die Finger von der Frau vom Verpächter lassen sollen –«

»– die allergnädigste Lady Rose!«

»Mann, die war so scharf, die stand so unheimlich auf die Byrds und die Burrito Brothers und Fairport Convention und das ganze Zeug –«

»Da hätt sie dir ja auch mal 'nen Wintermantel vermachen können, oder?«

»Das hat ihr Alter doch schon im Sommer mitgekriegt, da war ich doch schon weg vom Fenster, na und die Heilsarmee hat mir einfach so 'nen halben Kleiderschrank geschenkt.«

»Haste denen wohl 'n paar Boogies aufm Klavier vorgespielt, was?«

»Eh, du bist ja nur neidisch, weil ich so'n spitzen Wintermantel hab und du noch mit deinem abgefuckten Schaffell rumlaufen mußt –«

»Du kannst mich mal –«

»Hey, kein Streit, klar? Brechen die hier einen Glaubenskrieg vom Zaun wegen der Heilsarmee!«

»Man muß nicht in der Armee sein, um im Krieg zu kämpfen.«

»Ladies and Gentlemen, der philosophische Satz der Woche! Und schalten Sie auch beim nächsten Mal wieder ein, wenn es heißt: Mike Cole's Universum der Gedanken! Nur auf BBC One!«

»Das wär übrigens 'n guter Albumtitel –«

»Was? bist du bescheuert? wer kauft denn 'ne Platte, die ›The Universe of Thought‹ heißt?«

»Nee, ich mein' Mikes Spruch – You don't have to be in the army to fight in the war!«

»Ha, daß ich nicht lache, Ray spinnt mal wieder, der denkt schon an 'nen Albumtitel, und wir haben noch nicht mal 'nen Plattenvertrag!«

»Ja wirklich Ray, du machst den dritten Schritt vor dem zweiten und wirst dabei so was von auf die Schnauze fallen, weil du nämlich den ersten vergessen hast –«

»Ihr habt überhaupt keinen Ehrgeiz, oder? Ihr sitzt hier nur rum, leert eine Flasche nach der anderen statt zu üben, statt sich was auszudenken, wie wir 'nen Hit landen können, so 'nen richtigen Top-Hit, einen Chartbreaker, der sich gewaschen hat, aber ihr trüben Tassen laßt euch nur hängen!«

»Ich finde den Bandnamen nicht gut – ›Ray Dorset's Good Earth Jug 'n' Roll Bluesfolk Company‹, das kriegen die Leute nicht rein, wenn du verstehst, was ich meine.«

»Alright, alright, alright, jemand 'nen besseren Vorschlag? Habt ihr nämlich auch nicht!«

»Vielleicht kürzer – einfach nur The Good Earth!«

»Mann, dann können wir gleich bei der Heilsarmee anheuern!«

»Ich hab da neulich was von T.S. Eliot gelesen, so was über Katzen –«

»Wow, Achtung, Mike hat was gelesen!«

»Jetzt hör mal endlich auf mit deinen ewigen Sticheleien, Paul, du bist ja nur neidisch, weil Mike auch noch was anderes als Bieretiketten liest!«

»– und da kam so'n Tier vor, das hieß Mungo Jerry, also ich fand den Namen ganz schön –«

»Mungo Jerry – ist das der kleine Bruder von Tom und Jerry?«

»Ha-ha, Witz laß nach, der Name ist wirklich nicht schlecht, Mike –«

»Also gut, dann heißen wir ab sofort Mungo Jerry. Abgestimmt und beschlossen. Jetzt brauchen wir nur noch den Hit. Also los, nicht drängeln.«

»Den müssen wir schon selber schreiben.«

»Warum, Colin? Wir haben doch genug im Repertoire, da möbeln wir einfach 'nen ollen Klassiker 'n bißchen auf, San Francisco Bay Blues, oder Baby Let's Play House!«

»Nee, mit den ollen Kamellen ist doch nix anzufangen.«

»Jetzt fang bloß nicht schon wieder an von wegen wir müssen mit der Zeit gehen –«

»Aber klar doch, Mann, wir müssen mit der Zeit gehen und uns elektrische Instrumente zulegen, die andern machen das auch, Mann, schau sie dir alle an, Dylan, Beatles, Stones, die haben doch nur deswegen die Erfolge, weil sie elektrisch spielen!«

»Wir sind aber keine elektrische Band, wir spielen Folk und Skiffle, und da ist das Klavier noch aus Holz!«

»Ja, reg dich ab, Colin, ich find ja auch, daß wir nicht jeden Modescheiß mitmachen sollten.«

»Genau, Ray, warum ein Scheiß-Riesen-Schlagzeugset, wenn Joe mit seinem Waschbrett mindestens doppelt so schnell ist!«

»Der hat sich auch seit dem Gig damals nicht mehr blicken lassen, oder?«

»Joe Rush? Der ist jetzt bei Decca Records unter Vertrag.«

»Echt? Hab ich da was verpaßt? Mann, den müssen wir uns warmhalten, ruf ihn bei Gelegenheit mal wieder an, o. k.?«

»Mach ich, aber vorher sollten wir ihm was bieten können –«

»Wie, was bieten können?«

»Na 'n paar neue Stücke, sonst kommt der doch nicht, der hat sein eigenes Ding jetzt laufen.«

»Also gut, Jungs, 'n Hit muß her, das kann doch nicht so schwer sein – einfaches Schema, drei Akkorde, knackiger Text –«

»Am besten was, das die Leute immer wieder hören können, wie'n Weihnachtslied, das ist ja auch jedes Jahr.«

»Genau. Oder was über'n Winter, über Einsamkeit, Kälte, und nur die Musik macht uns warm –«

»Das ist mir zu kalt, das wollen die Leute nicht hören. Warum denn nicht über'n Sommer? Alle gehen raus, feiern, Party, easy living und so –«

»Das isses, Ray, 'n Song über'n Sommer und über Mädchen –«

»Yeah yeah! So vielleicht: im Sommer, wenn das Wetter spitze ist, du an nix als heiße Bräute denkst, nimmst 'nen Drink und fährst raus ins Grüne ...«

»... und wenn du dann eine triffst, läßt du dich zum Essen einladen, wenn sie Kohle hat, wenn nicht, dann machst du was anderes mit ihr!«

»He-he-he!«

»Ho-ho-ho!«

»... und zwar auf'm Parkplatz von der Schnellstraße!«

»Aah, da spricht der Kenner!«

»Komm komm, kein' Neid!«

»Da fehlt noch so'n bißchen was Rebellisches – so Easy Rider oder so, sonst klingt das ja wie 'n Song für 'n Jungen-Internat.«

»Wo warst du eigentlich auf der Schule, Ray?«

»Geht dich'n feuchten Kehricht an, Paul!«

»Der hat doch noch nicht mal die Fahrschule geschafft, hi-hi-hi!«

»Toller Witz, ey, Mike, wirklich sagenhaft lustig.«

»Nee mal im Ernst, Ray, hast du 'nen Führerschein?«

»Das ist doch jetzt völlig unwichtig, Mann, denk dir lieber was aus, wie wir den Text umsetzen können!«

»Wie wärs mit: wir lieben auch alle, aber wir machen, was wir wollen?«

»... denn das Leben ist zum Leben da, das ist unsere Philosophie ...«

»Genial, Mike, wo hast'n das her?«

»Also heißt das Ding jetzt 'Summertime', oder?«

»Nee, da gibt's doch schon so'n Stück, von so 'nem Yankee, 'n Klassiker ...«

»Na dann halt 'In the Summertime'!«

»Gebongt!«

»Stark!«

»Eh, ich hab 'n saugutes Gefühl! Das wird 'n Renner, sag ich euch.«

»Und die Musik? Text ohne Musik ist wie –«

»– Joe ohne Waschbrett!«

»Ha-ha-ha-ha ...«

»Hey Ray, du hast doch neulich so'n alten Skiffle-Boogie gespielt, was so wie 'n Kinderlied klingt, wie ging das nochmal?«

»Das Ding, das ich bei Onkel Winslow gehört hab?«

»Wer is'n Onkel Winslow?«

»Still, Mann, das ist sein Großonkel mütterlicherseits aus Kent, der ist Volksliedforscher und sammelt Blockflöten, hi-hi-hi ...«

»Na und? Andere sammeln überhaupt nix außer schlechten Erfahrungen.«

»Is ja gut, Ray, spiel das doch nochmal ...«

»Du meinst dieses Di-di DIH di-di da-da-di-da-di-dadi?«

»Ja genau, da läßt sich doch was draus machen: ›In the summertime, when the weather is fine‹ ...«

»Hey Mike, wach auf, wir brauchen dein' Baß!«

»Paul, es wär nicht schlecht, wenn du 'n bißchen was beisteuerst und nicht nur in die Flasche bläst –«

»Laß doch, klingt doch spitze! Das hat noch keiner auf 'ner Hitsingle gehabt!«

»Also meinetwegen, blas in die Flasche, bis du schwarz wirst!«

»Mach ich, Mann, dazu muß ich aber erst mal austrinken!«

»Das ist 'n gutes Stichwort, ich glaub ich brauch jetzt auch erst mal 'nen Schluck, ist ja richtig harte Arbeit hier!«

»Ich sag euch, das wird unsre Nummer eins! Damit lassen die uns sogar aufs Hollywood Pop Festival!«

»Ach ja, Ray, du warst immer schon ein bißchen spinnert ... Los, stimm deine Gitarre mal richtig und dann fangen wir an.«

♫ **Black Sabbath**
Paranoid (1970)

Text und Musik: Tony Iommi / Bill Ward/Terry Butler/John Osbourne

Ein Kellertreppenwitz der Geschichte

von JÜRGEN ROTH

Nachdem Pat Boone 1996 den wahnsinnigen Entschluß gefaßt hatte, ein Album mit Big-Band-polierten Metal-Evergreens aufzunehmen (»In A Metal Mood – No More Mr. Nice Guy« erschien 1997), ließ er es sich gleichfalls nicht nehmen, seine Recherche zum Problemphänomen Hard Rock / Heavy Rock / Metal Rock / Heavy Metal in einem der unterhaltsamsten Musikfilme der letzten Jahre zu dokumentieren. Dort ist ein Mann zu sehen, der wie wenige die Lager eint, die Religionsgemeinschaften der Diskurspoptheorie und der the house rockenden Esogemeinden, der gemütlichen Krawalliebhaber und der musikologisch-historiographisch orientierten Sammler: die gammeligste, verwaschenste, mürbste Stimme des Business, Ozzy Osbourne.

Osbourne indes beschied Boones Ansinnen abschlägig. Er, Boone, möge seinen fuckin' Scheiß ohne ihn, fuckin', veranstalten, dafür sei er, Osbourne, fuckin' nicht zu bekommen, zumal er, fuckin' damn', nicht mal mehr wisse, welche fuckin' Songs er überhaupt eingespielt habe.

Boone rekultivierte dennoch Osbournes Solotitel »Crazy Train«, ein schauderhaftes Stück scheint's ironiegesättigter Retroparodie wider Willen. »Let me see your fuckin' hands!« johlte derweil Osbourne den Tausenden »fuckin' motherfuckers« zu, die sich anläßlich des Reuniongigs der Urbesetzung von Black Sabbath nach Birmingham, dem Geburtsort der sog. ersten und einzigen und daher mutmaßlich einzig wahren »Schwermetaller« (Dietmar Dipp-Dart), verfügt hatten. Als Zugabe – »Let's go fuckin' crazy!«

(Osbourne) – knüppelten sie den 1970 auf ihrem zweiten Album »Paranoid« zwangsläufig vertretenen UK-Hit »Paranoid« weg, Devise: »Come on, fuckin' louder!«

»You are fuckin' brilliant!« höhlt Osbourne (vgl. »Reunion Live«, 1998) in die Arena. Anders urteilen Barry Graves und Siegfried Schmidt-Joos: »Black Sabbath verschwor sich 1969 in Birmingham zum totalen Rock und taufte sich nach einem Horrorfilm mit Boris Karloff. Ein Jahr später war das Quartett mit dem in zehn Minuten arrangierten Debilen-Trip ›Paranoid‹ auf beiden Seiten des Atlantik eine Hitband.« Osbourne, der seine Stimme, die jiept wie das gerade angeblich von ihm pausenlos on stage geköpfte Hühnchen, selbstverständlich als vollständig durchschnittlich bezeichnet, kann sich zwar nicht genau erinnern, schustert die Idee der Namensgebung aber Sabbath' frühverkalkten Bartbassisten Geezer Butler zu. Christian Graf und Burghard Rausch glauben an den Einfluß der »schwarzen Novellen von Dennis Wheatey«, während Jürgen Habermas dafürhält, Max Horkheimer habe zu lange »die dunklen Schriftsteller des Bürgertums« studiert.

Ich examinierte vor Adorno und Doro Pesch die erste Sabbath-Best-of-Kompilation »We Sold Our Souls For Rock 'n' Roll« (1976) – als Purpleianer, Freund des hellen Könnens, eine schwer dumpfe und bleierne Langweilererfahrung; da war wenig zu registrieren. »Paranoid« hatte (und hat) keine Idee, keine Dynamik, kein herausstechendes Moment artistischer Ambition, hatte (und hat) nichts und verhielt sich diametral zum zeitgleich erschienenen Monsterrocker »Speed King« der fünf majestätischen Briten. Und damit hatte es sich.

Allein, die Theorie des Rocksongs erzwingt Aufklärung über den Erfolg – und zumal den anhaltenden – eines dreiminütigen Wummerns; jenem eignen, »ob mit oder gegen Adorno« (*taz*, 22. Dezember 1998), laut Rudi Thiessen meditative Qualitäten, der Song verfolge überdies Erzählstrategien, die dem Freudschen Modell der interpretatorischen Verwandlung von Unbewußtem in kulturell wertvolle Analysen eines komplexen Empfindungszusammenhangs nahekämen. »Es gibt [...] die Übersetzung von Regression, von sich artikulierender Triebmacht, auf Grund der Durcharbeitung, die der Rocksong darstellt« – daraus resultiere ein sog. »Minutenkunstwerk«.

Wieviel Minutenkunst ist in »Paranoid«? Drei? Oder 4 Komma 27 (Version 1996/8)? Was wird da »durchgearbeitet«? Wie »durch« dünkt uns »Paranoid«? Medium?

Eher low. Raw-rough. Ungeschlacht. »Paranoid« demonstriert, was ein Stück ist, das nie geboren ward: der Plan mickrig, die Ausführung gigantisch dilettantisch, das Bluesschema auf den toten Hund der Guitar-shop-Amateure gebracht; der Sound breiig und verquallt. Black Sabbath ebneten für Punk und Grunge den Weg zum planen Gekloppe, darin etwaige »Botschaften« sich mitteilen via »Society-Schock-Texte« (Graf/Schmidt-Joos) und Hudeldudelsatanismus.

Sie konnten nie was, was kein Makel sein muß, aber zuweilen nervt. Als Kabaretttruppe genießen sie heute gerechtes Ansehen. Ihr »Greuelgehabe« und »Dampframmen-Rock« (Graf/Schmidt-Joos) wirkten stilbildend. Rätselhaft bleibt, wie aus einer »jazz fusion combo« (Martin C. Strong der doomy Laden zu werden vermochte, der in seinem »tongue-in-cheek protest against God« (Strong) sogar, überlegen wir rechtschaffen und richtig, »one of the most (in)famous metal songs of all time« (Strong) raushämmerte.

»Wir sind vielseitig. Wir könnten Jazz spielen, wenn wir wollten«, höhnte der taubste Finger des Gitarrenglobus Tony Iommi. Ausgerechnet die betondumme Komposition »Sabbath Bloody Sabbath« generiert 1996/8 Volkshochschuljazzelemente. Man begreift es nicht. Man begreift überhaupt nichts.

Außer Ozzy, the woozy Wizzard of Wozsolletzdes. Den schmeißt niemand um – während er die das muffichte Gelaß des Stopselrock beherrschende Combo wie eh und je instinktiv senil und sicher leitet und im Keller über seinen einen und einzigen und einzig wahren Rockwitz unaufhörlich lacht.

♫ **T. Rex**
Hot Love (1971)

**Text und Musik: Marc Bolan/
Tony Visconti**

Sie ist schneller als viele und sie lebt in Chile

von HANS ZIPPERT

Ich weiß nicht mehr genau, welches meine erste selbstgekaufte Platte gewesen sein könnte. Ich glaube, es war »Wandring Star«. Gekauft aus reiner Neugier, ob Lee Marvins Stimme auch in Wirklichkeit so klingen würde wie im Radio. Im Radio konnten sie mir ja alles mögliche erzählen, aber auf der Platte mußte es einfach echt sein. Lange davor, aber nicht selbstgekauft, gab es noch das schöne Lied »Lebewohl Winnetou«, dessen Text ich auch heute noch genauso gut kann wie »Herrn von Ribbeck« oder die »Loreley«, und davor kam »Gruß an Kiel«. Wunderbare Marschmusik, für die ich mich schwer begeistern konnte, obwohl ich dann später doch den Wehrdienst verweigert habe.

Daß trotzdem etwas zurückgeblieben war, mußte ich vor kurzem bei einem Aufenthalt in Paris zu meiner Schande bemerken. Angelockt von den Klängen einer Militärkapelle, steuerte ich wie ferngelenkt direkt auf das Pariser Rathaus zu. Meine konsternierte Familie zerrte mich nach zehn Minuten mit einiger Mühe zur nächsten Metro-Station – sie hielten mich für vollkommen verblödet. Das war ich wohl tatsächlich, aber nur vorübergehend, nur solange die teuflische Musik andauerte.

Absolut klar war ich dagegen achtundzwanzig Jahre zuvor beim Kauf von »Apeman« (Kinks), »What is Life« (George Harrison) und »Right Wheel, Left Hammer, Shame«, einem zu Unrecht vergessenen Werk aus der mittleren Phase der Tremeloes, das ich in Ilja Richters

Discosendung gehört hatte. Diese drei könnten alle den Anspruch erheben, meine erste Platte gewesen zu sein. Es gibt aber noch einen vierten Verdächtigen, den ich eher im Affekt als aus Neigung gekauft habe.

Mein Onkel hatte mich in die Stadt mitgenommen und war bereit, mir einen Wunsch zu erfüllen. Eine bundesdeutsche Stadt war Anfang der siebziger Jahre nicht gerade voll von Plattengeschäften, zwei Läden konnten den Bedarf einer ostwestfälischen Metropole mühelos decken, den Rest besorgten Radio- und Fernsehgeschäfte mit einer grotesken und dünnen Auswahl. An diesem denkwürdigen Tag befanden wir uns zu allem Überfluß in einer völligen Phonowüste, mein Onkel wollte schnell nach Hause, und auf dem Weg zur Bushaltestelle lag nur ein ziemlich schäbiger Fernsehladen. Draußen eine Handvoll Singles, darunter nur ein Titel, der mir entfernt etwas sagte, obwohl ich keine Musik damit in Verbindung bringen konnte. »Hot Love« von T. Rex. Mein Onkel gab mir das Geld, und schon im Bus war mir irgendwie unwohl bei dem Gedanken an die zu erwartende Musik.

Die Telefunken-Musiktruhe war nur monophon, hatte dafür aber einen wirklich satten Klang. Der Tonarm setzte mit dumpfem Knacken auf, der Arm ließ sich willenlos durch die Rillen treiben. Der gleiche Arm hatte mir bedenkenlos martialische Märsche und das heisere Knurren Lee Marvins übertragen, nun spielte er »Hot Love«. Es ging eigentlich gut los, das Intro fett von Streichern unterlegt, dann Bolans vibrierend brüchige Stimme, die einen Vers nach dem anderen provozierend durchzitterte, ohne allerdings irgendeinen erkennbaren Refrain anzusteuern, dann ein Schrei, ein Gitarrenbreak, und schon war eigentlich alles vorbei. Danach kam nur noch La la la lala lala, la la la lala lala, la la la lala lala, la la la lala lala …

Es dauerte endlos, und ich schwitzte vor Peinlichkeit. Schließlich war ich nicht allein. Meine Mutter und mein Onkel lauschten ebenfalls verständnislos den Worten beziehungsweise den Lalala-Lauten von Marc Bolan, und meine Mutter fragte mit einem mißtrauischen Unterton in der Stimme: »Das hast du dir ausgesucht?« Dachte sie etwa, mein Onkel hätte mir dieses Machwerk zugeteilt? Ich fühlte mich betrogen. Das war gar kein echter Popsong, höchstens ein halber, und er machte mich zum Gespött der Erziehungsberechtigten. Das schlimmste war, daß ich eigentlich genauso fühlte, es war mir jedoch unmöglich, mich hinzustellen und den Satz zu sagen, der alles klargemacht hätte: »Ihr habt doch keine Ahnung« oder »Was versteht ihr schon davon?«. Das war wirklich die größte und unverzeihlichste Gemeinheit von diesem Bolan, daß ich mich stellvertretend für seinen Mist schämen mußte.

Die Wahrheit allerdings lag irgendwo da unten. Ich war einfach noch nicht reif für Marc Bolans Botschaft, die direkt an meinen Unterleib gerichtet war, aber der befand sich noch in einer präpubertären Erprobungsphase. Ich ermittelte damals noch jede Woche meine persönliche Hitparade, ein wildes Gemisch aus Michael Holm, Jacques Loussier und Middle of the Road. Lustlos setzte ich »Hot Love« auf Platz eins, einfach weil es mein neuester Song war, und das taten die Briten auch. Marc Bolan war ein Superstar. Ich las eigentlich keine *Bravo*, aber als er auf dem Titel war, mußte ich mehr wissen.

Es waren zwei, aber der andere, der nicht Marc Bolan hieß, spielte Bongos und keine Rolle. In »Hot Love« gab es gar keine Bongos, aber vielleicht kamen die in der Telefunkentruhe nicht so richtig zum Tragen. Früher, als T. Rex sich noch Tyrannosaurus Rex nannten, gab es Bongos in jedem Stück. Vielleicht mußte Bolan diese später in Selbstverwirklichungskreisen hochnotorischen Instrumente immer um sich haben, sonst fiel ihm nichts ein. Und selbst mit Bongos war ihm nicht gerade viel eingefallen. »La la la lala lala!«

Ganz wirkungslos verhallte die Botschaft von »Hot Love« bei mir jedoch nicht. Schließlich hörte ich die Platte regelmäßig, wobei ich mich nur auf die erste Hälfte, das erste Drittel konzentrierte. Marc Bolan war ein gnadenloser Reimer. »She is my woman of gold and she's not very

M. B. übt auf der Freiluftgitarre.
Der Rolls-Royce wurde hier dezent aus dem Bild geschoben.

old ahaha« und noch dreister: »she is faster than most and she lives on the coast … ahaha«. Eigentlich verstand ich nur diese Zeile, und wahrscheinlich brach auch in diesem Augenblick meine Krankheit aus, die Simultanitis. So nennt man die zwanghafte Simultanübersetzung fremdsprachiger Texte.

Nehmen wir als Beispiel den Beatles-Song »All my loving« mit der Zeile »Close your eyes and I'll kiss you / tomorrow I'll miss you«. Das hören und folgendes denken ist eins, wenn man an Simultanitis leidet: »Schließ die Augen und küss' mich / du weißt ich vermiss' dich«. Anderes Beispiel: »I've been in the desert on a horse with no name / 't felt good to be out of the rain« wird zu: »Ich war in der Wüste auf dem namenlosen Pferd / fand es gut daß mich kein Regen nicht stört«. Marc Bolans Killerzeile gerann in meinem gestörten Hirn zu: »Sie ist schneller als viele und sie lebt in Chile«. Kommt der Sache eigentlich ziemlich nahe, Chile besteht doch fast nur aus Küste.

Das alles tat Marc Bolan mit mir durch die Kraft seines Liedes, seines halben Liedes, denn die »La la la lala lala«-Passage verschmähte ich weiterhin. Zur Konfirmation bekam ich genügend Geld, um mir ein Uher-Vierspurtonbandgerät zu kaufen. Eine meiner ersten Aufnahmehandlungen war, immer nur »lalala« hintereinanderzuschneiden, immer nur »lalala« auf allen Spuren. Es klang grauenvoll, es klang entlarvend, aber das hatte Bolan nun davon, mir so ein dürftiges Lied zu verkaufen. Es war natürlich die primitive Rache meines unwissenden Unterleibs, die sich in dem Vierspurgerät kanalisierte.

Heute ist das alles anders, ein Vierzehnjähriger, der sich heutzutage ein Vierspurtonbandgerät kaufen will, wird zu seinem eigenen Schutz sofort in eine Nervenheilanstalt eingewiesen. Denn der Besitz eines Tonbandgerätes konnte einen schier zum Wahnsinn treiben, vor allem, wenn es von Uher war. Ich verbrachte zum Beispiel Wochen vor dem Radio, nur um den ersten Beckenschlag von Ringo Starrs »It don't come easy« aufzuzeichnen. Es ist mir nie gelungen. Ich hätte einfach die Single kaufen und die gesparte Zeit in meinen Unterleib investieren sollen, aber Simultanitis und Tonbandfieber hatten meine Sinne verwirrt. Marc Bolan war daran mit Schuld.

Dann kam allerdings etwas, womit ich nicht rechnen konnte. T. Rex veröffentlichte »Get it on« und alles war vergeben und vergessen. Das war so eindeutig, so glasklar ein Monsterhit, daß selbst ich sofort überzeugt war. »Get it on« blieb zirka zwölf Wochen auf Platz eins meiner Charts und das zu Recht. Ein Stück voller Erhabenheit und Schwüle, das sich der Simultanitis widersetzte. »Bekomm es an« oder was sollte das heißen? Marc Bolan bevorzugte eine für mich jedenfalls ziemlich verschlüsselte Sprache. Das Wort »Jeepster« habe ich nie zuvor und nie danach mehr gehört, und was war ein »Metal Guru«?

Seine beste Zeile sollte ihm erst noch einfallen: »I've got a Rolls Royce, cause it's good for my voice«. Das war in »Children of the Revolution«, aber da hörte ich schon »progressive« Musik. Marc Bolan machte »Kommerzscheiße« und war nicht mehr akzeptabel. Ein Stück von T. Rex zu hören, das war immer so, wie die Tür zu einem Badezimmer zu öffnen, in dem sich kurz vorher jemand sehr heiß geduscht und anschließend mit dem damals noch nicht erfundenen »Joop« parfümiert hatte. So hat vor ihm und auch nach ihm keiner mehr ein Badezimmer benutzt.

Verließ Marc Bolan diesen Raum auch, wie er ihn vorzufinden wünschte? Das kann ich nicht beurteilen, jedenfalls endete sein Leben durch einen Baum, der sich dem Wagen, in dem er als Beifahrer saß, in den Weg gestellt hatte.

♫ Cat Stevens
Morning Has Broken (1972)

Text und Musik: Cat Stevens/ Eleanor Farjeon

Der Käpt'n Ahab für die Folkrock-Girlies

von RAINER SPREHE

Es bricht so einiges durch im Verlaufe eines Jahrzehnts. Die holde Morgensonne, manch' Schlagersternchen, auch Wurmfortsätze gerne, allesamt schaffen sie mitunter den Durchbruch. Auch in den 1970ern war das nicht anders. Als prädestinierteste Spielwiese für derlei Tätigkeit galt damals das Rasenkarree des Mönchengladbacher Bökelbergs. Unentwegt brachen die beschwingten Konterattacken der jungen, niederrheinischen Wilden durch verdutzte Abwehrreihen. Einmal brach hier selbst ein Torgebälk. Und schließlich, recht glatt und doch schmerzhaft, ein Bein des Vogtsschen Hans-Hubert. Respektive dessen aktive Laufbahn.

Keine nennenswerten Durchbrüche verzeichnete in jener haarigen Zeit jedoch die bemannte Raumfahrt. Stand die vorhergehende Dekade bereits für den Mond und für den darauf herumhopsenden Neil Armstrong, so hätte man nun schon Namensvetter Louis auf den Mars jagen müssen, um derlei noch zu toppen. Nur war ersterer längst nicht mehr ganz taufrisch und letzterer immer noch ein bißchen zu entlegen. Überhaupt galten Mumm und Draufgängertum bestenfalls noch als Tertiärtugenden.

Und doch hätte man es zumindest wagen sollen. Vielleicht wäre uns so in den Folgejahren einiges an tönendem Wehklagen erspart geblieben. Zumindest aber hätte das folgende Bewerbungsschreiben Eingang in die Personalakte der zuständigen Raumfahrtbehörde gefunden:

Fulham im Dezember 1972

Werter Herr, werte Dame, liebe Bodenstation,

Mit Freude entnahm ich der Tagespresse, daß Sie eine bemannte Raumkapsel gen Mars zu entsenden streben. Eine höchst formidable Idee!

Sie werden jedoch festgestellt haben, daß Ihr favorisierter Passagier, der geschätzte Louis Armstrong, unlängst von uns gegangen ist. War er nicht eh ein bißchen betagt, auch übergewichtig noch dazu? War der Satchmo nicht ein Jazztrompeter, folglich eine hibbelige Nervensäge? Einer, der kirre würde, so lang allein in einer Kapsel?

Ich aber, ich bin die Ruhe selbst. Ich kann stundenlang schweigend Löcher in die Luft starren, während sich um mich herum Londons Pop-Schickeria um den Verstand vögelt, schnupft oder mal auch einfach nur brabbelt. Ich bin zutiefst versiert in Zen, in Taoismus und all dem asketischen Brimborium der Meditation. Nicht daß so etwas Spaß machen würde. Doch längst wurde ich gewahr: eine gesunde Portion Autismus, die stilisierte Geistesabwesenheit kommt einfach an. Beim weiblichen Publikum, das meine Produkte zu Millionen kauft und daheim schmachtend verzehrt. Und hoffentlich auch bei Ihnen, verehrte Behörde für das Interplanetare.

Doch was das wichtigste ist: der Respekt, die Liebe für Gottes Schöpfung sollte es einem schlichtweg verbieten, mit Pauken oder in diesem Falle wohl eher mit Trompeten gar in fremden Welten einzufallen. Die Backen dick machen und in die Tröte blähen – so begrüßt man doch keinen Fremden! Nicht einmal einen unbekannten Planeten.

Preisen hingegen sollte man die neue Welt, das Unentdeckte, das Unschuldige, das Gebenedeite. Voller Demut, mit Ergriffenheit und einem feinen Liedlein auf den Lippen sollte man auf den jungfräulichen Himmelskörper treten. Und so wäre gerade ich denn ein formidabler Repräsentant des Irdischen. Nicht nur mein shampoonierter

Bart wäre eine Zier, sondern auch meine Bescheidenheit, meine Gitarre und mein lieblicher Gesang.

Summend soll sich die Luke meiner Kapsel öffnen, den Blick freigebend auf das Überwältigende im Dämmerlicht, auf dieses unendliche, gerad' erwachende Gran Canaria, das wir Mars rufen. Lautlos würde ich dann in die atemberaubende Szenerie gleiten. In der Rechten die Gitarre, in der Linken den gefiederten Freund. Perfekt soll das Timing sein. Denn schon würde über dem Planeten die Sonne aufgehen, und dem Milliardenpublikum vor den TV-Geräten das Herz. Es ist Stille auf der Erde, nur ein atemloses »Hach« aus unzähligen Seelen. Es ist Stille auf dem Mars, nur ein freundliches »Tschiderie«. Oder wie macht die Nachtigall?

Und was mache ich? Natürlich was ich immer tat. Sanft streichle ich die Saiten und erhebe mein zartes Organ. »Mooorning has brooooken like the first moohoohorning«, so ginge das, und auch meine Stimme, so weich gehaucht, scheint fast zu brechen, rettet sich dann aber doch erleichtert ins »Blackbird has spoken like the first bird«, was er dann auch hoffentlich tut, der Piepmatz. (Etwaige Versuche am Tier dürften jedenfalls erst auf dem Rückflug vorgenommen werden.) Und auch weiterhin werde ich dann noch so allerlei preisen in meiner freudigen Erregung: »Sweet the rain's new fall... like the first dewfall...«, denn zu Tränen gerührt sind Gott und Planet. Und auch wenn ich das Klavier und Rick, den Tastenmann, wohl über Bord werfen muß, und auch wenn mir der beschwingte Piano-Part dort droben mächtig abgehen wird, kommt es aus mir heraus, besoffen vor Freude: »Mine is the sunlight, mine is the morning«, und aus Ihnen hoffentlich die Replik: Yours is the job.

Doch verzeihen Sie, bisher vergaß ich ganz, mich vorzustellen. Mein Name ist Stevens, Cat Stevens wohlgemerkt. Die schwedische Mutter warf mich, injiziert vom griechischen Papa, 1948 in die auffangbereiten Arme einer sohoschen Amme. Sie sagten: »Huhu, du bist jetzt der Steve Georgiou.« Doch sowas schreibt man ja nicht auf Platten-Cover. Viel zu lang spülte ich darum das Geschirr im elterlichen Etablissement auf der Shaftesbury Ave, einer hitzigen Gyros-Schmiede mit dem irreführenden Namen Moulin Rouge.

Dann aber sagte die Freundin: »Mannomann, wie du deine Augen zusammenkneifst, die dunklen und unergründlich müden. Mich dünkt, du bist eine Katze insgeheim.« Noch ganz andere und sehr viele fügten hinzu: »Du singst ja herzallerliebst, mein Junge. Mach' das doch professionell.« Und im Nu ward ich ein britischer Barde. Und schweinisch erfolgreich noch dazu. Ein Teenie-Bopper-Megaseller über Nacht. Und das alles im Rahmen der klassischen Tellerwäscher-Nummer.

Doch flugs kam die Krankheit. Gott schickte die Tuberkulose, mich zu strafen. Denn ich übertrieb den Exzeß im Überschwang des ersten Erfolgs. Beinahe raffte es mich dahin. Doch mit der Besinnung hielt auch die Kraft Einkehr. Putzmunter bin ich deshalb heute wieder. Gestählt sind Leib und Geist. Die Welt lauscht meinen Weisen. Die Welt liegt mir wieder zu Füßen. Jetzt muß ich nur noch nach den Sternen greifen. Sie sehen: ich bin Ihr Mann.

Freundlichst,
Euer Cat

Raumfahrtbehörden sind ja nun ausgewiesene Trutzburgen des Schweißausbruchs und der schlechtsitzenden Anzüge. Deren Insassen sehen also zwar oft genug aus wie Rudi Carrell, benehmen sich aber meistens nicht so. Hanebüchene Träume erfüllen? Nicht mit uns! Die Antwort ging deshalb wohl so:

Cape Kennedy, Januar 1973

Lieber Herr Georgiou oder Stevens,

Mit Freude nahmen wir zur Kenntnis, daß unsere Arbeit auch jenseits des Atlantiks gewürdigt wird. Und das gar von erlauchtester Prominenz. Mit großem Interesse lasen wir deshalb unlängst Ihr Bewerbungsschreiben bezüglich der anstehenden Mars-Mission.

Sie haben hoffentlich Verständnis, daß wir zunächst einige Nachforschungen über Ihre Person anstellen mußten. Denn die Forschung ist unser Job, für den wir bezahlt werden. Außerdem sind wir uns sogar ziemlich sicher, daß Sie Verständnis haben. Denn davon singen Sie ja ständig. Und das bewerkstelligen Sie in der Tat nicht gerade wie ein Unhold, wie wir neidlos anerkennen müssen. Auch jene Eleanor Farjeon, der Sie Ihr andächtiges Liedchen raubten, mit dem Sie den Mars beglücken wollen, kann sich da überhaupt nicht beklagen. Zumal sie derweil, Gott hab' sie selig, längst nicht mehr um Tantiemen streiten kann.

Andere aber, die lebendigen Ihrer Zuträger und Gehilfen, klagen heftigst. »Der tickt nicht ganz richtig«, heißt es oft genug. Oder: »Auf der Bühne döst er, hernach tobt er.« Man sagt, Sie seien wie Ahab, der Käpt'n und Häscher des Wals. Etwas besser aussehend natürlich. Mit mehr weichspülendem Appeal. Die Augen nicht von so stechender Kälte. Doch nicht minder besessen, nicht minder paranoid, wenn es Sie post concertum urplötzlich aus der Entrückung reißt und Sie die pflichtbewußten Techniker anbrüllen, es sei doch wohl unerhört und schlimmeres, einfach in Ihr heiliges Rampenlicht zu tapsen. Vom Astronauten aber verlangen wir Gehorsam und die Fähigkeit zur Teamarbeit, nicht den Hang zur Allüre. Mit Ihnen als Kommandant hingegen wäre die schaurige Katastrophe wohl vorprogrammiert.

Ahab, Ihr Alter ego, bewies wenigstens, daß man auch auf einem Bein durchaus stehen kann. Aber so wie Sie es sich angewöhnt haben, so kann man sich nun wirklich nicht hinsetzen. Überhaupt sollten Sie froh sein, daß es sich beim »Sitzen« um einen Sammelbegriff handelt. Auf allen Ihren Fotografien ist es dasselbe: halb hängt er lethargisch, der Herr Stevens, halb sinkt er hin. Wie der Nils Holgerson-artige, der im gewagten Beinkleid auf dem Cover Ihres jüngsten Longplayers kauert: die Knie zum X geschoben und auch mit nach innen weisenden Fußspitzen. Ein konturloser Haufen memmigen Elends, ein – verzeihen Sie den Begriff – schwuchteliges Weichei aus Fleisch und Blut. Das schelmische Lächeln macht es auch nicht besser. Sie sagen, Sie seien unser Mann. Wir aber müssen zurückfragen: ist der Bart überhaupt echt?

Und so, werter Herr Stevens, bedauern wir zutiefst Ihnen mitteilen zu müssen, daß … Ach, lassen wir doch die letzten Reste der gekünstelten Etikette einmal beiseite. Nein, nein und nochmals nein. Wir kennen Dich, Du Schlawiner. Schließlich warst Du im TV. Und das nicht zu knapp. Du sangst »Morning has broken«. Du glaubtest, es werde Licht. Du hofftest, die lauschende Menschheit werde zur andächtigen Gemeinschaft strahlender, reiner Seelen, von allen dunklen Schatten befreit. Doch immer, wenn Du auf die Bühne schlichst, verfinsterte sich im Nu der Himmel. Denn imposant war stets Dein Haarwuchs, Deine Frisur mächtig genug, um eine lokale Sonnenfinsternis auszulösen.

Auf dem Nachbargestirn jedoch wäre derlei fatal. Wir verpulvern doch nicht unseren Etat, nur damit aus tiefster Finsternis ein schwülstiges Geträller erklingt. Da legen wir ja dann lieber doch Dein Album auf, starren auf das sich drehende Vinyl und halten uns an den Händen.

Ergebenst,
Deine Bodenstation

Tief gekränkt wohl, so ist zu befürchten, wäre der Applikant der Halluzination anheimgefallen. Von Ufos verfolgt hätte er sich gefühlt und mediokre Songs darüber verfaßt, um sich schließlich devot in die Fänge des Fundamentalismus zu werfen.

Aber so ist es dann ja schließlich auch gekommen. Als Yusuf Islam gab er unlängst einen neuen Titel zum besten: »We could start preaching on Mars as soon as we got the visa«. Der Durchbruch wird kommen, Steve. Die doppelte Staatsbürgerschaft wird dein sein. Intergalaktisch!

♫ Middle of the Road
Chirpy Chirpy Cheep Cheep (1971)

Text und Musik: Harold Stott/ Giacomo Tosti

Auf der Mittelspur nach oben

von BERND HERBON

Zu dieser Musik nicken Plüschdackel. Es ist dieser Rhythmus, bei dem jeder mit muß: auf der Hutablage, Richtung Süden bei Tempo 110. Stur auf der Mittelspur. »Wo fährt die Mama hin?« quengelt es vom Rücksitz. Die Antwort: »Weit, weit weg!« Zweite Einvernahme: »Wo fährt der Papa hin?« Diesmal schallt es etwas brummiger von vorne links: »Weit, weit weg!«

Jeder Nordeuropäer kennt diesen touristischen Initiationsritus. Bei Nacht und Nebel aus dem Kinderbett gehoben, zwischen Thermoskanne, Koffern und Kotztüten in ein Gefährt gezwängt, vom Rollen der Reifen und dem Ächzen der Achsen in eine tagelange Transit-Trance versetzt, von einsilbigen Erwachsenen in unbekannte Lande verschaukelt. Einmal im Leben, eher noch einmal im Jahr, geht es der Sonne entgegen. Seit Jahrhunderten folgt man dem Drang nach Süden, dem bewährten Treck. Ob mit Kutsche, Käfer, Opel Kapitän oder Caravan. Bei den englischen Romantikern hieß das »Grand Tour«, bei den deutschen Klassikern »Italienische Reise«, bei den Heutigen schlicht »Schulferienbeginn«.

Das Ziel ist ein Traumland, in dem die Bewohner vermeintlich ärmer, Gefühle und Gefilde dafür wärmer sind. Immer wieder wußten Nordmann und Nordfrau ein Lied von ihrer Sehnsucht zu singen. »Kennst du das Land, wo die Zitronen blühn«, dichtet der Individualreisende Johann Wolfgang von Goethe aus Weimar. »Wenn ich ein Vöglein wär« zwitschert ein gewisser Taugenichts bei Eichendorff. Und wie ein ferner Nachklang tiriliert es 145 Jahre später in deutschen Hitparaden: »Chirpy Chirpy Cheep Cheep«.

Sally Carr hieß die Lerche, die sich im sommerlichen Reiserummel des Jahres 1971 auf Platz zwei der Charts emporschwang. In England erklomm sie mit ihren Begleitern Ken Andrews, Ian und Eric Lewis sogar die Top-Position. Als Middle of the Road machten die kurvige Blondine und ihre Kollegen mit den Brummifahrer-Mienen fortan Musik zum Abnicken. Ohne Schlenker, ohne Geschwindigkeitsübertretung, ohne Risiko. Stetig wie eine sonntägliche Autobahnfahrt mit eingerastetem Tempomat.

Dabei schien alles viel waghalsiger zu beginnen. Wie alle nordischen La-Dolce-Vita-Lemminge hatten sich die vier Schotten auf die Straße geworfen und gen Süden gestürzt. Ihr Ziel: Italien. Ihr Motto hatten sie bei Eichendorff geklaut: »Geh auch einmal hinaus in die Welt und erwirb dir selber dein Brot.« So tingelten sie als Showband zu Europas Stiefel, spielten unterwegs in Rüschenhemd beziehungsweise Minikleid immer denselben Rumba-Rassel-Rassig-Stiefel als Los Caracas, im Musiktrend links überholt von röhrenden Rockern, rechts überholt von fistelnden Folklore-Freaks.

Kaum hatten Los Caracas aus den Highlands die Poebene erreicht, begegneten sie einem weiteren Archetypus aus dem nordmännischen Reiselegendenschatz – von Generation zu Generation im Schein der Lagerfeuer und Diaprojektoren weitergegeben. Ihre Kasse war leer, und sie weit, weit weg von zu Hause. »Where's your money gone?« hätte das Quartett nun in die Mikrofone schluchzen können. Doch die Saga ihres Ruhms will es anders. Ein nordländischer Plattenproduzent auf Urlaub soll die abgebrannten Musiker erst ge-, dann erhört haben. Er schickte sie mit einem Song ins Studio, den sie in Italien aufgeschnappt hatten: »Where's your momma gone?« oder »Chirpy Chirpy Cheep Cheep«.

Mit einer Stimme, die jede Salami sofort in Scheiben

zerlegt hätte, erzählte Sally Carr nun aller Welt die Geschichte von Baby Don. Ein fröhliches Lied mit einem verstörenden Text. Schließlich waren dem kleinen Don die Eltern abhanden gekommen. Hatten die Erziehungsberechtigten ihre Aufsichtspflicht verletzt? Den streunenden Sprößling während einer Pinkelpause an einer Autobahnraststätte zurückgelassen? War die Cosa Nostra im Spiel? Würde aus dem armen Waisenkind Don dereinst ein mächtiger Don werden, gegen den Al Capone und Don Corleone Waisenknaben waren? Oder handelte es sich um einen Fall von Nestflucht? Um unterlassene Alimentezahlungen im Tierreich? Um einen Jungvogel, der den Zug nach Süden verpaßt hatte?

Die heitere Note des Refrains zerstörte jedoch alle Befürchtungen. Der Beat klopfte unbeirrt den Gedanken an unbeschwertes Unterwegssein fest. Mit dieser Marschrichtung profilierte sich Middle of the Road in den nächsten Jahren als singende Urlaubspostkarte. Die Gruppe schickte Grüße aus dem sonnigen Frankreich (»Soley, Soley«, »Bonjour, ça va«), aus den Vereinigten Staaten (»The Talk of All the U.S.A.«, »Sacramento«), dem heimischen Schottland (»Tweedle Dee, Tweedle Dum«) und sogar aus Venezuela (»Kailakee, Kailakoo«).

Der Informationsgehalt der Texte entsprach dem der üblichen schriftlichen Mitteilungen von Feriengästen an den daheimgebliebenen Anhang. Die Fremdsprachenbeherrschung beschränkte sich auf die einfachsten idiomatischen Souvenirs (»Bonjour ça va – comme ci, comme ça«). Die Refrains und Songtitel entstammten mit ihren Silbendopplungen und Reimen einem internationalen Touristen-Pidgin. Die Botschaft variierte eine Erkenntnis ihres Hits »Yellow Boomerang«und sprach allen reisenden Nordmenschen aus tiefstem Herzen: Draußen in der Welt ist es schön, am schönsten aber ist es zu Haus.

Etwa fünf Jahre reiste Middle of the Road auf diesem Urlaubsticket. Dann wurde es still um die Truppe. Jugendliche fanden inzwischen andere Wege in den Süden. Sie verreisten in »groovy« Jugendcamps großer Reiseveranstalter, die in Fernsehspots mit dem vertrauten Jingle »Soley, Soley« warben. Oder sie trieben sich per Interrail in ganz Europa herum, vernebelten die Zugabteile mit selbstgedrehten Zigaretten, Bob-Dylan-Songs und Led-Zeppelin-Riffs.

Doch unweigerlich kommt die Zeit, wo man gern die alten Urlaubserinnerungen hervorkramt. Etwas verwittert, ein bißchen ausgebleicht sind die Fotos, aber sie riechen nach unbeschwertem Unterwegssein. Ebenso haben findige Veranstalter die herbstlichen Heroen des Sommer-Sonne-Soundtracks hervorgekramt: etwas verwittert, ein bißchen ausgebleicht. Im Oldie-Mehrfachpack beschwört Mungo Jerry auf ewig »In the Summertime«, und Middle of the Road läßt in Mehrzweckhallen »Soley, Soley« strahlen. In Frankfurt, Bad Segeberg oder Köln-Nippes. Auch jetzt ist Middle of the Road mit Sicherheit irgendwo unterwegs. Stur auf der Mittelspur. Richtung Süden.

♫ **Neil Young**
Heart of Gold (1972)

Text und Musik: Neil Young

Ein Mann geht aufs Ganze

von JOHANNES JOHN

Wenn es dann einmal jene Anthologie der dämlichsten Zeilen und Strophen der Rockmusik – auch so ein Desiderat – geben wird, Neil Young hätte darin seinen festen Platz. Etwa mit der ersten Strophe von »Someday«, aus dem Album »Freedom« von 1989: »Rommel wore a ring around his finger / he only took it off, when he flew his plane. Once he told me why, he said we all have to fly: someday.« Was für ein herrlicher Unfug, in seinem prätendierten Tiefsinn unüberbietbar blödsinnig, und zugleich von einer Unschuld, die weitere derbe Späße verbietet.

Denn der Mann meint es so, hat es immer so gemeint und das schon seit »Harvest«, das 1972 »After the Goldrush« (1970) gefolgt war, und spätestens hier beginnen ja die Gewissensfragen: Womit führt man ihn ein, womit stellt man ihn vor, was ist eigentlich sein repräsentativer Hit? »Heart of Gold«, eben von »Harvest«, oder aber das sieben Jahre später auf »Out of the Blue« veröffentlichte »Hey, Hey, My, My«, dessen dumpf dröhnendes Eingangsriff kongenial neben den anderen unsterblichen Akkord-Ikonen der Rockmusik – »Smoke on the Water«, »Sunshine Of Your Love« oder »Satisfaction« – stehen kann. Ein schweres Intro, das auf den nachfolgenden Frontalangriff vorbereitet, der assistiert von den »Crazy Horse«, welche unter seinen Begleitcombos für die schwereren Waffen zuständig sind, dann auch von unten, oben und seitwärts über uns hereinbricht. Neil Youngs Hommage an den Punk und dessen Protagonisten: »The king is gone but he's not forgotten / This is the story of Johnny Rotten...« Um das längst zum Zitat gewordene Fazit zu ziehen: »It's better to burn out than it is to rust« (beziehungsweise »... than to fade away«, wie es in der ersten Strophe). – Hier sanftes Greinen, dort die Brachialattacke: und beides gehört zusammen!

Eben nicht Dr. Jekyll und Mr. Hyde: hier der eigentlich gute, unschuldige Doktor und dort sein zum Monster mutiertes Alter ego. Nein, wo Neil Young draufsteht, ist Neil Young drin, hundertprozentig, ungeteilt. Der Mann geht aufs Ganze, immerdar: in seiner Erhabenheit ebenso wie in seiner periodischen Unerträglichkeit.

Und eigentlich ist's ja ein Wunder. Denn vielleicht hat's kaum je einen gegeben, der sich zum Rock- oder gar Popstar weniger eignete; nicht nur, daß Neil Young – am 12. November 1945 in Toronto geboren – nicht unbedingt schön anzuschauen ist und manchmal auch als jemand daherkommt, dessen Wege man des Nachts nicht unbedingt kreuzen möchte. Auch soll er, wenn's ihm grade nicht gut geht, alles andere als einfach sein, wie Auftritte und Backstage-Rumours aus den Ensemblezeiten von Crosby, Stills, Nash & Young vielfach bezeugen: der Mann hat ein Ego und das nicht zu knapp. Und die Stimme ist zu Anfang, gelinde gesagt, gewöhnungsbedürftig.

Das gilt insbesondere dann, wenn sie – etwa auf der Suche nach einem »Heart of Gold« – vom Mehltau der Melancholie überzogen ist und dem latent Depressiven, das schon die ersten, eigentümlich gedämpften Gitarrenakkorde transportieren, noch eins draufsetzen: »I want to live / I want to give / I've been a miner for a heart of gold...« Daß diese Suche bislang vergeblich war, lassen schon diese ersten Zeilen erkennen. Auch die Mundharmonika steigt nicht auf ins Freie, sondern bleibt knapp über dem Boden. Wie man ihm denn auch kaum einen Halbsatz auf »Harvest« so sehr glaubt wie jenes »... but I'm so down today« aus »Out in the Country«. Der Mann hat einiges durchgemacht, und selbst auf dem Land, wohin damals – »Are you ready for the Country?« – durchaus generationen- und zeittypisch die Flucht ging, was Young repräsentativ reflektierte, sind die Wunden, Narben und Verluste lausiger Zeiten in kalten Metropolen nicht vergessen: »I've seen the needle and the damage done ...« Und wenn Neil Young seinerzeit und überhaupt je ein Hippie war, dann ein höchst sentimentalischer.

Nein, der Mann versteht keinen Spaß, wie man Humor oder Selbstironie auf diesen frühen Platten vergeblich suchen wird: was bei völligem Verlust kreativer Selbstkontrolle dann auch zu schlimmen Exzessen wie dem nur schwer aushaltbaren »A man needs a Maid« führt. Der Mann geht, wie gesagt, aufs Ganze, weshalb ihn Spex im Juli 1987 auch als den »derzeit größten, lebenden, aktiven Musiker der Generation« bezeichnete, »die noch den Krieg mitgemacht hat«. Oder sollte man sagen: Kriege? Oder: diverse Höllen?

Denn was er macht, macht er ganz und gar, ob nun quälende Krisenanalyse auf »Tonight's the Night« (1975), Vocoderspielereien auf »Re-ac-tor« (1981), Electronic-Experimente wie auf »Trans« (1982), Rockabilly-Reminiszenzen auf »Everbody's Rocking« (1983), lupenreine Country-Ausflüge auf den »Old Ways« (1985), Begegnungen der Generationen wie mit Pearl Jam (1995 auf »Mirrorball«) oder ohrenbetäubender Rock 'n' Roll hart an der Grenze körperlicher Unversehrtheit (»Live Rust« 1980, »Weld« 1991 oder andere Konzert-Mitschnitte). Der Mann schont nichts und niemanden, und sich am allerwenigsten.

So ähneln diese Experimente an lebenden Körpern dann zumeist auch veritablen Sturmangriffen auf alles, was sich bewegt. Ich erinnere mich noch an den Konzertkombattanten, der im Juni 98 in Hamburg neben mir auf Dylans Auftritt wartete und in einem Mittelding zwischen Faszination und Schaudern von Neils letztjährigem Auftritt, wohl auch in Hamburg, erzählte, den er verlassen mußte, weil dieser »letzte Büffel des Rock 'n' Roll« (so Die Zeit) vor allem mit Hilfe diverser Rückkoppelungen ein Soundgewitter entfesselt habe, das – so der

Von drauß' vom Walde komm' ich her oder
This man can do no wrong

Kriegsberichterstatter – schon bald zu heftigsten Magenkrämpfen geführt habe. Und ich erinnere mich an Young & Crazy Horse im Münchner Deutschen Museum am 18. Mai 1987, erinnere mich an »Like a Hurricane«, von seitlich fegten Windmaschinen pflichtschuldigst den

Sturm auf die Bühne, und geduckt gegen diesen Schwall ankämpfend inszenierten Frank Sampedro (g), Ralph Molina (dr), Billy Talbot (b) und Derwisch Neil einen universalen Kampf von attischer Größe.

Ein Kampf, der auch gegen das Böse in der Welt (»Cortez the Killer«), die Geister der Vergangenheit wie die Unbilden der Gegenwart ausgefochten wird. Und wenn Crazy Horse – trotz den »Stray Gators« oder zuweilen auch »Booker T. and the M.G.'s« Youngs beste Backing-Group – in Fahrt kommen, wird's im Glücksfall ein wahrhaft unvergeßliches Naturereignis. Neil Young ist der gewalttätigste und dabei leidenschaftlichste Gitarrist, der mir bislang untergekommen ist, und zusammen mit den »Horse« hat dieser Haudegen einen Live-Sound kreiert, den man unter Dutzenden heraus erkennen kann, auch wenn er in seiner Variationsbreite durchaus limitiert ist. »It all sounds the same«, ruft zu Beginn eines auf »Year of the Horse« (1997) dokumentierten Konzerts jemand aus dem Publikum nach vorne, worauf Neil Young repliziert: »It's all one song.« Und da ist was dran, zwei CD's lang ...

Aber selbst wenn's im Studio oder auf der Bühne grandios oder gräßlich scheitert, wenn bisweilen zuletzt »Roadeyes« in Kapuzenmänteln die Bühne entern, daß man sich fragt, ob der Mann noch ganz gebacken ist, so hat es doch eine Substanz, einen Wesenskern, der von aller Häme seltsam unberührt bleibt und den ich mit dem altmodischen Terminus Integrität bezeichnen will. Und neben einer wahrhaft juvenilen künstlerischen Risikobereitschaft ist es wohl diese Integrität, die auf jüngere Kolleginnen und Kollegen in Punk, Grunge und Folk – so den »Walkabouts« – eine ähnliche Faszination ausübt wie etwa Leben und Werk eines Johnny Cash oder Bob Dylan.

Außerdem glaube ich, daß Neil Young ein zutiefst guter Mensch ist. Denn apropos Dylan (mit dem Neil Young eine unüberhörbare Tendenz zu nasaler Intonation verbindet): 16. Oktober 1992, New York, Madison Square Garden, ein geradezu gigantischer Auftrieb, und alles, was einigermaßen Rang und Namen hatte oder zu haben glaubte, hatte sich versammelt, um Zimmi's dreißigjähriges Bühnenjubiläum angemessen zu würdigen. Und während His Bobness inmitten aller Gratulanten zuletzt auf dem Set herumstand, als habe er sich dorthin verirrt und im übrigen komplett vergessen, zu wessen Ehren der ganze Zinnober veranstaltet wurde, war Young einem Zeremonienmeister gleich geradezu anrührend engagiert ums Gelingen der Feier bemüht, und als er dann »My Back Pages« anstimmte, klang's, als wäre es ein Stück von ihm.

Wie die intertextuellen Anspielungen zwischen den beiden einen eigenen Beitrag wert wären. Hatte Dylan auf den Jacket Notes zu »World Gone Wrong« (1993) nämlich noch maliziös angemerkt, Delia, die Protagonistin des gleichnamigen Songs, »doesn't ride a Harley Davidson across the desert highway« – wie dies die »Unknown Legend« auf Youngs Album »Harvest Moon« (1992) zu tun pflegte, so widmete er dem alten kanadischen Kumpel in seinem 16-Minuten-Outro »Highlands«, das 1997 »Time Out of Mind« beschloß, eine ganze Strophe: »I'm listening to Neil Young, I gotta turn up the sound, / Someone's always yellin' ›Turn it down‹ / Feel like I'm drifting, driftin' from scene to scene / I'm wonderin' what in the devil could it all possibly mean.«

Long may you run!

♫ **Hot Butter**
Popcorn (1972)

Text und Musik: Gershon Kingsley

Unwiderstehliches Primitiv-Getucker

von MICHAEL SAILER

Oh selige Zeiten, als noch niemand hauptberuflich damit beschäftigt war, sogenannte Stil-Schubladen zu erfinden! Als es beispielsweise noch keinen »progressiven Birmingham Grunge Disco House Remixes mit phatt gefeatureten Upbeat-downtown Grooves der Blue Move Soul 'n' Bass Retro Schule um die Altmeister des Ambient Dub Rock Jungle« oder andere Kistchen, Kästchen und Stil-Schubladen gab! Denn wo hätte »Popcorn« da wohl reingepaßt?

Davon träumt eigentlich fast jeder, der sich irgendwann einen wie auch immer gearteten und ausgestatteten Synthesizer anschafft: mit einem einzigen Song fürs ganze Leben aussorgen; fünf Minuten Musen-Mühsal, fünfzig Jahre Müßiggang. Den wenigsten von uns wird das je gelingen, und den wenigsten ist es je gelungen. Gershon Kingsley schon. Stan Free kaum.

Kingsleys Beruf läßt sich vielleicht am besten mit dem Wort »Gebrauchskomponist« beschreiben. Er war einer jener wenigen Musiker, die sich schon in den frühen sechziger Jahren Gedanken machten, wie man Synthesizer nicht nur zur Erzeugung beeindruckender Effektgeräusche und Geräuscheffekte einsetzen könnte, sondern als (fast) richtiges Musikinstrument. Zusammen mit dem Franzosen Jean Jacques Perrey veröffentlichte er die beiden Vollelektronik-Platten »The In Sound From Way Out« und »Kaleidoscope Vibrations«. Kingsley, der als Broadway-, Off-Broadway- und Reklame-Jingle-Komponist ein relativ sorgenfreies Leben führte, frönte seinem elektronischen Hobby als nächstes mit der Platte »Music To Moog By«, die 1970 erschien und unter dem erfundenen Interpretennamen »The Popcorn Makers« den folgerichtig betitelten »Song« in einer Ur-Version enthielt. Der ansonsten nicht eben für intellektuelle Höhenflüge bekannte Pop-Dampfplauderer Frank Laufenberg schrieb dazu in einem seltenen Moment der Klarsicht: »In sehr deutlicher Weise zeigt ›Popcorn‹, daß der Moog-Synthesizer als Musikinstrument zu jenem Zeitpunkt noch sehr entwicklungsfähig war.«

Stan Free war Session-Musiker. Er hatte unter anderem für John Denver, Arlo Guthrie, Paul Simon, Peggy Lee und das Boston Pops Orchestra die Tasten gedrückt und ein paar Singles unter eigenem Namen veröffentlicht, die niemand hören wollte. Da fiel ihm Kingsleys Platte in die Finger, und Free witterte Morgenluft und warme Butter. Er tastete eine vereinfachte Version der saiten-, trommel- und stimmfreien Dick-duck-dick-duck-didu-duck-Hymne zusammen und staunte dann wohl selbst am meisten: Mitte 1972 kam keine gutsortierte Sammlung substanzfreier Placebo-Pop-Singles mehr ohne »Popcorn« aus. Die gehirnerweichende Wirkung des unwiderstehlichen Primitiv-Getuckers stieg mit der Entfernung vom Entstehungsort: Die US-Charts meldeten Platz neun, Großbritannien Platz fünf, und im traditionell für geniale Blödheiten anfälligen Deutschland zierte die synthetische Frühgeburt des zehn Jahre später durch die Stehausschänke schwappenden »Ententanzes« die Spitze der Hitparaden.

Ein paar Wochen nach dem großen »Puff!« war der ganze Spuk vorbei. Mangels verkaufsfördernden Strahlgesichts als Dreingabe fiel die Präsenz im Fernsehen recht mager aus (das Video – immerhin! – zeigte platzende Maiskörner, was sicherlich einen gewissen minimalistischen Charme hat, der jedoch neben dem trampelnden Panzerfrohsinn von Zeitgenossen wie Tony Marshall nicht zur Entfaltung kommen konnte). Zudem ging Stan Free bei der Suche nach einem Nachfolge-Hit auf Nummer einfallslos: Totgenudelte Pfarrball-Standards wie »Tequila«,

»Apache« oder »Pipeline« waren in Synthesizerversion ungefähr so gefragt wie Hamburger ohne Fleischsohleneinlage. Free führte die Tantiemen brav an Kinglsey ab, schmachtete dahin und verschied 1995.

Aber mit ranzig gewordener Hit-Butter geht es manchmal genauso wie mit ihrer echten Schwester, wenn man sie im Kühlschrank vergessen hat: Keiner merkt was, bis eines Tages seltsame, lustige, gruslige und krabbelige kleine Tierchen durch die Küche laufen. Zuerst tauchte »Popcorn« als Filmmusik wieder auf, schon 1974. Eigenartigerweise waren es neben einer dänischen Quizshow und einer unbedeutenden TV-Serie für Kinder vor allem siebtklassige Fleischwolf-Monster-Streifen, die mit der sterilen Tickermusik unterlegt wurden: »Shriek of the Mutilated« und »Bloodline« zum Beispiel, beide so »kultig«, daß man sie noch nicht mal im Nachtprogramm von RTL und Kabel 1 antrifft.

Ausgeschlachtet wurde als nächstes das Erfolgsrezept: Zwar spielte sich die »Band« Silicon Teens um 1980 mit einer ganzen LP vollsynthetisierter Pop-Klassiker noch direkt in die Ramschkisten, aber in der Folgezeit beteiligte sich ein unübersehbares Heer von Musikern an einem weltweiten Projekt zur Ersetzung aller bekannten Musikinstrumente durch elektronische Sinustöne, das unter dem Titel »80er Jahre« in die Geschichte einging. Daß man zu »Popcorn« auch dann noch vortrefflich tanzen kann, wenn man die Melodie wegläßt, demonstrieren anschwellende Menschenwalzen, die sich unter Mottos wie »Love Parade«, »Move« oder »Union« seit einigen Sommern lärmend durch Europas Großstädte winden. Kein Wunder, sind die an den Zappel- und Ausscheidungsumzügen Beteiligten doch seit frühester Kindheit konditioniert: durch Videospiele wie »Pengo«, »Digger« oder »Trollie Wallie« zum Beispiel, die allesamt die variationsarmen Vernichtungsvorgänge auf ihren Bildschirmen mit »Popcorn« beschallten.

Bekennen mag sich zur lebenslänglichen Prägung durch den Einzel-Hit kaum jemand, schließlich ist man doch die

Zukunft und hat mit den musikalischen Abwegen der Elterngeneration nichts zu tun zu haben. Jean Michel Jarre etwa, selber nicht der Allerangesagteste, legte sich für seine »Popcorn«-Version das Pseudonym Jamie Jefferson zu. Wer sich hinter Electric Coconut verbirgt, einem weiteren Nach-Interpreten, weiß niemand. Und über eine angeblich existierende Surf-Sound-Version ranken sich nur Gerüchte. Lediglich der Techno-Eigenbrötler Aphex Twin, dem sein Image im Prinzip so egal ist wie alles andere, was nicht raucht, stand zu seiner Vorliebe für »Popcorn« und sorgte mit seiner Version für eine Art musikalischer Familienzusammenführung, wie sie ansonsten nur auf käsigen Schlager-Revival-Bällen und in mit der eigenen Schimmelkruste kokettierenden »Easy Listening Lounges« gepflegt wird, wo sich James Last und Udo Jürgens gute Nacht sagen.

Was lernen wir aus der wirren Geschichte? Daß die Wege der Popmusik unergründlich sind und ähnlichen Quatsch? Daß man nur einen Synthesizer braucht, um die Welt irreparabel zu ändern? Daß sich jede Dummheit irgendwann rächt?

Wahrscheinlich ist es am besten, wir lernen gar nichts. Beim nächsten Mal werden wir sowieso wieder genauso drauf reinfallen, in die Läden rennen, mitschnippen, -wippen und zippeln und uns nach ein paar Wochen verschämt fragen, was um alles in der Welt das nur war und warum.

♫ Hawkwind
Silver Machine (1972)

Text und Musik: Dave Brock/
Bob Calvert

Mit der Nebelmaschine durchs Paralleluniversum

von STEFAN ERHARDT

Puls zirp schplapper spratzel. Ladies and Gentlemen – we are floating in SPACE! Es ging gerade los. Die ersten hatten sich bereits angeschnallt, bevor die Industrie geschnallt hatte, was da abging. Strom an, Stecker rein, Regler hoch, ab durch die Mitte.

Raus aus dem Garten des Lebens. Raus aus dem bürgerlichen Mief. Rauf auf den Fliegenden Teppich. Wir sind Wilde und als solche geboren. Aber hier bleiben und auf der alten Mutter Erde was ändern? Notfalls mit Gewalt? Mit einer Urban Guerilla? Keine gute Idee.

Weg also. Mit einem Düsenflugzeug? Viel zu lahm. Entert die Enterprise! Kümmert euch einen Dreck um Startrek! Die Raumpatrouille ist die Ente unter den Raumfahrzeugen! Verzieh dich, Perry Rhodan, und deine ganze bucklichte Baggage nimmst gleich mit!

Es ist an der Zeit, diese Welt für immer zu verlassen. Das Universum, ach was: Das Multiversum in Länge und Breite und Höhe und Tiefe zu durchqueren, mit dem Wind der Ewigkeit unter den Habichtsflügeln. Mythisch. Mystisch. Müßt' ich nur noch checken: Lieutenant Colbert, ist genügend Treib-Stoff an Bord? Ay-ay, Captain Brock. Dann die erste Tütenstufe gezündet und wischundweg!

Kommt, Kinder der Erde, hört unsere Botschaften und vernehmt sie gut: Steigt ein in unser silbernes Schiff, die glänzendste Apparatur, seit es Nebelmaschinen gibt. Kommt, Kinder der Sonne, des Monds und der Sterne, der

Raum ist tief und irrsinnig spacig, laßt uns aufbrechen, den Raum erkunden, denn der Raum ist tief, und schwarz ist des Raumes goldener Korridor, durch den hindurch müssen wir uns dem Meister des Universums zu nähern.

Children Of The Sun, es sind nur zehn Sekunden noch bis zum Forever! Packt den Orgon-Akkumulator, sagt dem Onkel Wilhelm einen letzten Gruß in sein Reich und einen letzten Fluch an die Daheimgebliebenen, die euch zu ihresgleichen machen wollten, Konformistenbrut, oh der Zorn steige in euch hoch, der gerechte! Atmet tief und beginnt mit der Sonic Attack, denn wir sind die psychedelischen Kriegsherren, wir verschwinden im Rauch des Wechselwinds, im Rausch des Planetennetzes, bis das Silberschiff uns seitwärts durch die Zeit trägt. Schaut euch zu, wie ihr an euch vorübertreibt! Oh Odyssee im Raum, oh goldenes Nichts!

Welcome to the future! Wir sind die Krieger am Rand der Zeit, wir tanzen den Opa-Loka, wenn der Zauberer in sein Horn bläst, wird der König der Wahnsinnigen aus der Halle des Bergkönigs treten und Mord und Totschlag wird beginnen. Wir Krieger werden am Rande stehen, den sterbenden Meeren zusehen, oh wie sie sich drängen in der Damnation Alley, wenn ihre nuklearen Spielzeuge losgehen, TV-Suizide allenortens, die Erde im freien Fall, wir werden die Träume des Kalten Krieges aufschreiben, das Ende des Age Of The Micro Man.

Und selbst wenn sie uns verfolgen – uns im Raum jagen – Sterne massakrieren, es ist klar, wer diesen letzten Krieg gewinnen wird. Gewonnen haben wird. Der Staub der Zeit wird sich längst auf Stonehenge gesenkt haben.

Die Spiralgalaxy 28948 wird unser Zuhause sein. Hassan I Sabha wird uns Auserwählte mit PSI-Power empfangen, mit all seiner Quark Strangeness And Charm, uns, die Kings of Speed, aus der Schmiede des Vulkan, gestählt aus Tagen des Untergrunds, fünfundzwanzig Jahren Knechtschaft, Psychose und Automation entronnen.

Das wird nur das Präludium sein: unser Silberschiff

der Träume! unser antiseptisches Raumschiff der Sterne! Gebt mehr Stoff! Mehr Nebel! Mehr Nebel!

Tretet ein in die Kirche, in die Church of Hawkwind! Hawkies aller Länder, vereinigt euch und gebiert eine neue Rasse aus der Liebe des Raumes, eine Rasse, die im Phänomen der Luminosität aus den Schatten tritt und mit Engelszungen die Zukunft schaut, in die Zukunft, die den Letzten Messias bringt, der der Falle des Todes und den Wastelands entgeht. Some People Never Die.

Laß das Silberschiff durch dein Kleinhirn rauschen, schalte den Nuclear Drive ein, die Nebel des Meridin tragen dich dann. Are You Losing Your Mind? Wir sind das Experiment with Destiny, unsere Haut wird blau, Roboter und Sputniks umschwirren uns. Ein Alien bin ich, Xenomorph, Vega, Kapal, Elfin, Silver Machine, Welcome Assassins – denn: It Is The Business of the Future to be Dangerous.

Aus dem Logbuch der Hawkwind:

0300 h 9. April 1946 Position unbekannt

Zeit- und Raumanzeiger nahe Null. Unsere Gedanken verlieren an Tiefgang, bald werden sie zusammenfallen, nichts als Oberfläche sein. Unser Schiff wird sich wie ein Pappkarton falten, und das Geräusch unserer Gehirne zu einer glänzend schwarzen Scheibe zusammenpressen, die sich in die Ewigkeit dreht …

So lange schon gleiten wir durch Zeitwölbungen, daß keiner mehr das Ziel unserer Reise kennt. Sogar unsere Computer sprechen nicht länger von der Vergangenheit. Aber dennoch reisen wir weiter durchs All, auf der Suche nach der Gegenwart, und lassen eine Spur von verworfenen Zukunften hinter uns.

Techniker des Raumschiffes Erde: Hier spricht euer Kapitän: Euer Kapitän ist tot!

Nachsatz: Die »Hawkwind« speist sich seit nunmehr über 30 Jahren aus der anscheinend unerschöpflichen interstellaren Songtitelkraft – wie auch dieses Schriftstück.

♫ **Lobo**
I'd Love You To Want Me (1972)

Text und Musik: Lobo

Liebeskummer und Lobotomie

von ELKE WITTICH

Früher war gar nicht alles besser, soviel steht fest. Früher – das war damals, als es noch keine kommerziellen TV- und Rundfunk-Sender gab – existierten nämlich z.B. keinerlei Anlaufstationen für liebeskummerkranke Teenager, deswegen war man weitgehend auf sich allein gestellt.

Liebeskummer ging damals ungefähr so: Man hatte, im Alter von ungefähr 12dreiviertel, schon sehr lange für Sebastian geschwärmt, denn der war nicht so kindisch-blöd wie die Jungs aus der eigenen Klasse, er stand in jeder Pause in der Raucherecke, wo sich die wirklich Coolen trafen, und hatte auch unglaublich schlechte Schulnoten. Wann immer man ihm zufällig über den Weg lief, wurde man rot und tat schrecklich beschäftigt, denn soviel war klar: Würde man ihm in die Augen sehen, dann wäre er plötzlich in der Lage, alle persönlichen Geheimnisse zu erkennen. Inklusive dem allergeheimsten von allen, nämlich dem, daß man in ihn verliebt war. Wie peinlich!

Aber irgendwann war es soweit: Eben noch hatte man mit den Freundinnen schwatzend auf dem Schulhof gestanden, nun plötzlich – er hatte die anderen Mädchen weggeschickt – war man mit ihm allein und er fragte schüchtern: »Willst du mit mir gehen?« GNnnkks. Und dann sagte man ja und traf sich fortan abends immer im Jugendzentrum und tauschte in der Pause Zettel aus, entdeckte all die ganzen streng verbotenen Dinge da draußen und machte viele Pläne, die im großen und ganzen vom gemeinsamen Weglaufen und In-einer-besseren-Welt-Leben handelten, und war sich ganz sicher, daß man unglaubliches Glück gehabt hatte, denn man hatte die ganz große Liebe schon so früh gefunden und würde es daher mindestens bis zur Goldenen Hochzeit schaffen, ohne zu diesem Zeitpunkt bereits senil zu sein.

So ging das drei oder vier Monate lang, und dann war plötzlich alles aus. Zackbumm, Ende. »Er hat Schluß gemacht, ich weiß noch nicht, ob ich es überlebe« stand schon zwei Stunden später im Tagebuch. Denn soviel war klar, ein Leben ohne Sebastian war ja eigentlich gar nicht möglich, und überhaupt hatte man schon einige Bücher gelesen, in denen die Heldinnen, wenn sie vom Liebeskummer nicht auf der Stelle hinweggerafft wurden, so doch wenigstens, fortan ans Bett gefesselt, elegisch leidend der Welt ein zartes »Adieu!« hingehaucht hatten.

Schon am ersten Abend nach der furchtbaren Trennung stand fest, daß man das auch wollte. Allerdings lieber nicht im Kreise dieser Familie: Ohne den schrecklichen Zustand zu erkennen, verlangte sie profane Dinge wie Müllrunterbringen und Abtrocknen, und als man deswegen in Tränen ausbrach, machte sie bloß blöde Scherze. »Haha, pubertieren wir wieder mal?« grinsten Mama und Papa in völliger Unkenntnis der Sachlage, fragten völlig unüberzeugend nach dem Grund des folgenden heftigen Tränenausbruchs, und ganz insgesamt war das alles überhaupt nicht so wie in den Büchern, in denen die aufgeregte Verwandtschaft alles daransetzte, der tieftraurigen Heldin den wahren Grund ihres Kummers zu entlocken und sie daraufhin auf Händen zu tragen.

Deswegen griff man schließlich zum Äußersten. Gefaßt legte man sich, mit extra aus der Schmutzwäsche geholten Kleidungsstücken wie der Lieblings-Jeans und dem -T-Shirt bekleidet, aufs Bett und begann ein Gebet, das ungefähr so lautete: »Lieber Gott, ich glaube zwar nicht, daß es Dich gibt, aber ich habe das Leben so dermaßen satt, daß ich auf der Stelle an Dich glauben werde, wenn

Du mich nur sofort sterben läßt. Bitte, mach was.« Woraufhin exakt überhaupt nichts passierte.

Daran war wahrscheinlich die atheistische Familie schuld, die diese einmalige Chance durch ihre bad vibes zunichte gemacht hatte. Oder so. Aber das war nun auch völlig egal. Denn man würde dann eben ab sofort einfach nur noch überleben, zwar alleine, aber na und? Selbst Rita, die einem noch beim letzten Liebeskummer beistand, als man wegen Frank damals im Jugendheim plötzlich so unvermittelt zu weinen begonnen hatte – mitten an einem dieser Freitagabende, an denen man bis 10 Uhr wegbleiben durfte und die eigentlich den Höhepunkt der Achtkläßler-Woche darstellten – war weg. Sebastian, der Arsch, hatte sich in sie verknallt. Und wegen ihr Schluß gemacht.

Liebeskummer hat aber bloß dann einen Sinn, wenn die Umwelt mitleidet. Tut sie aber nicht. Jedenfalls nicht offiziell. Mama versucht zwar in den folgenden Tagen, immer wieder den Hörer verschämt zurücklegend, sowie man das Wohnzimmer betritt, eine Telefonkette in Gang zu setzen, deren Teilnehmerinnen alle ebenfalls im Besitz eines ziemlich durchgeknallten Teenies sind, aber die führt zu nichts, denn die meisten Frauen und Mütter erklären, angesichts von Geschlechtskrankheiten, RAF, Heroin und Numerus clausus einen bloß liebeskranken Teenager mit Freuden in Kauf zu nehmen – während Papa eher unbeholfen Trost spendet. Den üblichen: »Du wirst noch viel mehr verlieren in deinem Leben«, erklärt er irgendwann, als er das dauerverheulte Gesicht seiner Tochter schon längst satt ist, obwohl die sich doch erst am Anfang einer ihrer Meinung nach zweifellos sehr ausgedehnten Trauerperiode befindet und das alles irgendwann schon mal gehört hat.

Aber da draußen sind Menschen, die verstehen. Auch wenn man selbst sie nicht so ganz richtig versteht, denn es war eben doch ein Fehler, damals beim Wechsel von der Grundschule aufs Gymnasium Latein anstatt Englisch als erste Fremdsprache gewählt zu haben. Bloß weil man so furchtbar in den Sandkastenfreund Jörg verschossen war, daß man schon unter der Vorstellung litt, während des Sportunterrichts von ihm getrennt zu sein. Noch mehr wäre nicht auszuhalten gewesen.

Mit Latein, das merkte man erst später, als Jörg sich als langweiliger Hausaufgabenmacher und Schulordnungsbefolger entpuppte, konnte man allerdings nicht besonders viel anfangen. Bloß Adriano Celentanos »Azzurro« ungefähr verstehen, aber das wollte damals niemand, der mehr als fünf Schuljahre absolviert hatte, wirklich tun. Englisch war die angesagte Sprache, was Jörg aber nicht bemerkte, denn der war mit Lateinhausaufgaben beschäftigt.

Daß Englisch besonders wichtig ist, hätte man sich natürlich aber auch vorher denken können, denn es kam immer mal wieder Besuch, der definitiv kein Latein sprach. In einer solchen Familie zählt ein mit nur rudimentären Englischkenntnissen versehener Liebeskummer natürlich überhaupt nicht. Ein »Eid laf ju tu wont mi« löste einfach nur Gelächter aus, plus Englischnachhilfestunden bei einem absolut unerotischen Oberstufler.

Egal, das Lied gab alles wieder: Den Schmerz über das Schlußmachen, den Verrat, das Alleinsein, und deswegen mußte dieser Lobo (Lupo! krähte der kleine Bruder, kaum des Lesens kundig, als er das Cover erblickte) – zweifellos eine ähnlich zerrissen-desillusionierte Person wie man selbst – pausenlos angehört werden. Denn nur seine sehnsuchtsvoll-krächzende Stimme konnte dieses tiefe Gefühl, von dem man selber ergriffen war, adäquat wiedergeben. Aber bloß ungefähr drei Minuten lang, dann war der Song auch schon zu Ende. Und man mußte sich, gerade so schön elegisch, wie die Buchheldinnen, auf der Couch dahingestreckt, auch schon erheben, zum Plattenspieler hinübergehen, die Nadel wieder auf den Anfang der Rille legen, was kaum gelang, zittrig, wie man vor lauter Schmerz war, und dann hatte man wieder nur knapp 180 Sekunden Zeit für den Liebeskummer.

Auf eine C90 – so hießen Cassetten von jeweils 45 Minuten Spieldauer, damals in den Schattierungen grau und giftgrün erhältlich – paßte der Song ungefähr fünfzehnmal auf jede Seite, das bedeutete fünfzehnmal »Oh Baby«, fünfzehnmal »Eid laf ju tu wonnt me« und fünfzehnmal ergriffenes Schluchzen an der entscheidenden Stelle. Nicht nur für den Liebeskummerinhaber: Die Familie litt mit. Denn wirklicher Liebeskummer geht nur laut, und Lobo ist es egal, ob er laut oder leise vorkommt.

Die Familie kannte nach einer Weile jeden einzelnen falschen Nadelaufsetzer auswendig, konnte die ungefähre Stücknummer voraussagen und Lobo daher, auf eine sehr vage Weise, überhaupt nicht leiden. Was sehr schade war, denn vielleicht hätten sie sich gut verstanden, diese Ignorantenansammlung und der Mann, dem ja eigentlich nur an einem schnellen Hit gelegen war. One Hit Wonder nannte man seinesgleichen schon damals, was nicht mehr und nicht weniger bedeutet, als daß der Interpret und der ihn verpflichtende Plattenmulti während eines äußerst begrenzten Zeitraums den jeweils herrschenden musikalischen Zeitgeist zu erkennen und eine Platte nur für diesen Markt zu produzieren hatten – es müssen damals viele kleine Mädchen sehr gelitten haben.

Irgendwann war dann jedoch auch mit Lobo Schluß, denn es gab einen neuen Sebastian, auf den eine neue Enttäuschung und wieder ein neuer Sebastian undsoweiter folgten. »I'd love you to want me« wurde da aber schon nicht mehr gebraucht, denn es gab andere tröstende Schnulzen. Die Hitsingle verschwand deswegen irgendwann, erst Jahre später erinnerte man sich, vor einer Flohmarkt-Kiste stehend, an das Drama um Sebastian. Und kaufte die dazugehörige Platte, auf deren Cover der Interpret, an dessen Aussehen man sich nicht einmal mehr erinnern konnte, vorsichtshalber nicht abgebildet war, sondern nur ein Mund mit Sprechblase.

Zu Hause konnte man den Song dann gar nicht schnell genug auflegen, aber die nunmehr vervollständigten Englischkenntnisse sollten sich sofort rächen: »When I saw you standing there« begann der halb countrymäßig dahergesungene Schwachsinnstext – wie in aller Welt war man bloß darauf gekommen, so was zu mögen? Vom extrem dußligen weiteren Textverlauf (»when you moved your mouth to speak, I felt the blood go to my feet«) und tendenziell eher hirnlosen Passagen (»Baby I'd love you to want me, the way that I want you, the way that it should be – if you only let it be«) ganz zu schweigen, besitzt der im Schunkelrhythmus dahinlähmelnde Song, bis auf die eher zurückhaltend schmachtenden, für solche Gelegenheiten zwingend vorgeschriebenen Hintergrund-Chöre, nichts von dem, was ein wirkliches Liebeskummer-Stück ausmacht: Bombast, Crescendo, jaulende Gitarren und extremes Mit-Kitsch-zugemüllt-Werden.

Was für ein langweiliger, dem damaligen Verlust unangemessener Dreck. Und was für eine Scheißwelt, die solche Teenagerverarsche zugelassen hat.

♫ **Dr. Hook & the Medicine Show**
Sylvia's Mother (1972)

Text und Musik: Shel Silverstein

Warum Sylvia die Trantüte Ray verließ

von KARL BRUCKMAIER

Manche Dinge ändern sich nie. Audi-Fahrer sind Autobahnrüpel, Thailandurlauber sind Kinderschänder, und die Menschen, die über ausländische Spielfilme zu befinden haben, synchronisieren, was ihnen vor das Mikrofon läuft. Selbst 1998 müssen die kindlich-einfachen Reimereien eines Jonathan Richman ins Schlagerdeutsche übertragen und nachgebalzt werden, wenn er zur Pläsier der Betrachter von »Verrückt nach Mary« im Geäst eines Baumes seine Lippen bewegt. Und kaum drei Jahrzehnte vorher ereilte nämliches Schicksal den Country-Outlaw Waylon Jennings, dessen Stimme die Originalversion der australischen Räuberpistole über den Volkshelden Ned Kelly zierte – in Deutschland leider vorgetragen von Bruce Lows mächtigem Baß. Was Waylon Jennings da sang, stammte allerdings nicht aus authentischem Cowboyherzen und auch nicht aus der staubigen Ödnis von Oklahoma oder New South Wales, sondern aus der großstädtischen Feder des *Playboy*-Cartoonisten Shel Silverstein, der mit »A Boy Named Sue« soeben Johnny Cash zu einem seiner größten Hits verholfen hatte. Um die musikalischen Cartoons dieses glatzköpfigen Anti-Cowboys, die so überdreht waren, daß sie spielend als echt durchgingen, auch weiterhin gewinnbringend für Film und Funk einsetzen zu können, suchte sein Management eine kongeniale Begleitband und fand sie in einer Redneck-Kneipe in New Jersey, wo ein paar durchreisende Südstaatler um den einäugigen Sänger Ray Sawyer versuchten, den örtlichen Bleichgesichtern echtes Hinterwäldlertum näherzubringen.

Silverstein und die *Medicine Show* paßten zusammen wie Einschußloch und Austrittswunde. Von seiner urkomischen Soloplatte »Freakin' at the Freaker's Ball« über die monströs-albernen Hits der *Medicine Show*, anfangs ausschließlich von Silverstein verfaßt, bis hin zu einer krachkomischen Live-Show, die die Kritiker unterschiedlichster Lager begeisterte, schien Amerika über eine ebenso witzige wie kommerzielle Hitparadenwunderwaffe zu verfügen: Dann schrieb Shel Silverstein nur noch Kinderbücher, und *Dr. Hook* verdienten sich mit Mainstream-Arrangements und Disco-Etüden zu Tode. Doch das ist eine andere Geschichte.

Unsere beginnt mit einem gezupften Baßton und einem zweifachen Didel-didel-dum, das *Dr. Hook & the Medicine Show* 1972 in die Top Ten aller Hitparaden dieser Welt katapultierte. Bereits hier treffen wir auf einen von Silversteins Patent-Tricks aus der Welt der zeitgenössischen Literatur, des modernen Theaters, des Hollywoodfilms: Er benannte den Song nach einer Person, die in der zu erzählenden Story praktisch keine Rolle spielt und im eigentlichen Sinne gar nicht vorkommt, nämlich nach der Mutter einer gewissen Sylvia. »Sylvia's Mother« ist bloß am anderen Ende der Telefonleitung und wimmelt Ray Sawyer ab, der fernab des erzählten Geschehens mit dem Schicksal und seinem Kleingeld kämpft, das, unnachgiebig vom Operator eingefordert, Dime um Dime im Schlitz des Münztelefons verschwindet und den Takt seines Scheiterns vorgibt.

Was Ray da an den äußersten Rand von Selbsterniedrigung und Lächerlichkeit gebracht hat, verschweigt uns das Lied. Vielleicht hätten wir Klarheit darüber erhalten, wenn Sylvia der Mutter den Telefonhörer entwunden und selbst zu Ray gesprochen hätte. Aber die Verflossene, zur Mutter Zurückgekehrte, ist unter Zeitdruck und will keine Zeit mehr haben für Ray – falls sie überhaupt von diesem Anruf weiß. Sylvia wird heiraten. Sie packt den

Koffer, sucht den Regenschirm, muß den Neun-Uhr-Zug erreichen, um zu ihrem Bräutigam ins texanische Galveston zu fahren. Ray, mit seiner gebrochenen Stimme wie geschaffen für verzweifeltes Anwanzen, wäre vielleicht in der Lage, Sylvias Abreise noch zu verzögern, wenn nicht gar zu verhindern. Glaubt wenigstens Ray. Glaubt wenigstens, laut Ray, die Mutter am anderen Ende der Leitung. Deswegen prallen Rays immer mehr ins Lächerliche lappenden Gründe, warum er mit Sylvia sprechen müsse, vom mütterlichen Bollwerk ab. Die ganze mühsame Höflichkeit, die Ray sich bis zum Ende des Telefonats bewahrt, bringt ihm bloß noch mehr Telefonkosten ein: Die Streicher schluchzen mit Ray, wenn sich im Refrain die indirekt präsenten Stimmen von Mutter und Operator mischen, und im Crescendo unser Held gleichzeitig nach Kleingeld fischt und darum fleht, im Wortsinne erhört zu werden.

Bevor nun Ray den Hörer nach fast vier Songminuten einhängen muß, ringt er der Mutter nicht einmal das Versprechen ab, Sylvia einen letzten Gruß auszurichten: Am falschen Ort zur falschen Zeit. Gescheitert. Nun, welche Mutter würde nicht einen netten Kerl aus der Gegend von Galveston einem einäugigen Hinkebein mit Pferdeschwanz vorziehen, wenn es um das Glück der Tochter geht?

Auf perfide Art und Weise kombiniert Silverstein in »Sylvia's Mother« typische Versatzstücke der Popmusik und der Countrymusik, um sie, leicht verfremdet, ein neues, unwiderstehliches Eigenleben entwickeln zu lassen, das nicht in erster Linie der Parodie dient, sondern eine Art Epiphanie ermöglicht, die vielleicht nur ein Intellektueller als Potential der Countrymusik entdecken könnte. Nicht umsonst geriert sich Country zwar als Cowboymusik, ist aber oft genug Hausfrauenmusik, die Musik für scheiternde Ehen, frustrierende Lebensumstände, bescheuerte Gatten, soziales Scheitern. Anders als im Schlager sind Tod, Perversion, Sucht und alttestamentarische Umgangsformen im Country gern präsent: Trucker und

Kellnerin hören gleichermaßen gerne von Leichen. Silverstein parodiert diese Alltagsverzweiflung in seinen Songs gelegentlich bis zu einem Grad, an dem sie in ein Zwischenreich hinüberkippen, in dem man sie nur noch ernst nehmen kann. Nur noch kleinste Hinweise deuten auf das dröhnende Gelächter, das die Entstehung von »Sylvia's Mother« begleitet haben mag, etwa der Name der Mutter, der sich auf »talk to her« reimt. Oder der feine Kniff, daß man zunächst nicht weiß, daß der Singende über sich selbst spricht, sondern meint, einer distanzierten Erzählung zu lauschen. Erst beim Refrain, als sich Ray überraschend an den Operator wendet, versteht man, daß *er* in der Bredouille steckt. Dazu wird die Country-typische Lapsteel-Gitarre abgelöst von den Streichern, die das musikalische Countryklischee ins Johnny-Mathis-hafte Schlager/Pop-Milieu katapultieren. Der überwältigende Erfolg des Stücks beruht auf seiner Banalität – daß manche Dinge sich nie ändern. Daß die Mutter garantiert eine blöde Kuh ist, die sich da einmischt. Daß man an der einfach nicht vorbeikommt. Daß man mit der kein vernünftiges Wort wechseln kann. Und ist man fertig mit seinen Betrachtungen zur Mutter im allgemeinen und im speziellen, dann hat man vergessen, daß es höchstwahrscheinlich ein Dutzend guter Gründe dafür gibt, warum Sylvia diese Trantüte Ray verlassen hat. Nur ihm gehört unsere Sympathie. Er ist der Sieger.

♫ Alice Cooper
School's Out (1972)

Text und Musik: Mike Bruce/
Alice Cooper

Eine Boa Constrictor in den Gehirnwindungen

von **GERHARD FISCHER**

»Ich verstehe nicht, wieso du kein Instrument spielen willst. Lern doch Gitarre.« Wie oft mein Vater das sagte, wenn er seinem Jüngsten mit Birkin-Haarwasser den Scheitel zog – ich weiß es nicht. Nur daß jedesmal eine Antwort ausblieb und bockiges Schweigen die Badezimmerluft in ein bedrückend zähes Gemisch verwandelte, gibt mein Gedächtnis heute noch her. Musik konnte ich sowenig leiden wie die neue Modelleisenbahn. Auf meinen vier LPs wurde weder musiziert noch gesungen, sondern gesprochen, wenn man's genau nimmt, geschrien: *Winnetou I*, Teil 1 und 2, *Winnetou II*, Teil 1 und *Die Weltmeisterschaft 1974*.

Während fast alle in meiner Klasse The Sweet, Suzie Quatro, Slade und Bay City Rollers »brutal gut« fanden, zitterte ich den Tonarm auf den Drehteller, um zu hören, wie Tangua, der Häuptling der Kiowas, gemartert wurde. Tangua bzw. der Sprecher Karl-Michael Vogler brüllte markerschütternd, wenn die Messer und Pfeile der Apachen sein Fleisch durchbohrten und Winnetous Feind an den Marterpfahl pflockten. Das erste Messer kam geflogen: ffft, tock, aaah! Ein Pfeil: ffft, tock, aah! Wieder ein Messer: ffft, tock, aah! ffft, tock, aah! ffft, tock, aah! bis nur noch ein durchdringendes Aaaaaaaahhhhhhhh!!!!! zu vernehmen war. Ich nahm die Nadel aus der Rille und setzte sie zurück, um die grausliche Szene erneut abzuspielen; gespannt, ob die vorgegaukelte Tortur abermals Schrecken verbreiten könnte. War die akustische Splattereinlage sechs-, achtmal gelaufen, kam die WM-Platte zum Einsatz. Wieder hatte ich es lediglich auf einen Ausschnitt abgesehen – jenen, in dem Gerd Müller unmittelbar nach dem Münchner Weltmeisterschaftsfinale die Entstehungsgeschichte des Zwei-Eins erzählte. Man verstand so gut wie nichts, dermaßen unbändig brach das Wortgewitter aus dem Mittelstürmer hervor. Verzaubert lauschte ich dem Magier mit der Glückszahl 13, der in einem von 120 Pulsschlägen pro Minute angetriebenen Highspeed-Kauderwelsch erklärte, wie Fortuna zu zwingen war.

Weder Eltern noch Geschwister begriffen dies seltsame Treiben, und auch meine Freunde fanden für solcherart »Musik« keine Worte. Sie zeigten mir den Vogel, was zum Glück ohne Folgen blieb, denn Freundschaften wurden auf dem Fußballplatz geschlossen, gebrochen und wieder besiegelt.

Jahre später, als Tangua und die WM-Platte längst in den ewigen Jagdgründen unseres Speichers verwesten, galt das noch immer. Auch Helmut Maul lernte ich beim Fußball kennen. Knapp zwei Meter groß, fieselte sich dieser Linksfüßer mit der Eleganz und Unberechenbarkeit des Schalker Grandseigneurs René Eijkelkamp durch die Abwehrreihen und servierte mir die Bälle so haargenau, daß »meine Stiefelspitze nur noch den Rest besorgen mußte« (Gerd Müller).

Als »Helme« in unsere Klasse kam, setzte ich mein breitestes Grinsen auf: Die Schulmeisterschaft schien über Jahre hinaus gesichert. Doch Helme, der aussah wie der junge Boris Karloff, hatte viel mehr zu bieten. Er besaß die Gabe, die Lehrer zu verunsichern. Seine hünenhafte Gestalt, das kantige, von strohigen rostroten Haaren gerahmte Gesicht, in dem die Bartstoppeln gefährlich sprossen, drückten nur eines aus: Laßt mich bloß zufrieden, sonst knallt's. Helme wollte seine Ruhe und mit dem allergeringsten Aufwand die Schule hinter sich bringen. Kam ihm einer von den Paukern dumm und stellte unangenehme Fragen, murmelte er in abgrundtiefem Baß: »Leck mich, du alter Sack.« Oder: »Fahr zur Hölle, Arschgeige.« Die Lehrer verstanden nur die Hälfte, ahnten aber, daß sie beleidigt worden waren, und setzten nach. »Maul, was haben Sie gesagt? Bitte beantworten Sie jetzt meine Frage.« Helme brummte: »Fick dich ins Knie.« Auf diese Weise entwickelten sich die absurdesten Dialoge, bis Karloff junior entweder schwieg und böse mit den Augen funkelte oder kurz und knapp die richtige Antwort hinknallte.

Nachmittags, wenn Helme von den Quälgeistern, den Studien- und Oberstudienräten, nicht mehr belästigt werden konnte, frönte er seinen Leidenschaften: Musik hören und *Kicker* lesen. Zwei-, dreimal die Woche lief ich gegen vier bei ihm ein, um ihn zum Fußball abzuholen. Seine Mutter empfing mich dann mit den Worten: »Geh nur hinauf, aber stör den Herrn nicht, er studiert.« In kurzen blauen Turnhosen, die er fortwährend, auch unter seinen normalen Sachen trug, hockte Helme wie der über den Tod meditierende Quequec, Käptn Ahabs bester Harpunier, vor dem Bett, Kopfhörer auf und den neuesten *Kicker* in der Hand. Ältere Ausgaben lagen am Boden verstreut zwischen Plattenhüllen: Alben von Black Sabbath, Led Zeppelin, die ersten beiden AC/DC-LPs, Van Halen, Judas Priest, Ted Nugent. Fast immer jedoch lief Joy Division, seine absolute Lieblingsband.

Das Gute an Helme war, daß er mit seiner Musik nicht nervte. »Hör dir mal das an. Der Lauf ist absolut spitze.« – Solche Sätze gingen ihm nie über die Lippen. In der Regel schaltete er, wenn er mich erblickte, die Musikmaschinen ab und zog seine Turnschuhe an, damit wir uns dem gemeinsamen Fußballvergnügen zuwenden konnten. Nur ein einziges Mal spielte Helme mir ein Stück vor.

Als ich ihn einmal wie gewohnt abholen wollte und in Erwartung der gängigen Begrüßung durch seine Mutter vor der Haustür stand, überraschte sie mich mit einem: »Der ist bei der Nachbarin im Garten. Geh ruhig hinüber.« Ich stutzte, weil mir nicht in den Sinn kommen wollte, was Helme von seiner rituellen Sitzung abhalten könnte.

Musikalische Leichenstarre oder extremes Antörnen:
Alles reine Geschmacksnervensache!

Schon von weitem sah ich ihn mit einer Schaufel hantieren. Er grub ein Loch. Neben ihm lag ein ausgebeulter Müllsack. »Was machst du denn, Leichen vergraben?« – »Genau.« – »Verarsch mich nicht.« – »Doch, ich beerdige 'ne Katze. Gibt zehn Mark. Wenn Heines Köter endlich verreckt, gibt's sicher zwanzig.« Ich glotzte dumm und stellte mir vor, wie er die Bulldogge der Nachbarin an ihren ekligen Lefzen packen und in die Grube werfen würde. Helme redete weiter: »Pah, scheiße, daß bloß Hunde und Katzen vor die Autos rennen und keine richtig großen Viecher. Stell dir mal vor, bei uns gäb's Boa Constrictors. Da müßte ich einen Graben von sechs Metern Länge ausheben, um die unterzubringen, 'ne richtige Drainage. Wenn die Leichenstarre eingesetzt hat, lassen die sich bestimmt nicht mehr zusammenrollen. Das würde die Heine 'nen Fuffi kosten.«

Ich verstand nur noch Bahnhof: »Boa Constructor? Was soll denn das sein?« – »Quatsch«, beschied Helme, »Boa Con-stric-tor, eine Riesenschlange. So eine wie bei den Auftritten von Alice Cooper.« Mir rauchte der Schädel. Weder wußte ich, wer Alice Cooper war, noch konnte ich mir vorstellen, wieso Frau Heine tote Tiere bestatten ließ. Vor allem fand ich Schlangen so ekelhaft, daß allein schon der Gedanke, Helme könnte hier lachend eine von sechs Metern Länge verscharren, mich dazu zwang, unter dem Vorwand, ich ginge schon mal den Ball holen, Frau Heines Garten zu verlassen.

Auf dem Weg zum Fußballplatz erfuhr ich die Einzelheiten. Mauls Nachbarin war Vorsitzende des Tierschutzvereins und las von Autos plattgefahrene Tiere auf, hauptsächlich Katzen, und ließ sie von Helme beerdigen. Auf hundert bis hundertfünfzig Mark käme er damit monatlich. Und Alice Cooper sei keine Frau, sondern eine Ami-Band, die er mir bei Gelegenheit vorspielen würde. Ich nickte, während sich durch meine Gehirnwindungen eine Boa Constrictor schlängelte und mir die knifflige Aufgabe stellte, auf wieviel verschiedene Arten dieses perfide Wort wohl betont werden könnte.

Tags darauf hörte ich zum ersten Mal »School's Out«. Helme behauptete, der Text sei ganz okay, gegen Schule und Lehrer, aber letztendlich nähme er Alice Cooper nicht ernst. »Kirmesmusik, was für Schiffschaukelbremser und die Geisterbahn. Gegen Joy Division Kreisliga A.« Ich stand vor ganz anderen Problemen. Die Musik interessierte mich nicht, vom Text verstand ich nur einen Bruchteil. Dafür hatte sich mir schon nach einmal Hören der Takt des Refrains eingebrannt, und da er genauso viele Silben wie Boa Constrictor aufwies, übertrug ich das Rhythmusmuster auf die Riesenschlange in meinem Kopf. Das zeitigte weitreichende Folgen. Der Ohrwurm Bo-a-con-stric-tor, gesummt wie der Refrain aus »School's Out«, verfolgte mich. Fortan sang ich nachts, wenn mich Schlaflosigkeit quälte, die fünf Silben in die fünf Ecken meines Zimmers.

Es dauerte Monate, bis dieser Wahnsinn endete. Davon los kam ich durch Musik, durch Freunde, die mich auf Punk- und New-Wave-Konzerte mitnahmen. Plötzlich gehörte Musik zu meinem Leben, und viele Ohrwürmer schwirrten mir Tag für Tag durch den Kopf. Die Boa Constrictor war begraben, und »School's Out« konnte gefahrlos wiederkehren.

Und »School's Out« kehrte wieder. In Ermangelung eines besseren Titels nannten wir ein Theaterstück, das ein Freund und ich für die Abiturfeier geschrieben hatten, nach dem Hit von Alice Cooper. Helme lachte nur verächtlich, als er es las: »Mann, seid ihr engagiert und kritisch. Auf die Feier scheiß' ich. Die können mich mal, ich leg mich ins Bett.« Tatsächlich behandelte das Stück ziemlich brav diese und jene Schweinereien an der Schule, mehr nicht. Um so erstaunter war ich, als kurz darauf, am 18. Juni 1982, folgendes Schreiben bei mir eintraf: »Sehr geehrter Herr Fischer, Aufgabe und Auftrag der Schule ist es, die Jugend u.a. zur Brüderlichkeit aller Menschen, zur sittlichen und politischen Verantwortlichkeit und zur freiheitlichen Gesinnung zu erziehen. Da Ihr Auftreten und Verhalten bei der Abschlußfeier im Konzerthaus beschämend war, nehme ich an, daß Sie auch weiterhin an

Ihrem gestörten Schulverhältnis festhalten wollen. Da mir als Schulleiter der Auftrag der Schule am Herzen liegt, verbiete ich Ihnen ab sofort das Betreten des Albert-Einstein-Gymnasiums bzw. des Schulgeländes.«

Bester Laune fuhr ich am Abend jenen Tages mit einigen Leuten auf ein Konzert der Einstürzenden Neubauten, ein einziger Griff ins Klo. Der Auftritt dauerte höchstens dreißig Minuten. Aus irgendwelchen Gründen hatte Blixa Bargeld überhaupt keine Lust. Er fetzte seine Gitarrensaiten und erklärte höchst angewidert, sie müßten leider aufhören. Wir beschimpften das Arschloch und die feigen Veranstalter, fanden auf der Heimfahrt aber glücklicherweise eine Kneipe, die uns das eitle Bargeld-Getue vergessen ließ: ein richtiges Saufloch, in dem es nur Flaschenbier, Schnaps und Brühwurst gab.

Der Wirt, der gerade schließen wollte, begrüßte jeden von uns mit Handschlag. Er sah aus wie der alte Boris Karloff, und während wir uns am Tresen mit Bier-Schnaps-Wurst-Gedecken vergnügten, knipste er im Nebenzimmer das Licht an. Da standen sie: Tischfußball und Jukebox. Während die anderen die Bälle aus dem uralten Kicker prügelten, ging ich die Musiktitel durch: »Born to be Wild«, »Dirty Deads«, »Bobby Brown«, »This Flight Tonight« – und endlich neben der Ziffer 104: »School's Out«. Ich warf zwei Mark ein und drückte fünf Mal die 104. Die Schule war endlich vorbei, und der angenehmere Teil des Lebens konnte beginnen.

♫ Slade
Mama Weer All Crazee Now (1972)

Text und Musik: Noddy Holder/
Jimmy Lea/Chas Chandler

Wahwahwahwahwahwahwahwahwahwah-wahwahwahwahwah – yeah!

von MICHAEL SAILER

Meine Mutter war im Prinzip dagegen, und eigentlich hatte sie von ihrem Standpunkt aus recht: Ein Lied, dessen Schlußrefrain »Wahwahwahwahwahwahwahwahwah-wahwahwahwahwahwah – yeah!« lautete – ein solches Lied konnte der geistigen Entwicklung eines Neunjährigen ganz bestimmt nicht viel Förderliches tun. Und seiner Rechtschreibfähigkeit erst recht nicht! Noch fünf Jahre später mußte ich mir beschämt in einer Englisch-Extemporale die Schreibung »grazy« anstreichen lassen, die wohl aus einer Slade-induzierten Reflexionsverwirrung heraus entstanden war. Aber so funktioniert der alte Popmusik-Mechanismus nun mal: Was den Eltern nicht paßt, ist dufte, und was die Eltern regelrecht zur Weißglut treibt, das ist unser Ding! Daß man den Virus, den man sich solcherart einfängt, ein ganzes Leben lang nicht mehr los wird, spielt auf einer anderen Platte und ist eigentlich ja auch nur eine Bestätigung seiner Wirksamkeit.

Mit »Mama Weer All Crazee Now« fing für mich im September 1972 alles an. Nein, seien wir nicht ungerecht: Marc Bolans »Metal Guru« und Sweets »Little Willy« hatten schon drei, vier Wochen zuvor für wohlig ekstatische Schauer gesorgt, wenn ihre elektrisierenden Anfangsakkorde plötzlich den bayerisch rundgefunkten »Schlager der Woche«-Matsch aus dem Braunschen Schneewittchensarg unterbrachen und Äonen entfernt erscheinen ließen. Aber »Mama Weer All Crazee Now« wirkte dagegen wie eine 1000er Kawasaki gegen das Knattern der festgeklupperlten Spielkarten an der hinteren Gabel des 24er Fahrrads. Englisch war noch ein Buch mit sechseinhalb Siegeln, aber der elementare Alltags-Grundkurs reichte aus für die Erkenntnis, daß sich hier etwas gänzlich anderes abspielte als auf den elterlichen Beatles- und Stones-Platten, die bis dahin als popmusikalische Grundversorgung genügt hatten: Brüll! Dröhn! Gröl! Lärm!, und »crazee« hieß unzweifelhaft »verrückt«! Der Virus war eingefangen.

Ilja Richters »Disco« und die Zeitschrift POP sorgten für die Illustration der neuen Faszination, die die kühnsten Träume bestätigte. Slade sahen tatsächlich mindestens so wild aus, wie sie klangen: vier Veitstänzer in buntschillernden Kasperlanzügen; Zylinder mit Spiegelscheiben, Pailletten-Umhänge, Hosen aus Alufolie, turmhohe Absätze, Glitzerpuder, Lametta-Fransen und ein dermaßen entfesseltes Begeisterungsgrinsen in Noddy Holders Gesicht, daß man sogar die Monster-Koteletten, die sein Gesicht einrahmten wie zwei in die Backen verbissene Bisamratten, für haargewordenen Irrsinn nehmen mochte. Die Assistenz-Idole Alice Cooper, Sweet und sogar Marc Bolan konnten da nur mitschwimmen, als Vanillesoße zur großen Dampfnudel.

Es folgte der Kauf der ersten eigenen Single (»Gudbuy T'Jane«), und Slade tobten durch eine fast drei Jahre währende ununterbrochene Superhit-Serie, die den Fan auf Trab hielt: »Cum On Feel The Noize«, »Skweeze Me Pleeze Me«, »Merry Xmas Everybody«, »My Friend Stan«, »Everyday«, »The Bangin' Man«, »Far Far Away«. Die fünf Buchstaben zierten Schulbänke, Federmäppchen, Hosenbeine; die vier brithumorigen Knallgesichter strahlten per Poster von Schrank und Wand; der Dauereinsatz zerfledderte die Single-Covers und ruinierte den Saphir; das Taschengeld rollte in 60-Zehnerl-Einheiten über den Plattenladentisch; den Weihnachtswunschzettel zierten seltsame Ausdrücke wie »Slayed« oder »Sladest«; die nach-unterrichtlichen Vertiefungsbemühungen gal-

Slade bei der Abstimmung der richtigen Handhaltung beim Veitstanz.

ten nicht »Arithmetik 1« und »Seydlitz-Bauer«, sondern »POP«, »TOP« und »POPFOTO«, und die kühnsten Träume hatten turmhohe Absätze oder kreisten um die unlösbare Frage, woher ein Päckchen Original-Glitter zu beziehen war.

Dann kamen die Probleme: »How Does It Feel« klang deutlich erwachsener, aber inzwischen war 1975, und für einen (fast) Zwölfjährigen war »How Does It Feel« mittlerweile deutlich zuwenig progressiv. Slade verschwanden aus den Charts und meinem Leben wie der letzte Schnee in der Märzsonne und tauchten erst wieder auf, als es mit Beginn der Spät-Adoleszenz Zeit wurde, sich über den bisherigen Lebenslauf Gedanken zu machen und in einem Anflug von Früh-Nostalgie vergessene Mysterien wiederzuentdecken.

Da stellte sich heraus, daß keiner der alten Hits auch nur einen Deut schlechter geworden war, da fanden sich sogar Bindeglieder in die Neuzeit, denn Slade gab es natürlich immer noch, und sie waren auch selbst keinen

Deut schlechter geworden (vorläufig höchstens manchmal, wenn sie allzu sehr in den Metal-Sumpf abrutschten), sondern erlebten dank eines triumphalen Auftritts beim Reading-Festival 1979 (oder 1980?) gerade ein regelrechtes Comeback. Da kam die Zeit des Sammlerwahns: 20 Mark für die Original-Single »Wild Winds Are Blowing« von '69! Das Doppelte für »Burning In The Heat Of Love« von '77 (ganz schlecht, aber ungeheuer selten)! Das Dreifache für »Rock 'n' Roll Bolero« (noch schlechter, noch seltener)! Die Independent-LP »Return To Base«: unbezahlbar! Die Single »Give Us A Goal«: hat überhaupt niemand! Das Album »Stop«: gibt's wahrscheinlich gar nicht!

Da stellte sich aber vor allem die Frage, worauf der »Slade-Effekt« eigentlich beruht hatte (und beruhte). Konnte das alles wirklich Zufall gewesen sein, wie Slade-Verächter nicht müde wurden zu behaupten? Oder eine gezielte Verschwörung zwecks Vernichtung der abendländischen Intelligenz, wie Gentle-Giant-Fans süffisant zischten? Ich begann zu forschen.

Da waren also vier Teenager aus Wolverhampton: Neville »Noddy« Holder, Dave Hill, Jimmy Lea, Don Powell. Seit ihrer frühen Kindheit hatten sie in diversen Bands musiziert und sich endlich unter dem Namen 'N Betweeners versammelt, um die Welt aus den Angeln zu heben. Die wollte darin erst mal noch eine Weile hängenbleiben und ignorierte das Quartett auch nach seiner Umbenennung in Ambrose Slade und einem ersten Album mit Coverversionen von Zappa über Beatles bis Steppenwolf und ein paar eigenen Song-Versuchen weiterhin heftig. Zufällig lernten sie 1970 den Ex-Animals-Bassisten Chas Chandler kennen, der ihnen einen neuen Vertrag besorgte, den Namen auf Slade halbierte, sie als Skinheads ausstaffierte und die Platte »Play It Loud« produzierte, ein liebenswert obskures Mischgewächs aus Beatles, Zappa und Steppenwolf (diesmal aber fast nur mit eigenen Songs). Das wurde auch nicht viel.

Slade tourten eifrig, was manchmal für den Anfang

nicht falsch ist. Als dann Chas Chandler sein zweiter Klient Jimi Hendrix wegstarb, konnte er sich ganz auf Slade konzentrieren, und siehe da: Die versuchsweise Umpflanzung ihres Live-Gelärmes ins Studio auf der Single »Get Down With It« funktionierte und schob sich mühsam auf Platz 10 der englischen Charts. Der Nachfolger »Coz I Luv You« etablierte das grammatikalische Markenzeichen und Jimmy Leas prägnante Geige und war die erste Nummer eins. Es folgten »Look Wot U Dun« und »Take Me Bak Ome«, das mit Hilfe des mittlerweile erspielten härtesten Fan-Kerns im Studio entstandene Donner-Album »Slade Alive« und schließlich »Mama Weer All Crazee Now«. Und wir sind wieder da, wo wir waren. Ohne Ergebnis: Es kam eben so.

Aber irgendwo muß in der chemischen Formel Slade ein Katalysator versteckt sein, der sie von allem anderen unterscheidet. Schließlich blieb (trotz jahrelangen ruinösen und bis in die Grundernährung hinein wirksamen Mißerfolgsphasen) keine andere bekannte Band in der Musikgeschichte auch nur annähernd so lange in ihrer Originalbesetzung zusammen wie Slade; schließlich haben sie nach verbürgter Zeugenaussage nicht nur (beispielsweise) »Gudbuy T'Jane« erst im Studio »geschrieben« und sofort (in zwei Takes) aufgenommen (was besonders zu Anfang ihrer Karriere für unerhört niedrige Produktionskosten sorgte), sondern auch ganz andere Dinge getan. Man höre mal die leider nie wiederveröffentlichte »Skweeze Me Pleeze Me«-B-Seite »Kill Em At The Hot Club Tonite«: Das ist englischer Tin-Pan-Alley-Swing-Pop vom Feinsten, kompetent und souverän komponiert und gespielt und gekrönt von einem ganz unerwartet feinfühligen, melancholischen Text, für den Noddy Holder sein häuserblockschüttelndes Luftschutzsirenenorgan auf ebenso unerwartet charmantes Late-Night-Bar-Niveau zurückschaltete. Slade glänzten zwischendurch auch mühelos als Folk-, Funk-, Soul-, Punk-, Bombast-, Metal-, Progressiv-, Schlager- oder Bluesrock-Band, ohne je einen einzigen Trommelschlag lang nicht wie Slade zu klingen.

Aber das Eis ist dünn: Schreckliche Ausrutscher wie »The Waltz (C'est la vie)« (trotzdem ein Hit), »My Oh My« (trotzdem ein noch größerer Hit), »Ooh La La In L.A.« (zum Glück kein Hit mehr) oder die abscheuliche Weihnachts-Party-Stimmungs-Furzkissen-Platte »Crackers« (nebst schauderhaft-peinlichstem Plattencover der Menschheitsgeschichte; auf den Plätzen zwei und drei folgen »The Amazing Kamikaze Syndrome« und »Rogues Gallery«) legen den Verdacht nahe, daß Slade neben vielen Talenten leider auch mit einem eklatanten Mangel an Geschmack und Fingerspitzengefühl geschlagen waren. Oder Scham: »All Join Hands« wärmte unverhohlen »My Oh My« noch mal auf (und »Still The Same« zum dritten und »Do You Believe In Miracles« zum vierten Mal); »Merry Xmas Everybody« erschien jeden Winter aufs neue als Single, und die nach Holder/Leas Rückzug an den gemütlicheren Heimtresen verbliebenen Dave Hill und Don Powell bretterten sich auf dem ersten »Slade II«-Album zu allerlei Klischee-Schwartenkrachern auch noch den »Bonus-Track« »Merry Xmas Now!« zusammen.

Von Jimmy Leas Nach-Slade-Berufstätigkeit als Produzent hat man nie Nennenswertes erfahren, und bei genauerem Hinhören bestehen eigentlich alle großen Slade-Hits aus genau drei Teilen: einem völlig übersteuerten Riff, einer völlig übersteuerten Strophe und einem völlig übersteuerten Refrain, die nach einem relativ einfachen Schema zusammengebaut sind.

Durchaus möglich also, daß das Ganze doch auf einem glücklichen Zufall beruhte. Einem enorm glücklichen Zufall allerdings: Denn ein Leben ohne Slade erscheint mir auch 27 Jahre nach dem Urknall mit »Mama Weer All Crazee Now«, nach 27 Jahren Begeisterung, Überdruß, Wiederentdeckung, Begeisterung, Überdruß, Wiederentdeckung und fruchtloser Analyse immer noch als genau das, was es ist: eigentlich kein Leben. Zumindest kein verrücktes.

♫ **Don McLean**
American Pie (1972)

Text und Musik: Don McLean

Lernt Englisch mit Rockmusik

von STEFAN ERHARDT

... und werdet alle Englischlehrer und bringt der nachwachsenden Jugend diese weltumspannende Sprache mit populärem Liedgut bei, auf daß die Englisch-Textbücher mit so aufregenden Lektionen wie »Mr. Honk is a Taxi Driver« oder »Moving Day at the Bartons« zu Papierstaub zerfallen und in den Kellerbüchereien der Schulen ihr feuchtes Grab finden.

Das war die progressivpädagogische Devise besonders der jungen, frischen, unverbrauchten Lehrer, und '68 war allenfalls deshalb auch daran schuld, weil das Paradeinstrument Gitarre in direkter Folge vom Lagerfeuer-Nationalismus über die Pfadfinder-Kindersozialtherapie zum multilateralen Protest- und Demonstrantentum wechselte (um dann relativ sang- und klangarm als missionarisches Lockmedium bei der Gottesdiensterneuerung zu enden).

Seeger und Baez mußten her, Dylan mußte ran, Cohen gleich mit dazu, Beatles sowieso, Wagemutige griffen sich die Doors oder die Stones. Platte auf Teller, Cassette in Recorder, Text auf Schreibmaschine, Matritze in Druckmaschine, und frohlockend nahmen wir Schüler die frischen Abzüge entgegen, hielten sie sofort unter die Nase, tiefe Lungenzüge, weil der Spiritus noch feucht war, das einzige staatlich erlaubte Suchtmittel in der Schule.

An Don McLeans »American Pie« vergriffen sich auch einige. Der Song hatte den methodischen Vorteil, daß er in der Vollversion über acht Minuten ging. Damit war die

Stunde gelaufen. Einmal anhören, ohne Textvorlage globale Verständnisfragen, noch mal anhören, diesmal mit Textblatt, eventuell als – Schikane! – Lückentext, Klären unbekannter Wörter, detaillierte Verständnisfragen inklusive grammatikalischer Exkurse (»Vai das se singer juhs pahst tens in lain srie?«) und schließlich die unausweichliche Frage nach der Messitsch. Hausaufgabe. »Und morgen wiederholen wir das Passiv!«

War das damals nicht außergewöhnlich, daß uns jemand mit *unserer* Musik ködern wollte? Oder mit dem, was er/sie für unsere Musik hielt, denn ich werde den Verdacht nicht los, daß 99 von 100 »Paukern« hier schlicht und ergreifend *ihre* Lieblinge instrumentalisierten, auf daß sich das Angenehme mit dem Nützlichen verbinde und man trotzdem als *progressiv* dastehe. »Mensch, die Walter ist echt progressiv, die hat heut' was vonnen Schtohns gemacht!«

Die Entwicklung war von da an nicht mehr aufzuhalten, mit dem zweifelhaften Erfolg, daß irgendwann einmal auch Schüler ihre passive Konsumhaltung aufgaben und dank steter schüleraktivierender Ermunterungen tatsächlich *ihre* Musik mit in die Schule brachten. Gequältes Lächeln auf den Gesichtern der Englisch-Pädagogen, wenn dann die Sex Pistols zur Anarchie aufriefen oder Zappa vom Bumsen sang. Von den moralisch so wertvollen Texten der Death-Metaller (»Kill! Kill! Satan is watching you!«) gar nicht zu reden.

Die Franzosen, ja, die waren fein raus. Die hatten ihre ebenso unvergänglichen wie unverfänglichen Schangsongs, da war Gesellschaftskritik in delikaten Metaphern verpackt, wenn es nicht überhaupt sowieso um die Liebe ging und die Freiheit und das nicht immer rosige Leben anunpfirsich. Außerdem konnte man im dritten Lernjahr ohnehin nur die Hälfte verstehen.

Ganz anders, wie gesagt, der Englisch-Unterricht. Hier hatte nämlich auch schon subversiv das Radio vorgearbeitet, indem es *unsere* Musik nicht nur in speziellen Sendungen spielte, sondern auch noch ab und an erklärte, was das alles sollte. Wahrscheinlich gab's das in der ein oder anderen Form auf jedem Staatskanal; ich für mein Teil erinnere mich lebhaft an CLUB 16, das Programm meines Einzugsgebietssenders, des Bayerischen Rundfunks. Da war es donnerstags immer soweit: Alle unter sechzehn drehten um sechzehn Uhr auf 92,2 oder so und ließen sich die neueste Lektion von »Lernt Englisch mit Rockmusik« präsentieren.

Da ging's zwar dann ganz so ähnlich pädagogisch zu wie in der Schule (damals: Penne), aber man war ja allein und mußte nicht den demonstrativ Gelangweilten spielen, also: Ellbogen breit auf die Bank, Kopf auf die Hände gelegt, Haarvorhang runter. »Suzanne« war eines der ersten Stücke, die dran glauben mußten, und endlich konnte man mit Vokabeln wie »to drag down« seinem pubertären Weltverdruß auch in der Fremdsprache angemessen Ausdruck verleihen.

»American Pie« war allerdings einer der härtesten Brokken, die sie uns vorwarfen, die »Moderatoren« des »Jugendfunks«. Allein schon die Länge ließ die meisten nach einiger Zeit abschalten. Schlimmer noch: der Text war gespickt mit Bildern, Anspielungen und seltsamen Ausdrücken. Um so verwunderlicher, daß so was '72 überall die Nummer eins werden konnte. Was zum Teufel, und damit ging's schon gleich los, war amerikanische Pastete?

Die Übersetzung, die sofort nach dem Lied gereicht wurde, machte einen auch nicht viel schlauer. »Tschüß, tschüß, Miss Amerika-Pie, ich fuhr mit meinem Chevrolet zum Deich, aber der Deich war trocken, die guten alten Jungs tranken Roggenwhiskey und sangen: Das wird der Tag sein, an dem wir sterben!« – Hä?

»... und wir haben wieder zwei Idioms für euch rausgesucht: Hier ist das erste: ›moss grows fat on a rolling stone‹. Heißt wörtlich: Moos wächst breit auf einem rollenden Stein. Übertragen bedeutet das: die Zeit schreitet voran, aber wir werden älter.« So oder ähnlich kam das damals rüber. Die ganz eifrigen unter den Junghörern hatten auf der aufgebockten Resopal-Arbeitsplatte schon das Vokabelheft offen aufgeschlagen, und zwar das für die

Schule, nur umgedreht und von hinten angefangen. Ein symbolischer Neuanfang, in vielerlei Hinsicht, so sehe ich das heute.

»... das zweite Idiom heißt: ›we sang dirges in the dark‹. Wörtlich: wir sangen Trauerlieder in der Dunkelheit. Übertragen heißt das: wir waren mit unserer tiefen Trauer völlig alleine. So, und noch mal jetzt das ganze Lied von vorne zum Mithören und Mitverstehen ...« – Lauscher auf- und das Vokabelheft wieder zumachen »war eins«.

Natürlich weiß man inzwischen, daß das längliche Stück ein Tribut an Buddy Holly ist und ein Kommentar darüber, wie sich die populäre Musik, vor allem der Rock 'n' Roll verändert hat. James Dean taucht da auf, der King, John Lennon, Karl Marx. Aber dann auch Mick Jagger, die Beatles, Bob Dylan, die Weavers, die Monotones, Don Cornell, Marty Robbins, Pete Seeger, Jimi Hendrix, Frank Sinatra, mehr oder minder offensichtlich, schwer erschließbar.

Helter Skelter, Eight Miles High, That'll Be The Day, Jumpin' Jack Flash waren die Songtitel, die die genauer Hinhörenden triumphierend identifizieren konnten. Bei dem Wort 'levy' mußten die einen unweigerlich an Led Zeppelins »When the Levy Breaks« denken; die anderen – eingeschworene Fans – wußten, daß Dylan einen schweren Motorradunfall gehabt hatte und (»the jester on the sidelines in a cast«) neun Monate brauchte, um wieder davon zu genesen.

Aber was wollte uns der Dichter wirklich und genau sagen?

Gras und Protest, Tote und Politik, Musik und Gott, irgendwie war das alles irgendwo drin, aber die 882 Wörter waren doch verdammt offen für Interpretation. Waren »the three men I admire most / The Father Son and Holy Ghost« eher Holly, Big Bopper und Valens oder der Williams Hank, Elvis und Buddy Holly? Oder gar John F. Kennedy, sein Bruder Bobby und Martin Luther King? War »Jack be nimble Jack be quick, Jack Flash sat on a candle stick« eine Anspielung auf Kennedy während der

Cuba-Krise, als eine Batterie Raketen kerzengerade auf Amerika gerichtet war?

Sicher – das Plattencover schien eindeutig: McLeans linker Daumen breit im Weitwinkel, fett draufgemalt ein Star und vier Stripes. Also – thumbs up, Amerika, auch wenn's nicht so scheint, es geht doch weiter? Die Unterstützung ex negativo?

Einem Gerücht nach soll McLean den Titel nach dem Namen des Absturzflugzeugs Hollys gewählt haben. Wäre ein bißchen zu einfach, oder? Angeblich soll der Meister aber in einem Interview auf einem australischen Radiosender genau dies bestätigt haben. Die Quellen schweigen, die Aufzeichnungen versagen, die Recherche verliert sich. Er selbst hat sich ja zeit seines Lebens geweigert, eine schlüssige Interpretation seiner Lyrik zu liefern. Wie soll er auch – es ist, mal ehrlich, und fragen Sie nach bei Kollegen vom Fach wie Morrison oder Donovan, im nachhinein immer schwierig, das lyrische Produkt einer vollen Dröhnung verständlich zu dechiffrieren.

Den Knallchargen der Privatradiosender ist das heutzutage ohnehin wurstegal. Die nudeln einfach das runter, was ihnen der Sponsorencomputer oder die Plattenfirmen auf den Plattenteller, pardon: in die Digitalschublade werfen, und wenn's auch nicht mehr »Nostalgie« heißt, der Refrain steckt immer noch im Ohr oder geht in selbiges hinein, und bei Bedarf kann man nach der dritten Strophe zur Werbung ausblenden, es hört ja ohnehin keiner mehr auf die Texte. Bye-bye, Miss Schwarzwälder-Kirsch. Oder -Kitsch?

Im Oktober '95, und das konnte ja auch nicht ausbleiben, zerstampfte eine Musikmaschine namens Just Luis den Apfelkuchen zu einem magengrubenschlägernden Technozementbrei. Laut Auskunft des Herrn McLean sollen seine beiden Kinder die Mixtur, genußvoll rauf- und runtergedudelt haben. Der Meister gab vor, nicht unamüsiert darüber gewesen zu sein. Eine reine Schutzbehauptung, wie ich meine.

♫ Deep Purple
Smoke On The Water (1973)

Text und Musik: Richie Blackmore/
Ian Gillan/Roger Glover/Jon Lord/
Ian Paice

Rauchzeichen aus Montreux

von MICHAEL RUDOLF

Das gleich mal vorneweg: »Smoke On The Water« war nie der erklärte Lieblingstitel der Band. Und die Fans scheinen diese Einschätzung einmütig zu teilen. Selbst bei Die-Hard-Polls schneidet der Titel eher bescheiden ab, meist in den Top Ten zwar, doch nie in Medaillennähe, denn die teilen »Child In Time«, »Highway Star«, »Burn« und »Black Night« unter sich auf. Wohingegen »Smoke On The Water« immer ein sicheres und warmes Plätzchen hat, das ist bei den Leuten, die in den Siebzigern rockmusikalisch sozialisiert wurden, sich aber nie vollends für den progressiven Hardrock erwärmen konnten. Da figuriert Deep Purple weit abgeschlagen hinter Led Zeppelin und selbst Black Sabbath. Und wennschon Deep Purple, dann eben nur »Smoke On The Water«. Schade eigentlich.

Der Titel wurde erstmals für das im April 1972 veröffentlichte Album »Machine Head« aufgenommen und machte die Band, das mag jetzt kurios klingen, auf fast schon wieder unangemessene Weise populär. Als Single wurde er um das Gitarrensolo gekürzt erst ein Jahr später, im Mai 1973, ausgekoppelt und brachte es in den Staaten sogar auf einen prima vierten Platz. Seither fehlt er auf keinem Sampler, keinem Live- und keinem Tribute-Album. Außerdem fehlt nirgendwo der Hinweis, daß der Frank Zappa im Text vorkommt, also fehlt er auch hier nicht. Schließlich erzählt der Song vom Brand während eines Zappa-Konzertes in Montreux und wie Blackmore,

Gillan, Glover, Lord und Paice die Tracks für »Machine Head« dann in einem Hotel aufnehmen mußten. Schön war das nicht. It was empty, cold and bare.

»Smoke On The Water« steht für viele Zeitgenossen als der Riffrocker schlechthin, der Hardrocker par excellence. Obwohl nun Deep Purple als die Hardrocker schlechthin gehandelt werden, ist dieser Titel aber gar nicht so exemplarisch. Ihr apodiktischer Riffrocker in aller gebotenen Glanzfeinheit war und ist und wird auf ewig sein: »Burn«, auch wenn er nicht von Ian Gillan eingesungen wurde. »Smoke On The Water« dümpelt einfach zu sehr in seiner obzwar suggestiven, aber doch auch sehr statischen Verhaltung, die wenigstens zu erwartende Steigerung findet einfach nicht statt. Klar, das Intro hat seine Qualitäten: Ritchie Blackmore legt mit Gitarre vor, Jon Lord springt mit der Orgel auf und bringt Fülle, Ian Paice steigt simultan zu Lord mit Hi-Hat und dann mit Kickdrum ein, und Roger Glover rührt den behäbigen Groove unter. Damit auch die Blöden begreifen, wie Arrangements funktionieren. Von den Aspekten didaktischer Raffinesse aus betrachtet: unerreicht. Musikalisch nur probehalber. Dieses Konstruktionsprinzip erfuhr seine hymnischen Weihen nämlich erst mit »You Fool No One« in der Live-Version von »Made In Europe« (1976). Übrigens mit dem impulsiveren Bassisten Glenn Hughes, da kracht's gehörig in der Laube. Die Reihenfolge in diesem Casus leicht modifiziert: Jon Lord und Ian Paice beginnen, dann Gitarre und dann Baß: superb. Wir fassen zusammen: »Smoke On The Water« war nie mehr als die Teststrecke für zwei bessere Stücke: »Burn« und »You Fool No One«. Bei aller Kritik darf jedoch nicht vernachlässigt werden, daß gerade im schier unüberschaubaren Segment der Lagerfeuergitarristen die Frage heiß und bisweilen auch kontrovers diskutiert wird, ob nun der Riff in Akkorden oder lediglich als Single Notes zu greifen sei. Da macht man schon was mit.

Die Band selbst hat vor diesem Wirkungshorizont auch so einiges durchgemacht: Da wären Blackmores schöne

Japan-Variationen (1972), aber auch die z. T. arg soulig verquiekten Live-Versionen mit den Vokalisten des Mark III-Line ups, David Coverdale und Glenn Hughes, und einem lustlosen Ritchie Blackmore, die notorischen underplays mit Blackmores Nachfolger, dem sträflich überschätzten Tommy Bolin, der auf der 1976er Japan-Tournee nur noch via Einfingersuchsystem agierte (»Last Concert In Japan«, 1977), die feinfrostige Zitationswut Joe Satrianis, aber auch die leicht verspielt-verschämten Anregungen von Steve Morse, zu verfolgen auf »Live At The Olympia«, 1997. Es ist ja auch nicht leicht. Blackmore hatte in aller Schlichtheit einen Chorus vorgelegt, der gerade aus dieser Schlichtheit seine Genialität und, wenn Sie so wollen, Singularität bezieht. Jeder weitere Ton wäre ein Ton zuviel, jeder weggelassene Ton ein Ton zuwenig, jeder andere ein falscher. Doch Schlichtheit hat auch ihre Tücken: Blackmore haßte das Riff beizeiten wie die sprichwörtliche Pest, patzte live mit Vorliebe, nur um seinen Mitstreitern das Musikantenleben auf der Bühne schwerzumachen.

Und warum Coverdale und Hughes immer nur die erste und die zweite Strophe gesungen haben, ist in keinem richtigen Deep-Purple-Buch (es gibt ja auch noch keins) erklärt. So schlimm wie mit dem Deutschlandlied kann's doch nun wahrlich nicht sein.

P.S.: Für Leser, die ich mit der Aufzählung diverser Fassungen des Titels nervös und neugierig gemacht habe, folgendes: es gibt deren noch vielviel mehr. Fraglos ungeschlagen die Live-Aufnahme von Ian Gillan mit Black Sabbath (»Born In Hell«, Bootleg 1983/1993). Das wird Tony Iommi am Kreuz bereuen. Dafür sorge ich.

♫ Tony Orlando & Dawn
Tie A Yellow Ribbon Round The Old Oak Tree
(1973)

Text und Musik: Irwin Levine/
L. Russel Brown

Das unzerschneidbare Band

von KNUD KOHR

Der Schrecken lauert oft an ungeahnter Stelle. Ich kenne einen Mann, der gemeinhin als unglaublich mutig gilt. Er fährt im Urlaub zum Wildwasser-Rafting, sieht zur Entspannung Horrorfilme und liest in der Geisterbahn Stephen King. Nur wenn jemand in seiner Nähe das Wort »Kabeljau« erwähnt, wird er plötzlich bleich und fängt an zu zittern. Wer ihn besser kennt, weiß, daß dieser Mann früher einmal fast an einer Kabeljau-Gräte erstickt wäre. Seitdem löst der Name des völlig harmlosen Fisches bei ihm Erinnerungen an Minuten der Todesangst aus.

Ich gelte gemeinhin nicht als unglaublich mutig. Trotzdem kann kaum jemand nachvollziehen, daß ich beim Hören des kleinen Liedchens »Tie a Yellow Ribbon Round the Old Oak Tree« von Tony Orlando & Dawn unruhig werde. Der Mechanismus ist ähnlich wie bei dem unerschrockenen Herrn mit dem Kabeljau: Mit dem völlig harmlosen Song lernte ich, im Alter von sieben Jahren, unter barbarischen Umständen das Fahrradfahren. Seither erzeugt die simple Melodie bei mir Herzrhythmusstörungen.

Eine Zeitlang habe ich versucht, diesem Schrecken ein Ende zu setzen, indem ich alles mögliche über das Lied in Erfahrung brachte. Ehrensache, daß ich auch dann noch den Refraintext auswendig hersagen kann, wenn man mich nachts um halb drei weckt: »Tie a yellow ribbon round the old oak tree/It's been three long years/Do you still love me/If I don't find a ribbon round the old oak tree/I stay on the bus/Forget about us/Put the blame on me/Please tie a yellow ribbon round the old o-hoak tree«, sage ich dann, ohne mir den Schlaf aus den Augen zu wischen.

Natürlich weiß ich, daß es in dem Lied um einen Heimkehrer aus dem amerikanischen Bürgerkrieg geht, der nach dem Friedensschluß zu seiner Liebsten zurückkommen möchte, die er so lange nicht sehen konnte. Daß es im März 1973 für jeweils vier Wochen die amerikanischen und britischen Charts anführte, um im darauffolgenden Mai in Deutschland bis auf Platz neun zu klettern. Daß es mittlerweile eintausendzweihundert Mal von anderen Bands nachgespielt wurde und damit – hinter »Yesterday« und »My Way« – der drittmeist gecoverte Titel der Popgeschichte ist.

Oft, wenn Freunde dabei waren, habe ich mich auch schon über den Song lustig gemacht. »Hört mal«, sagte ich dann. »Das Lied geht über den amerikanischen Bürgerkrieg, der ja bekanntlich von 1861 bis 1865 tobte. Und der Typ singt was von einem Bus. Zwanzig Jahre vor Erfindung des Autos. Ha-ha. Haha! Ha!!«

Allein, dieses Lachen klingt immer wie das Pfeifen im Wald. Der Schrecken bleibt.

Als ich im Frühsommer 1973 Fahrradfahren lernte, wohnte ich in einer Einfamilienhaussiedlung am Rand von Cuxhaven. Mein Vater war meist auf Auslandsmontage, meine Mutter schmiß derweil den Haushalt, und meine Schwester plärrte rum. Zu ihrer Verteidigung muß man sagen, daß sie damals erst zwei Jahre alt war. Wenn meine Mutter bei der Arbeit sang, ging man ihr besser aus dem Weg. Sie sang eigentlich nur, wenn sie böse war. Meistens irgendwelche Hits aus dem Radio. Oder alte Rock-'n'-Roll-Titel aus ihrer Jugend. Je böser sie war, desto mehr Text vergaß sie. Einmal geriet ich in einen Streit zwischen ihr und meinem Vater, bei dem sie Teller zerdepperte und dabei »Freude lala Götterlala« sang.

Ich selbst war damals einer der größten Intellektuellen

meines Alters. Meine Mutter hatte nämlich ihre gesamten Kinder- und Jugendbücher vom Dachboden in mein Zimmer gestellt, so daß ich über eine 350-Bände-Bibliothek verfügte. Manchmal fuhr sie mich auch zur Leihbücherei. Ich besaß allein achtundzwanzig Bertelsmann-Clubausgaben von Karl May und konnte fließend »Hadschi Halef Omar ben Hadschi Abul Abbas ibn Haschi Dawud al Gossarah« sagen. Außerdem konnte ich Schach spielen, mit allen Großmeistertricks wie Rochade und den Bauern beim ersten Zug zwei Felder weit vorstellen.

Meine Schulferien verbrachte ich in der Regel auf dem Bett liegend, einen Apfel und ein Buch nach dem anderen in mich hineinstopfend. Sportliche Aktivitäten waren mir fremd. Nie wäre ich auf den Gedanken verfallen, meine Freizeit wie die anderen Kinder mit Fahrradfahren oder Rollschuhlaufen zu vergeuden. Wenn ich das Haus mal verließ, dann meistens, um im Auftrag meiner Mutter Ameisen zu killen. Ich hockte mich zwischen die Waschbetonplatten unserer Auffahrt und zerdrückte die Tiere einzeln mit dem Daumen, bis das ganze Volk in Panik geriet und versuchte, sich neue Straßen zu suchen oder an der Hauswand entlang zu entkommen. Sie hatten keine Chance; im Ameisenzerdrücken war ich fast so gut wie im Äpfel- und Bücherstopfen. Meine Mutter stand am Küchenfenster und schaute mir wohlwollend zu. Manchmal brachte sie mir einen Kessel kochendes Wasser, damit ich die Ameisen auch unterirdisch vernichten konnte. Das fand ich aber unfair. Außerdem mochte ich den blechernen Geruch ihrer Leichen am Daumen, den man noch stundenlang beim Lesen riechen konnte. Im Grunde genommen hatte ich eine glückliche Kindheit.

Ein Vorfall zu Beginn der Sommerferien 1973 überschattete dieses Idyll. Björn Sandt, einer meiner Klassenkameraden, besuchte mich. Er wohnte am anderen Ende von Cuxhaven, weiter weg noch als die Leihbücherei. Wenn ich ihn mal besuchte, tat ich das nur im Auto unter Begleitschutz meiner Mutter, die mich bis an seine

Haustür brachte. Aber Björn Sandt war ein harter Hund. Er ließ sich nicht von seiner Mutter zu mir kutschieren. Statt dessen fuhr er die ganze Strecke allein auf seinem Kinderfahrrad. Nicht einmal Stützräder hatte dieser Draufgänger dabei.

Als ich Björn an diesem Nachmittag verabschiedete, hörte ich meine Mutter in der Garage rumoren, die durch eine Verbindungstür von der Küche aus zu erreichen war. »Tie a yellow ribbon lala old oak tree«, klang es dumpf aus ihrer Richtung. Mir wurde unwohl zumute. »Komm mal her!« rief sie scharf. Als ich vor die Tür kam, stand sie mit einem alten Kinderfahrrad auf den Waschbetonplatten. Komischerweise bekam sie einen Wutanfall. »Der kommt den ganzen Weg mit seinem Rad hierher«, schimpfte sie. »Und du kannst dich noch nicht mal draufsetzen.« Sie drängte mich in den Sattel und begann, mich mit scharfem Schritt auf dem Schotterweg vor unserem Haus hin- und herzuschieben. »Tie a yellow lala lala old oak tree«, preßte sie durch die straff gespannten Lippen. Irgendwann ließ sie los. Ich fiel hin und schlug mir das Knie blutig. Meine Mutter setzte mich sofort wieder aufs Rad und schob an. »It's been la! la! la!« Wieder fiel ich. Diesmal war das andere Knie fällig. »Do you la! la! la!« Ich weiß nicht, wie oft ich an diesem Nachmittag aus dem Sattel gestürzt bin. Ich rutschte auf den Schotter, rollte in Hecken, schlidderte in den Straßengraben. Meine Mutter lalalate so heftig, daß mir klar war: von ihr war weder Trost noch Erbarmen zu erwarten. Als die Sonne beim Untergehen so rot wurde wie meine Knie und ich gerade mit dem Leben abschließen wollte, fiel ich nicht mehr.

Endlich ließ meine Mutter von mir ab. »Das hat aber gedauert«, ranzte sie. Aber ich denke, damit wollte sie nur ihr Gesicht wahren. Sie selbst war so erschöpft von der ganzen Schieberei, daß sie den ganzen Abend keinen Ton mehr summte. Sogar der Abwasch blieb bis zum nächsten Morgen stehen.

Seit diesem Nachmittag kann ich »Tie a Yellow Ribbon« nicht hören, ohne mich sofort wieder ängstlich und von einer bösen Macht heillos überfordert zu fühlen. Allerdings bin ich auch verständnisvoller geworden. Neulich erst vertraute sich mir ein Freund an. Er habe, so sagte er, eine Verabredung mit einer reizenden jungen Dame gehabt, die in ihrer Wohnung endete. Um Stimmung zu schaffen, habe sie eine alte »Simon and Garfunkel«-LP aufgelegt. Als sie schon beim Rumknutschen waren, sei plötzlich »Bridge Over Troubled Water« gelaufen. Er aber hätte schon einmal gesehen, wie sich jemand bei diesem Song völlig besoffen die Hose vollkotzte, und sei spontan jeder sexuellen Handlung unfähig gewesen. Seitdem riefe sie nicht mehr an. Als er geendet hatte, mußte ich herzlich lachen. Irgendwann lachte er mit. Und so wurde es doch noch ein schöner Abend.

♫ **The Sweet**
Blockbuster (1973)

Text und Musik: Mike Chapman/ Nicky Chinn

Plastiksex

von MICHAEL RUDOLF

»The Sweet« (umgangssprachlich auch »The Sweets«) waren eine von tausend Motowncoverbands Mitte/Ende der sechziger Jahre. Nicht übertalentiert, aber auch nicht zur Gänze dumm. Strenggenommen hießen sie natürlich in diesem für ihre spätere Karriere entscheidenden Prästadium noch Sweet Shop. Und es war dann wohl der Einstieg von Gitarrist Andy Scott, der im Bandgefüge für einigermaßen Konturen sorgte.

Die Konturen, die dem Songschreiber/Produzentenduo Nicky Chinn und Mike Chapman erheblich schienen, waren folgende: Das von ferne aufziehende Wetterleuchten des Glamrock verlangte ab 1971 nach androgynen Flitterwesen, die wenigstens täuschend echt ihre Instrumente umschnallen konnten. Man interpretiere das nicht falsch: The Sweet konnten noch mehr, nämlich sogar auf ihnen spielen. Das zunächst aber war der Teeniejournaille schnurzpiepe. Die brauchte Futter für ihre Starschnitte. Die sog. seriöse Popkritik hingegen baute das angeblich instrumentale Unvermögen solcher Bands wie The Sweet zum Running gag aus.

Einzuräumen gilt es fairerweise, daß die adäquate Livepräsentation der ersten von Chinn/Chapman auf The-Sweet-Norm gestanzten Hitserie (»Funny Funny«, »Co-Co«, »Alexander Graham Bell«, »Poppa Joe«, »Little Willy« und »Wigwam Bam«) allein schon vom Arrangement her als ziemlich undurchführbar gelten muß. Zuviel Chorgesang, a-rockistische Versatzstücke und allerlei sonstiges Gebimmel, wahlweise sogar Streicher und Gebläse – das konnte coram publico nicht gutgehen. Vorm Bühnenrand jedoch sorgte zu allem Überfluß eine völlig desperate Menge junger Damen dafür, daß von den Spielkünsten der Combo überhaupt nichts mehr zu vernehmen war.

Brian Connolly, Andy Scott, Steve Priest und Mick Tucker gingen zu der Zeit offiziell nicht im entferntesten als beinharte Rocker durch, aber die sorgfältig über die ersten LPs bzw. auf die jeweiligen B-Seiten der Singles drapierten Eigenkompositionen zeigten deutlich an, wonach ihnen eigentlich die Sinne standen. Und das sollte dann doch ein Hardrock der simpleren, mithin auch melodischeren Denkungsart sein. Musik mehr für Jungs und nicht allein für Mädels. Ihre Ghostwriter trugen dem in der Folge auch Rechnung, nicht zuletzt, weil das Publikum nach mainstreamigeren Ausgaben von Deep Purple, Uriah Heep etc. gierte.

»Blockbuster« war 1973 nicht nur ihre erste und letzte Nummer 1 in Großbritannien, sondern auch Nummer 1 einer etwas härter disponierten Hitfolge für The Sweet, bevor sich die Combo endgültig entschloß, auch ihre kompositorischen Geschicke selbst in die Hand zu nehmen. »Blockbuster« wurde gefolgt von »Hell Raiser«, »Ballroom Blitz«, »Teenage Rampage«, »Turn It Down«, »Fox On The Run« und »Action«, einem sogar für damalige Verhältnisse einmaligen, arg überproduzierten Klangmatsch aus Kitsch, Chuzpe und dezidiertem Unverstand. Besonders in der Bundesrepublik räumte das glamrige Quartett ab, vielleicht weil keiner die verschrobenen Texte verstand, wohl aber Brian Connollys eineindeutige Plastiksexsymbolik. Nicht ganz so abseitig wie T. Rex, nicht so prollig wie Slade – eher gut dosiert, also bestens kalkuliert. Sirenengeheul, Pauken und Trompeten, degressive Stimmakrobatik und dazu nach innen ondulierte Haare, hollandtomatenrote Wangen, interstellare Plateausohlenstiefel und formenbetonte Glitzerhöslein – all das ließ den eklektischen Sweet-Kontext schnell zum Alptraum besorgter Eltern von unruhig träumenden Teenagern werden. Hingegen durchwachte ich die Nächte von 1973 völlig umsonst mit dem Hören des englischen Luxemburgers, nur um ein, zwei Wochen früher mit dem Wissen prahlen zu können, welches die nächste Sweet-Single sein würde. Die von mir umworbenen Damen (die Petra, die Ute und die Lissy) präferierten Bee Gees und später Bay City Rollers. Schon allein die Erinnerung daran tut weh. Sehr weh.

Aber man täte Unrecht, die Band allein auf ihre Rolle als Teeniebopper-Stars zu reduzieren. Irgendwann, 1975, hatten sie sich freigeschwommen. »Fox On The Run« stammte bereits aus den eigenen Federn, und mit »Love Is Like Oxygen« ließ man das Dezennium hitmäßig standesgemäß ausklingen. Daß The Sweet nie eine reine Hitband sein wollten, findet seinen späteren Beweis u.a. auch darin, daß wir sie – Umbesetzungen hin und her – nie auf den zur Landplage gewordenen Oldieshows für Betriebsfeiern oder im TV antreffen sollten. In gemessenen Abständen legen sie, nunmehr als Andy Scott's Sweet (der silberblonde Brian ist leider verstorben), neue Live- oder Studioalben vor. Und wenn es dabei bleibt, wollen wir ihnen wünschen, daß sie damit in Würde alt werden.

♫ Suzi Quatro
Can the Can (1973)

Text und Musik: Mike Chapman/
Nicky Chinn

Kill Your Idols

von SUSANN SITZLER

Manch einer kriegt noch heute glasige Augen, wenn er an Suzi Quatro denkt, wie sie breitbeinig und ganz in Leder hinter ihrem Baß stand und »Can the Can« röhrte, damals in den Siebzigern. Ich aber habe Suzi Quatros Blümchenbluse gesehen, und das war bei Gott kein schöner Anblick.

Früher lebte ich in Basel, wo es selten Oldie-Festivals gab. »Suzi Quatro kommt«, wehte es eines Tages zu Beginn der neunziger Jahre durch unsere Zeitungsredaktion. »Lebt die noch?« knarzte der Layouter. »Da sollte man doch wohl ein Interview machen«, meinte ich, ganz eifrige Jungredakteurin. Sofort brach Tumult aus unter den Herren um fünfunddreißig: »Da kannst du unmöglich alleine hin!« »Ich gehe mit«, »Nein ich, Suzi Quatro wollte ich immer mal ...« Gewonnen haben schließlich der Fotograf und der Ressortchef Kultur.

Zu dritt warteten wir im Backstagebereich der Sporthalle St. Jakob auf die Quatro. Meine Begleiter versuchten ihrer Nervosität Herr zu werden, indem sie mir erläuterten, »was Suzi Quatro damals für einen Knaben kurz vor der Pubertät bedeutete«. »Als Suzi im Fernsehen spielte, ahnte ich plötzlich, daß es zwischen Jungs und Mädchen noch etwas anderes gibt als An-den-Haaren-Ziepen«, bekannte fiebrig der Fotograf. »Und wie tief ihr Baß hing auf diesem Foto über meinem Bett ...«, stöhnte der Kulturredakteur. Beide starrten unverwandt auf die gelbe Tür, hinter der wir Frau Quatro wähnten. »Ich könnte ihr sagen, daß ich sie heiraten wollte«, delirierte der Fotograf gerade, als sich die Tür öffnete.

Frau Quatro war ganz Leder und klackerte aufrecht in hohen Stiefeln vorüber, insgesamt kaum größer als drei aufeinandergestapelte Monitorboxen. Ich holte die Dame, die altersmäßig leicht meine Mutter sein könnte, ein und fragte, wann wir uns denn nun zum angemeldeten Interview treffen würden. »Nach dem Auftritt im Presseraum«, sagte sie auf englisch und rauschte davon.

Ich nahm meinen Vorgesetzten und den Fotografen an je einer Hand und zog sie hinter mir her in die Halle. Auch Suzi Quatro war schon da, und sie ließ sich nicht lange bitten: Paa-da-ba-da-ba-da-ba-da paa-da-ba-da-ba-da-ba-da legte sie los, breitbeinig. »Can the Can« hieß der erste Titel, nahtlos übergehend in »48 Crash« und »Daytona Devil«: alle zu einem Medley verwurstet. Ich gab dem Fotografen einen sanften Knuff in die Seite und wies ihn darauf hin, daß er ihr ganz vorne an der Bühne, innerhalb der Absperrung, noch näher kommen und überdies dort auch seine Arbeit verrichten und die Musikerin fotografieren könne. Unter Tränen der Glückseligkeit trottete er nach vorne. Ich gab mich dem Gewummer hin, und für eine Sekunde konnte auch ich fühlen, was eine wie Suzi den Jungs damals bedeutet haben mußte, obwohl ich an dem Tag, als »Can the Can« erschien, noch um Jahre zu jung für den Kindergarten war. An jenem Abend gab uns die alternde Suzi Quatro das, was jeder Rockstar dem Publikum schuldet: das Gefühl, daß es ganz in der Nähe ein anderes, besseres, ein wilderes Leben gibt, ein Leben im Rausch, wo das Tempo hoch und die Menschen glücklich sind. Dann war der Set vorbei, und mir fiel wieder ein, warum ich eigentlich hier war.

Unser Rendezvous mit Suzi Quatro war nur noch kurze Zeit entfernt, wir warteten in einer leergeräumten Sportlergarderobe. Meine Begleiter kicherten hysterisch, sonst war niemand von der Presse anwesend. Irgendwann kam Frau Q. mißmutig hereingeschlurft. Der Fotograf fiel wortlos in Ohnmacht. Suzi Quatro setzte sich. Der Kul-

Krach oder Leder? Egal: Wer kann, der kann – auch Can-Can!

turredakteur platschte die mitgebrachte Rose auf den Tisch und kippte seitlich vom Stuhl. Ich konzentrierte mich mit aller Kraft auf meine Fragen. Immer wieder schob sich mir das mit Lidschatten in verschiedenen Grün- und Pinktönen sorgfältig gestaltete Gesicht von

Frau Quatro ins Blickfeld. Krampfhaft versuchte ich, mir die gelbgrün gemusterte Bluse mit den verschlungenen Blumenranken und die paillettengeschmückte Hausfrauenjeans in Karottenform wegzudenken, in der die Quatro an jenem Abend des Jahres 1994 steckte, nachdem sie sich aus ihrem ledernen Arbeitsdreß geschält hatte.

Der Rest ist nicht der Rede wert: In monotonem Singsang erzählte die Godmother of Rock 'n' Roll von ihrem Haus in England und daß sie einen Gedichtband geschrieben habe, »harte Gedichte, über mein Leben als Frau im Rockgeschäft«. Bevor wir uns verabschiedeten, begann sie ungefragt ihren Namen auf die herumliegenden Papiere zu kritzeln, den Blick starr ins Leere gerichtet. Der Fotograf war wieder zu sich gekommen und zerrte seine Fototasche unter ihrem Stift hervor. Nun bekam die Tischplatte ein Autogramm. »People still like me very much, also young people«, tönte es aus Frau Quatro. Wir ließen sie zurück. Uns aneinander stützend, schleppten wir uns ins nächste Wirtshaus.

Seither muß ich immer weinen, wenn ich irgendwo »Can the Can« höre, und mir ist für eine Sekunde der Spaß am Jungsein vergällt. Meine beiden einstmals attraktiven und lebensbejahenden Kollegen verfielen nach jenem Tag zusehends. Von ihrer Jugend hörte ich sie nie wieder sprechen, und ich bin mir sicher, auch erotische Phantasien haben sie seitdem keine mehr gehabt.

♫ Stealers Wheel
Stuck in the Middle With You (1973)

Text und Musik: Gerry Rafferty/
Joe Egan

Ein musikalisches Massaker

von BERND HERBON

Live aus dem Schlachthof: Auf einen Stuhl gefesselt sitzt ein blutiges Häufchen Elend. Ein Polizist in der Gewalt von Gangstern. Sie prügeln ihn zu einer formlosen Masse. Einer der Schläger, Mr. Blonde, schneidet sein Ohr ab. Er übergießt den geschundenen Körper mit Benzin, will ihn anzünden. Doch dann wird der Peiniger selbst von sechs Kugeln durchsiebt. Dieses Hauen und Stechen hatte sich Quentin Tarantino für den 1992 entstandenen Film »Reservoir Dogs« ausgedacht. Und er erlaubte sich noch einen Mordsspaß. Die wüste Folterszene unterlegte er mit einer fröhlichen Weise aus Love-and-Peace-Zeiten: »Stuck in the Middle With You« von der schottischen Band »Stealers Wheel«, 1973 auf ihrem Debütalbum veröffentlicht.

Tarantino wußte, was er tat. Er verhackstückte für sein Blutbad nicht nur eine stattliche Darstellerschar, er massakrierte auch jede frühere emotionale Reminiszenz an den Song. »Kino funktioniert besser als jede andere Kunst. Es trifft Kopf und Bauch mit aller Wucht. Wenn ein Regisseur es richtig anstellt, wird eine im Kino gehörte Melodie für immer mit den dazugehörigen Bildern verbunden. Jeder Song im Soundtrack ist auf ewig für den Film reklamiert«, gab er zu Protokoll. Dieses prophezeite Schicksal hat »Stuck in the Middle With You« zwar nicht verdient. Aber eigenartigerweise begleitete das Stück so etwas wie der Fluch »Spiel mir das Lied vom Tod«.

Als der von Gerry Rafferty und Joe Egan geschriebene Hit in den US-Charts Platz sechs, in England Platz acht erreichte, existierte die Ursprungsformation von »Stealers Wheel« schon nicht mehr. Rafferty hatte sich im Streit abgesetzt. Für die fälligen Auftritte angesichts des Erfolgs wurde er zurückgeholt. Dafür gingen sein Ersatzmann Luther Grosvenor (früher »Spooky Tooth«) sowie Lead-Gitarrist Paul Pilnick, Schlagzeuger Rod Coombes und Bassist Delisle Harper, der wiederum kurz zuvor Tony Williams beerbt hatte. Für »Stealers Wheel« ließen sich Aufnahmestudios Drehtüren einbauen, so fix war die Fluktuation ihrer Mitglieder.

Schottlands Antwort auf die Harmonie-Heroen »Crosby, Stills, Nash & Young« pflegte wie die Vorbilder den anspruchsvollen Folkrock mit melancholischem Einschlag. Hinter den Kulissen frönte man jedoch dem ausgesprochenen Hang zur Dissonanz. Gerald Rafferty, bis 1970 mit dem Kabarettisten Billy Conolly in der Gruppe »The Humblebums« unterwegs, verstand keinen Spaß mehr: »Billys Witze wurden immer länger, die Songs immer kürzer.« Er tat sich nach einem Soloausflug auf »Can I Have My Money Back?« mit dem Schulfreund aus Glasgower Zeiten, Joseph Egan, zusammen. Hinzu kamen noch der Folkie Rab Noakes, Ian Campbell und Roger Brown. Doch vor dem ersten Plattenvertrag hatten Pilnick, Williams und Coombes deren Plätze eingenommen. Ab 1974 sollten noch Joe Jammer (Gitarre), Andrew Steele (Drums), Gerry Taylor (Baß), Benie Holland (Gitarre) und Dave Wintour (Baß) kurze Gastspiele geben. Auch mit den Erfolgsproduzenten Leiber und Stoller gab es Krach. Sie plädierten für mehr Rock, die Band wollte mehr Folk.

Auf der zweiten Platte »Ferguslie Park« (nach einem Ort in Raffertys und Egans Glasgower Heimatstadtteil Paisley benannt) fühlten sich die Gründer bereits bemüßigt, klarzustellen: »Stealers Wheel sind Gerry Rafferty und Joe Egan.« Doch nach der von heftigen Geburtswehen begleiteten dritten LP »Right or Wrong« kam es zur finalen Kernspaltung. Rafferty und Egan gingen getrennte Wege. An den Rufmorden, dem dreijährigen Showdown bis zum endgültigen Tod der Band mit über einem Dutzend Musikern als Karteileichen hätte Quentin Tarantino seine Freude gehabt.

»Stuck in the Middle With You« mit seiner hämmernden Akustikgitarre, klopfendem Baß, messerscharfen Elektro-Licks und den Bottleneck-Heulern verzichtet weitgehend aufs Schlagzeug. Statt dessen sorgt rhythmisches Händeklatschen für den Beat. Es muß wohl als Abwatschen verstanden werden. Denn im Text knöpfen sich die beiden Feuerköpfe Egan und Rafferty gar nicht scheu ihre Brötchengeber vor. Anlaß war eine Party mit Vertretern der Musikindustrie in einem Londoner In-Restaurant vor Unterzeichnung des Plattenvertrags. Sie sind die »Clowns zur Linken« und »Narren zur Rechten«, die sich mit ihrem Selfmademan-Gehabe in die Brust werfen. Wut und Spott waren schon immer die effektivsten Helferlein der Genies. Denn der Millionen-Seller »Stuck in the Middle With You« bleibt eine der kreativsten Kompositionen der vom Glam-Rock verseuchten siebziger Jahre. Enthusiasmierte Kritiker hoben die Autoren sogleich in den Olymp – auf einem Songwriter-Thron sitzend, Bob Dylan zur Rechten, John Lennon zur Linken. Und Paul Simon erkor das Werk damals gar zu seinem liebsten Pop-Song.

Den Löwenanteil des Nachruhms bekam Gerry Rafferty. Vorausschauend war er auf dem zeittypisch floralverspielten Debütalbum-Cover als bebrillte Raubkatze porträtiert worden. Egan lieferte nach Auflösung von »Stealers Wheel« mit einigen Solo-LPs weiterhin musikalische Wertarbeit, jedoch ohne allzu große käuferische Anerkennung. Rafferty dagegen plazierte noch einige folkig-verträumte Hits wie »Right Down the Line«, »Home and Dry«. Sein Album »City to City« von 1978 verkaufte sich über fünf Millionen Mal. Auch als Produzent der schottischen Band »The Proclaimers« bewies er ein goldenes Händchen.

Doch Unsterblichkeit garantiert dem Barden die Rolle als Guru einer globalen Erneuerungsbewegung. Zu den Klängen von Raffertys »Baker Street« reformierten seine Anhänger auf allen Tanzböden der Welt den althergebrachten Kult des Luftgitarrenspiels. Statt zu Deep Purples »Smoke on the Water« imaginäre Gitarrenhälse zu würgen, lernen ekstatische Jünglinge seit 1978 zum Saxophon-Solo von »Baker Street« die Klappen zu halten. Und verführungswillige Männer allen Alters nehmen sich vor, im Angesicht der Dame ihres Herzens statt Blech zu reden, zur Abwechslung mit zittrigen Fingern Blech zu spielen – und zwar den unverwüstlichen Schmachtfetzen mit dem Sax-Appeal.

Die musikalische Kulisse für Folterknechte und Liebeswerber zu liefern – keine schlechte Visitenkarte für einen Komponisten. Doch im Gegensatz zu dem unzählig abgekupferten »Baker Street« gibt es nur ein namhaftes Cover von »Stuck in the Middle With You«. 1995 versuchte sich die Jeff Healey Band an dem Titel. Das Ergebnis war weitaus weniger originell als das Original. Die Aufnahme von »Stealers Wheel« bleibt unkaputtbar, wie es in der Reklamesprache heißt. Selbst wenn es als Jingle für einen französischen Werbespot mißbraucht wird, wie Ende der siebziger Jahre geschehen. Die sparsame Orchestrierung des Drei-Minuten-Opus bietet viel mehr Platz für emotionale Bilder, als Liebesfolterer und Werberknechte vermuten. Die entsprechende Botschaft an Tarantino und Konsorten haben die Mitglieder von »Stealers Wheel« auf die Rückseite ihres Albums geschrieben: »Wir wissen, daß ihr glaubt zu verstehen, was wir eurer Meinung nach gesagt haben, aber wir sind nicht sicher, ob ihr versteht, daß was ihr zu hören glaubt, nicht das ist, was wir meinen.«

♫ **Carly Simon**
You're So Vain (1973)

Text und Musik: Carly Simon

Es ist alles Ei, Tell!

von STEFAN ERHARDT

Die Simons waren keine der alteingesessenen Familien aus dem französischen Teil der Schweiz. Im letzten Jahrhundert hatten sie sich auf einem Schloß in der Nähe von Sion niedergelassen, um diesen Stammsitz die nächsten Jahrzehnte gegen alle Unbilden der Weltläufte zäh und inzestuös zu verteidigen. Welt-, Bürger- oder gar Religionskriege konnten den Simons oder »Simoniacs«, wie sie von Einheimischen eher abschätzend zuzeiten genannt wurden, nichts anhaben.

Ihr Vermögen, um nicht zu sagen ihr Glück, hatte die Familie durch den Erfindungsgeist eines ihrer Vorfahren, eines – wie er sich nannte – Frédéric Simon, gemacht, der auf die glorreiche Idee gekommen war, eine Fabrik zur Herstellung von Gipfelkreuzen zu errichten und anschließend im eidgenössischen Parlament das Gesetz durchzubringen, daß alle Berge der Schweiz »nach der Tradition« zu kennzeichnen seien. Zuvor hatte der im böhmischen Hrochowteinitz unter dem Namen Friedrich Simony geborene, sich »Alpenforscher« nennende Mittel- und Hochgebirgsschwärmer in zwei Bänden das Dachsteingebiet wortgewaltig beschrieben und damit sogar eine Professur für Geographie in Wien sich erschleichen können, war dann aber, nachdem Zweifel an seiner wissenschaftlichen Qualifikation (Spitzname unter Studenten damals: »Der Alpen-Freddi mit dem Dachsteinschaden«) aufkamen, flugs nach der Schweiz entwandert, wo er sich mit einer ortsan- und äußerst aufsässigen Pfarrerstochter zusammentat, aus welcher Verbindung zeuge und schweige sechzehn Kinder entsprangen. Und eben auch die ebenso segens- wie monetenreiche Geschäftsidee.

Wie schon eingangs angedeutet, und das mag wohl auch der äußeren Entfremdung und inneren Vertreibung des »Stammvaters« geschuldet sein, aber wir wollen nicht allzu stark psychologisieren, mißtraute die Familie allem und jedem, so daß die »Linie« unter nicht mehr gänzlich rekonstruierbaren Umständen beinahe ohne jede »Blutvermischung« von außen fortgeführt wurde. Den biologischen Erkenntnissen derart gefahrvollen Tuns sich relativ demenzarm widersetzend, schafften es die Kinder und Kindeskinder, die Fabrik zu größter Prosperität zu führen, u. a. auch durch die Umstellung der Produktion von Gipfelkreuzen auf Konzertklaviere, die als »Simon-Flügel« wegen ihres spitzen, aber weittragenden Klanges besonders von Repetitoren geschätzt wurden.

Es kam jedoch, wie es in allen hermetischen Systemen kommen mußte. Einem der Enkel jenes böhmischen Bergfetischisten wurde die karge Bergwelt zu klein, die Engstirnigkeit des Wallis, die sich tief in die Hirne seiner Bewohner eingegraben hatte, zu eng, und er entschloß sich, mit der Familientradition vollständig und gewissermaßen massiv zu brechen. Nun überzogen gerade die Wirren des Zweiten Weltkriegs Europa, und Richard, so der Name unseres Rebellen, nutzte die »Umbruchzeit«, die auch das schwerfällige Schweizer Leben in Unordnung gebracht hatte – sollte man neutral bleiben und wenn ja, wie sehr? war damals die politische Frage ersten Ranges –, um abzuhauen.

Das war so leicht nicht zu bewerkstelligen, gelang aber dank der Hilfe eines befreundeten Schweizer Marineoffiziers, so daß Richard über den Genfer See unbehelligt bis Bordeaux gelangen konnte, wo er ohne viel Vertun auf einem Dampfer nach New York, nein, nicht anheuerte – der gute Mann war ja mit Reichtum gesegnet und hatte natürlich neben der Nummer seines

Schweizer Kontos auch eine beträchtliche Menge Bargeldes bzw. Goldes mitgenommen –, sondern sich als Passagier einschiffte.

Reisen bildet gemeinhin, und oft bilden sich Beziehungen, die dem Leben eine ganz neue Wendung geben. So auch bei Richard, der sich gerade dazu entschlossen hatte, seine ihm elend erscheinende Herkunft leugnend, sich nun Richard, und zwar in englischer Aussprache, zu nennen, also Ritschart Saimen, wenn man es denn in etwa adäquat im Schriftbild wiedergeben will. Auf dem Schiff traf er nämlich einen anderen Exilanten, der sich ihm als »Peter Schuster« vorstellte und Nazideutschland den Rücken hatte kehren können.

Ohne rechte Vorstellung, was sie im Land der angeblich unbegrenzten Möglichkeiten in Sachen Ruhm und Ehre sowie Lebensunterhalt anfangen sollten, beschlossen beide, die sich in kürzester Zeit gut angefreundet hatten, sich als Geschäftspartner zusammenzutun und – die Kenntnisse des einen (Klavierbau) wie des anderen (Buchdrucker) kombinierend – einen Verlag zu gründen, der Musiknoten und Gedichte vertreiben sollte. Letzteres hatte sich Peter Schuster ausbedungen, der im Besitz eines kostbaren Manuskripts war und dies gewinnträchtig nutzen wollte, nämlich der »Legende vom Tellerwäscher Billy Joe« von Brecht, einem bislang unveröffentlichten Werk des Augsburger Arbeiter- und Boxerdichters, das Schuster, ins Englische übersetzt, als neue Hymne Amerikas lancieren wollte, eine ganz und gar vergebliche Liebesmüh, wie sich später herausstellte.

Wie es beiden gelang, innerhalb kürzester Zeit Produktionsstätte und Geschäftsdomizil zu finden, ist für unseren Teil der Geschichte unwichtig. Soviel sei zumindest festgehalten: Der Verlag Simon & Schuster schwang sich zu einem der führenden Unternehmen in der US-amerikanischen Handelswelt auf. Richard ehelichte bald, und mit Hilfe dieser Frau brachte er drei Töchter zur Welt, die er Joanna (eine versteckte Reminiszenz an seine alte Heimat?), Lucia sowie Carla nannte, letztere vor allem deshalb, weil er sich eigentlich einen Sohn gewünscht hatte.

Carla hatte es trotz behüteter, völlig sorgenfreier und materiell unbeschwerter Kindheit und Jugend schwer. Stets fühlte sie sich gegenüber ihren Schwestern zurückgesetzt, glaubte ihrem Vater nichts recht machen zu können und flüchtete sich schließlich – typischer Reflex reicher, unverdorbener Mädchen? – in die Scheinwelt von Shopping und Schauspielerei.

Auf einem ihrer zahllosen Kurzbesuche in London hatte sie, als sie sich mitten im Gewühl der Carnaby Street nicht mehr zurechtfand, einen auf den ersten Blick gar nicht unüblen Mann namens Ralph kennengelernt. Jener charmante und ausnehmend gut gekleidete (auffällig: der aprikosenfarbene Schal), auch fast akzentfrei sprechende Junge hatte ihr angeboten, sie durch die swinging city zu führen (»let me take you by the hand, I'll lead you through the streets of London«), was sie dankbar angenommen hatte.

Ein Blick gab den anderen, und schon waren nicht nur Küsse und Telefonnummern, sondern auch Zahnbürsten und Partyeinladungen getauscht. Eine längere Beziehung schien sich anzubahnen, häufig besuchte Ralph – der ihr gegenüber in einer stillen Stunde angedeutet hatte, in seinen Adern flösse neben schottischem auch Schweizer Blut – sie in der Stadt, die niemals schläft. Ebenso häufig war er aber auch wieder für einige Zeit für sie nicht erreichbar. Man munkelte von Treffen mit zwielichtigen Bekannten aus der Unterwelt und gigantischen Wetten bei den Pferderennen von Saratoga sowie von Segeltörns vor Nova Scotia mit anderen Frauen, darunter die Gesponse seiner besten Freunde.

In einem Anflug von realitätsnaher Erkenntnis gepaart mit teenagerhaftem Sarkasmus schwor sich Carly, wie sie sich neuerdings rufen ließ, diesen »eitlen Fatzke«, wie sie jetzt über den schönen Briten herzog, nie mehr wieder zu sehen. Geschweige denn wiederzusehen.

Wir überspringen ein paar Monate und Jahre, die

schlicht ins Land bzw. in die Stadt gingen, und greifen die Geschichte an dem Punkt wieder auf, an dem Mick Jagger ins Geschehen eingreift.

Das war bei einer jener backstage parties, die die mittlerweile zu einigem Ruhm gekommenen Rolling Stones nach einem mehr oder minder gelungenen Konzert in ihren Hotelzimmern zu schmeißen pflegten. Unsere Verlegerstochter hatte sich in der Zwischenzeit auf ihre Ausbildung als Schauspielerin besonnen und den väterlichen Flügel vereinnahmt. Eine gute, sanfte, geradezu melodische Stimme eignete ihr, das war nicht zu leugnen. Warum sollte sie sich nicht auch einmal als Sängerin versuchen? So oder ähnlich waren ihre Überlegungen, und nachdem sie regelmäßig einmal in der Woche Gesangsunterricht genommen hatte, faßte sie Mut und Zuvertrauen und schrieb ihre ersten Lieder inklusive der Liedtexte.

Der Zufall wollte es, daß der Manager Bob Dylans ihren Weg bei einem der zahlreichen Verlagsempfänge kreuzte, ihr auch versprach, sich die von ihr besungenen Tonbänder eingehend anzuhören, ließ dann aber ausrichten, nachdem er vorher bei ihren Anrufen sich zäh hatte verleugnen lassen, er schätze zwar die nasale Intonation sehr, könne ihre Art von Musik aber leider nicht in sein Programm aufnehmen, da er vor allem Sänger und Songwriter vertrete, die der Welt von tiefer Schwermut und mühseligem Leben kündeten.

Carly steckte nicht auf und schaffte es tatsächlich, jemanden bei der Plattenfirma Elektra von ihren Qualitäten zu überzeugen. Ein Album wurde produziert, und siehe da: Binnen weniger Monate wurde eine halbe Million Exemplare davon verkauft. Carly war im vierten Himmel, ein weiteres Album folgte und noch eines, beide schlugen noch mehr ein, als je einer zu ahnen gewagt hätte, und Carly war schließlich im siebten Himmel, als sie den renommierten Musiker James Taylor kennenlernte. Der führte sie nämlich nicht nur zum Traualtar, sondern auch zu eben jenem Konzert, nach welchem ihr Mick Jagger persönlich vorgestellt wurde.

Mick war durchaus angetan von ihr und versprach spontan, zu einem ihrer Lieder den geballten Hintergrundchor zu singen. Carly, inzwischen gereifter und gewitzter, hatte sich an die kurze Affäre mit dem Briten Ralph erinnert und sie zum Anlaß genommen, ein Lied über ihre – wie sie mit einem nervösen Mundzucken gestand – »naive Phase« zu schreiben, über die leeren Versprechungen, denen sie erlegen war, über die wolkigen Träume vom perfekten Liebespaar, denen sie sich damals am Frühstückstisch bei Muffins, Ei und Kaffee nur allzu gerne hingab.

Mick hatte bei den Aufnahmen im Studio nach den ersten Takten gute Miene zu ihrem Klavierspiel gemacht, hatte sich dann gar nicht lange mehr aufgehalten und war noch vor dem Abmischen verschwunden, den Schlapphut keck halb ins Gesicht gezogen und irgend etwas von »white girls can't sing« gemurmelt, das wird zumindest von einem der Tonmeister behauptet.

Geschadet hat das dem Song allerdings nicht. Carly war's zufrieden, nicht nur, weil sie in schönster Schweizer Familientradition den Gipfel des Erfolgs erklommen, sondern sich auch mit ihrem Vater wieder versöhnt hatte, der fortan mit dem Drucken ihrer Songnoten eine nicht unbeachtliche Summe Geldes dem Familienvermögen hinzufügen konnte.

Nachzutragen ist noch, daß Carly Simon weder mit Paul noch mit Claude verwandt oder verschwägert ist. Und daß sie Andreas Gryphius nachweislich nie gelesen hat.

♫ Lou Reed
Walk on the Wild Side (1973)

Text und Musik: Lou Reed/ David Bowie/Mick Ronson

Ein Lied für die ganze Familie

von CHRISTOF MEUELER

Lou-Reed-Anhänger sind faul, antriebsarm und eingebildet – aus Verlegenheit: Wer vom Leben nichts erwartet, liebt Lou Reed. Schüchterne Konformisten, die sich als Außenseiter begreifen, weil Lou Reed ihnen angeblich gesagt hat: Abwarten und Alkohol trinken. Oder keinen Alkohol mehr trinken und trotzdem abwarten. Sie glauben, daß die Welt so schlecht ist, daß die beste Musik, die sie hervorbringt, noch schlechter sein müßte. Eben Lou-Reed-Musik. Kaum einer hat so rührend ins schlapp Geschluderte (»Sally Can't Dance«, »Coney Island Baby«) und eklig Verquetschte (»Berlin«, »Metal Machine Music«, »Street Hassle«) mißratene Platten gemacht wie er. Warum? Weil er weder singen noch Gitarre spielen kann, aber glaubt, das wäre seine Berufung. Man muß ihn sich als glücklichen Luftgitarristen vorstellen.

Superstarrsinnigen Erfolg hat er damit nicht gehabt – anders als der ähnlich eingebildete Keith Richards. Für Reed kein Problem, hat er sich doch in der ewigen zweiten Liga so behaglich-überheblich einrichten können, weil er sich eigentlich als großer Dichter begreift. Er meint, Shakespeare oder Dostojewski zu ähneln, ist aber bestenfalls eine Dostojewski-Figur: Fürst Lew Nikolájewitsch Mýschkin, besser bekannt als »Der Idiot«. Immer alles falsch machen, immer falsch lachen und es dabei richtig krachen lassen. Und weil er dabei nie gestorben ist, hat »that spooky man, booga booga« (Lester Bangs) noch vor Punk den Rock 'n' Roll völlig auseinandergenommen.

Aus Versehen – so wie das aufgeweckte Kind ein Radio zerstört, weil es wissen will, wo die Stimme herkommt. Reed suchte als ein auf Platten völlig neben sich gurgelnder und in Interviews irr quakender Rock-'n'-Roll-Idiot die perfekte New Yorker Ballade.

Wahre Coolness gleicht Eigenurintrinken oder Onanieverfeinerung – eine ganz persönliche Sache, die von Vorstellungen lebt, und mich angehen oder Lou und Reed. Seine vortrefflichen, weil in ihrer Lächerlichkeit todernst gemeinten Eskapismen hat in den siebziger Jahren keiner verstanden. Der handelsüblichen Rockistenpresse galt jede neue Reed-Platte als katastrophale Beleidigung, und die Reed-Anhänger schwiegen sich wie gewohnt aus. Außer David Bowie, der extra in die USA reiste, um sich Reeds Possen abzugucken und sie in den eigenen Kommerz einzulassen. Die von ihm geschaffene Showfigur Ziggy Stardust ist eigentlich ein in den Mainstream transzendierter Lou Reed. Kommt der Wahnsinn nicht von innen, sondern von weit weg aus dem Weltraum, dann wollen alle ihn kaufen.

Für einen kurzen historischen Moment schien es sogar, als könnte auch Lou Reed im Riesenumfang vermarktbar sein – allerdings nur in der Verbindung Reed-Bowie. Aus dieser Kombination ging 1973 auch der einzige Lou-Reed-Hit ever hervor: »Walk on the Wild Side«. Enthalten auf dem von David Bowie und dessen damaligen Gitarren-Hausfreund Mick Ronson produzierten Album »Transformer«, kam dieses Lied in den USA bis auf Nummer 16 in den Single-Charts, in Großbritannien bis auf Nummer 10 – obwohl es die BBC aus dem Radio verbannte. Das Libretto empfand man damals als anstößig – heute ist dessen betonte Halbweltlichkeit die bildersprachliche Voraussetzung jedes zweiten MTV-Videos. Überhaupt kann »Walk on the Wild Side« wie sonst kein anderer Lou-Reed-Song als Lied für die ganze Familie gelten. Funktioniert von acht bis achtundachtzig. Hören Sie mal hin: auf Hochzeiten, in Radiowunschsendungen, im Baumarkt oder Porzellanfachgeschäft. Natürlich war auch die BBC so frei, es 1993 als Titelsong für ihre TV-Dokfilmserie »Tales of Rock 'n' Roll« zu benutzen.

»Walk on the Wild Side« ist reine Perfektion. Schon beim ersten Hören weiß man, daß man dieses Lied nicht vergessen wird – niemals! Es schmeichelt sich spontan ein und streichelt des Hörers Hitbedürftigkeit derart, daß er im weiteren Verlauf seines Lebens immer dann für vier Minuten und 12 Sekunden lang glücklich sein wird, wenn er ihm zufällig wieder begegnet. Wahre Liebe, die ewig hält. Dieser Erinnerungsreflex, diese ganze »Gute-alte-Zeit«-Sehnsüchtelei ist in »Walk on the Wild Side« geschickt eingelassen, ertönt hier doch ein aufgesetzter Historismus: Als eine Art Nostalgie-Witz wird der Schlager-Stil der zwanziger Jahre imitiert, als sollten auch Omi und Opi sich zu Reeds Beschreibung exemplarischer Tunten aus Andy Warhols Factory behaglich rekeln. So soll es sein, ist Subkultur doch letztlich eine Frage des Geschäftssinnes: »Little Joe never once gave it away / everybody had to pay and pay« heißt es über Joe Dallesandro, dem Hübschling aus »Flesh« und »Trash«. Diese Warhol-Filme sind extra dilettantisch gehaltene Konterkarierungen der Hollywood-Harmonie, konsequent gibt es in »Walk on the Wild Side« auch keine filmkußgerechten Geigen-Aufwallungen, sondern nur deren billige Imitation. In der (dritten) Strophe über »Little Joe« ertönen Synthie-Streicher summsig-dezent im gleichen Hintergrund, in dem die ganze Zeit über eine Stromgitarre fiepst, als wollte sie darauf hinweisen, daß es hier irgendwie dann doch um Glamrock geht. Gehalten in einer für Reeds Antigitarrenkunst typischen, total unspektakulären, total simplen Akkordfolge, übrigens dieselbe, die nur härter und mit anderer Rhythmik auf dem »Transformer«-Opener »Vicious« erklingt.

Aber es geht in »Walk on the Wild Side« nicht um Virtuosität, sondern um Stimmung. Wie ein launig-gemütlicher Märchenerzähler sprechsingt Reed über die Gender-Wechselspiele von Holly, Candy, Little Joe, The Sugar Plum Fairy und Jackie, die alle für die alternative Sexindustrie von Warhol arbeiten. Deren in Spießers Augen obskurantisch geprägtes Leben im New Yorker Underground wird von der Musik mit dialektischer Milde autorisiert. Die Musik sagt: ist doch ganz natürlich, ganz leicht und ganz gemütlich. Nicht ein Rock-, sondern ein Tanzschlagzeug hält den Takt, der von einem betont warm brummenden Kontrabaß ausgestaltet wird. Reeds Eisschrank-Gesang ist in der gefühlig swingenden Säusel-Atmosphäre der Musik ideal aufgehoben. Alle Beteiligten treffen genau den Punkt. Und der heißt hier: schunkel dir eins.

Aus überlieferten Klischees wie dem aus dem Hintergrund mit Hall daherzärtelnden und dann im Vordergrund ohne Hall abbrechenden »Doo do doo do«-Gesang der »colored girls« in camper Striptease-Tradition und dem sie schlußendlich ersetzenden, klassisch samtig geblasenen Jazzclub-Saxophon schuf Reed gänzlich neue Muster.

Fortan konnte kein sich halbwegs als c'est chic! aufspielender Fernsehfilm auf eine Szene verzichten, in der in einer beliebigen Bar kurz vor Sperrstunde ein existentialistisch gemeinter Alkoholiker-Schluffi zum Saxophon greifen und den Deckenventilator anblasen mußte. Was haben wir gelitten! Und noch mehr, als Reed es später nie mehr schaffen sollte, dieses Lied live adäquat darzubieten. Mit einfallslos genudelter Gitarre als Saxophon-Ersatz, dumpf-hardrockigem Schlagzeug mit verkrampften Fill-Ins, angeberischem E-Baß und vor allem mit seiner unpassend zittrig geröhrten Stimme machte Reed dieses Lied immer wieder neu kaputt, so wie es seine Art ist.

Gilt auch für die verklemmten Live-Konzerte des überreifen, mühsam ernüchterten, beflissen solide gewordenen Lou Reed mit seinem immer noch schlechten, stoisch nicht-schlecht gemeinten Erwachsenenrock ab dem Album »Blue Mask«. Wahrscheinlich guckt er heute nur deshalb so aggressiv weichbirnig wie ein nichts mehr kapierender Oberstudienrat in jede Pressekamera, weil er weiß: »Walk on the Wild Side« war die perfekte New Yorker Ballade, deren geheime Rezeptur er damals sich zu merken vergessen hat. Denken wir, die wir immer noch in der Ecke stehen und schweigen.

♫ **Terry Jacks**
Seasons in the Sun (1973)

Text: Rod McKuen
Musik: Jacques Brel

Sterben, light

von RAINER MORITZ

Früh gehörtes Liedgut prägt, keine Frage. Das beginnt im Kindergarten mit »Ringlein, Ringlein, du mußt wandern« und setzt sich mit Produkten fort, deren Melodien und Verse sich in den Köpfen einnisten, gänzlich ungeachtet etwaiger objektiver Qualitäten. Meine Tanzstundenzeit zum Beispiel bei Vöhringer & Fenske (Heilbronn, Gymnasiumstraße) war keine schöne Zeit; unansehnlich, wie ich war, wollte es mir partout nicht gelingen, attraktive Mädchen zu überreden, sich von mir bei Foxtrott oder Rumba auf den Füßen herumtreten zu lassen. Immerhin hatte ich wenigstens mit meiner Partnerin beim Abschlußball unverdientes Glück. (Danke, Maren, daß du damals das Leid meiner jungen Jahre nicht gemehrt hast.) So düster diese Epoche auch war: Zwei Hits hat sie hervorgebracht, die seither ganz oben auf meiner sentimentalen Bestenliste stehen: »Baby, I'd Love You to Want Me« von Lobo, berühmt geworden durch eine Folge der Krimiserie »Der Kommissar«, und Terry Jacks' in Zuckerwatte gepacktes Sterbelied »Seasons in the Sun«.

Natürlich sind – die Ausführung dieses Gedankens behalte ich späteren autobiographischen Schriften vor – beide Songs durch ein unsichtbares Band miteinander verknüpft, durch eines, das von Liebeszweifel und Weltschmerz eingefärbt ist. Terry Jacks, das war die passende Begleitstimme für aufgewühlte Sommerabende, an denen, wieder einmal, alles zu spät schien, an denen, wieder einmal, keiner bereit war, mich zu verstehen (so richtig, meine ich), und an denen überdies so schwierige Dinge wie Ölkrise und Ostpolitik im Schwange waren. Und das alles war zum Glück selbst mit überschaubaren Englischkenntnissen zu verstehen: »Good-bye my friend, it's hard to die, / when all the birds are singing in the sky, / now that the spring is in the air. / Pretty girls are everywhere, / think of me and I'll be there.« Vier Strophen lang gibt sich der Text redlich Mühe, Abschied zu nehmen: zuerst von den »trusted friends«, dann von einem einzelnen »friend«, danach von »Papa«, dessen moralische Belehrungen belobigt werden (»I was the black sheep of the family, / you tried to teach me right from wrong. / Too much wine and too much song, / wonder how I got along«), und zu guter Letzt vom Mädchen »Michelle«, das allerhand gute Eigenschaften besaß: »you gave me love and helped me find the sun«. Eingerahmt sind diese bewegenden, stets durch ein markerschütterndes Gitarrenbrummen eingeleiteten Vierzeiler von einem jeweils leicht modifizierten Refrain: »We had joy, we had fun, / we had seasons in the sun, / but the hills that we climbed / were just seasons out of time« – eine wahrhaftige Erkennungsfanfare romantisch verklärten Unglücks.

Tod und Sterben (das Warum bleibt im dunkeln) sind – ein beliebter Topos der Weltliteratur – eingebettet in eine (Natur-)Szenerie, die vom Schmerz des Individuums, wieder einmal, nichts wissen will, ja diesen zu verhöhnen scheint. Die regierenden Frühlingslüfte, die der Reihe nach »pretty girls«, »little children« und »flowers« anlocken, kontrastieren heftig mit der Pein des lyrischen Ichs, das durch die Harmonie ausstrahlende Umgebung um so stärker auf sein Mißvergnügen zurückgeworfen wird. Ja, genauso war das damals, in der Tanzschule Vöhringer & Fenske: Die anderen amüsierten sich königlich, knutschten beim Stehblues ... während man selbst sich schmachtend ins eigene Elend hineinsteigerte. Frühe Schmerzen sind oft ausgesucht schöne Schmerzen, und die Unzulänglichkeit der eigenen Person (ich trug damals einen schwarzen Cordanzug, ein gelbes Hemd, eine grasgrüne Krawatte und das Haar mehr als eine Spur zu lang) werden gerne als Unzulänglichkeiten des Weltenlaufs gedeutet. Oder mit Herrn Jacks zu sprechen: »but the stars we could reach / were just starfish on the beach«.

Um aus »Seasons in the Sun« einen Number-One-Hit zu machen, waren mehrere Transformationen erforderlich. Das Original – »Le moribond« – stammt von Jacques Brel höchstpersönlich ... und hat mit Terry Jacks' Fassung wenig gemein. Brels Chanson ist der trotzig zynische, melodisch schrille Abgesang eines Sterbenden, der weiß, daß seine ihn betrügende Ehefrau in den Armen seiner Freunde genug Trost finden wird. Grell und heiter fordert er die Zurückbleibenden auf, sich ja nicht den Spaß verderben zu lassen: »je veux qu'on rie, je veux qu'on danse, je veux qu'on s'amuse comme des fous«. Rod McKuen nun, der viele Brel-Lieder übertragen hat, machte in den frühen sechziger Jahren aus »Le moribond« ein merklich sanfteres Stück, das die Spottlust des Originals zurücknimmt. In McKuens eigenem Vortrag dauert »Seasons in the Sun«, obschon textlich kaum ausgebaut, zwei Minuten länger als bei Terry Jacks: Die Brel-Nähe ist noch nicht ganz vergessen, und so bemüht sich McKuens ungeheuer schleppende Interpretation, auf seine Weise der Schwere des »Moribond« gerecht zu werden.

Für einen großen Hit taugt das natürlich nicht: Erst Terry Jacks' Version nimmt dem Lied endlich alles Sperrige und macht seine Melancholie konsumierbar. Daß des Ichs Angetraute Seitensprüngen nicht abgeneigt war, kommt bei Jacks nicht mehr vor. Aus dem ironischen »Good-bye Françoise, my faithful wife« wird in der Erfolgsausgabe ein unverbindliches »Good-bye Michelle, my little one«; das konkrete Leid taucht ab in einen Nebel undefinierter Trauer ... was genau erklärt, warum auch ich dieses Lied zu dem meinigen machen konnte, unverheiratet, wie ich damals war.

Und der Sänger? Kein Wort über Terry Jacks, diesen sonnig lächelnden kanadischen Lockenkopf. Seine weiche, fast unmerkliche Stimme harmoniert aufs schönste mit der Unfaßlichkeit dieser Brel-Adaption – das muß als Lob genügen. Bemerkenswertes außer »Seasons in the Sun« hat er nicht vorgebracht. Terry Jacks haben wir längst vergessen, nicht jedoch seine dezent weinerliche Trauer, die mich damals so bestärkte. Und nicht nur mir hat er geholfen, auch Gregor Schattschneider beispielsweise, den Lyrik produzierenden Helden aus Matthias Polityckis »Weiberroman«, diesem Hochgesang auf die siebziger Jahre. Gregor nämlich muß, als er im westfälischen Lengerich seinem Schwarm Kristina nahekommen will, begreifen, daß der Annäherung ans andere Geschlecht nicht mit übergroßem Puritanismus in (Pop-)Geschmacksfragen gedient ist: »Gegen Mitternacht erzählte Kristina, statt endlich mal was zu seinem Gedicht zu sagen, daß sie ›Seasons In The Sun‹ so toll fände …« Lieben heißt Opfer bringen.

♫ **ABBA**
Waterloo (1974)

Text und Musik: Benny Andersson/ Björn Ulvaeus/Stig Anderson

Geschichte verstehen

von RAINER MORITZ

Seitdem Menschen damit begannen, über den Sinn von Geschichte – der eigenen und der schlechthinnigen – nachzudenken, gehört es zum Inventar ihrer Reflexionen, das Durcheinander der historischen Ereignisse ordnen und auf einfache Nenner bringen zu wollen. Ein sich bis heute großer Beliebtheit erfreuender Topos ist dabei das Bild der Wiederholung, der ewigen Wiederkehr des (womöglich) Immergleichen. Marc Aurel zum Beispiel, der römische Philosophenkaiser, hält in seinen »Selbstbetrachtungen« fest: »Man kann auch das Künftige voraussehen. Denn es wird in jeder Hinsicht den gleichen Charakter haben und nicht aus dem Rhythmus des jetzigen Weltlaufes herausspringen können. Daher ist es auch ganz gleich, ob man vierzig Jahre lang das Menschenleben erforscht oder tausend. Denn was würdest du da mehr sehen?«

Sich den geschichtlichen Ablauf als Kreis vorzustellen, oftmals ausgedrückt in Metaphern der Lebensalter oder der Jahreszeiten, das ist eine Vorstellung, die sich in den Gedanken großer und kleiner Geister widerspiegelt – sei es bei Fichte, Schopenhauer, Oswald Spengler, Ernst Jünger oder bei Agnetha Fältskog, Benny Andersson, Björn Ulvaeus und Anna-Frid Lyngstad. Die letzteren, bekannter geworden durch ihren akronymisch gebildeten Gruppennamen ABBA, verhalfen dieser Denkfigur zu einer erstaunlichen Renaissance, als sie – gut frisiert und interessant gekleidet – im Jahre 1974 mit dem Gesangsstück »Waterloo« im englischen Brighton den Grand Prix d'Eurovision de la Chanson gewannen und dabei lauthals deklamierten: »My my, at Waterloo Napoleon did surrender / Oh yeah, and I have met my destiny in quite a similar way. / The history book on the shelf / Is always repeating itself«.

Schauen wir genau hin: Geschichtszyklisches Denken tritt hier in knapper und unverstellter Klarheit entgegen. Historische Stationen werden als wiederkehrende verstanden, und dennoch erliegt die Auffassung, die in der Form des Paarreims poetisch eindringlich hervorbricht, nicht einem wohlfeilen Geschichtspessimismus. Es gelang den sympathischen schwedischen Künstlern, mittels einer ausgesprochen einfachen Liedstruktur jedem allzu negativen Gedankengang die Spitze zu nehmen. »Waterloo – Couldn't escape if I wanted to«, heißt es da, und wir erkennen den positiven Sog der plötzlich in der Erkenntnis aufscheint, eingebunden zu sein in einen übergreifenden Kreislauf, der *repetitio* ist.

ABBA, die auch in ihrem weiteren Werk philosophische Bezüge nicht vermieden (»The winner takes it all«, »Knowing me, knowing you«), interpretieren Napoleons Niederlage vor den Toren des belgischen Städtchens Waterloo in einer kühnen metaphorischen Pirouette um: Die Liebe, um die es, wenn auch anfänglich kaum wahrnehmbar, in diesen Zeilen geht, erscheint zuerst als Kampf, ja als Krieg (»Waterloo – I was defeated, you won the war«). Die Eroberung, die der Partner macht, wird als Kapitulation gesehen (»Finally facing my Waterloo«), der sich in raffinierter Umkehr in einen Sieg verwandelt: »And how could I ever refuse / I feel like I win when I lose«.

Der Kraftakt, der hinter dieser Re-Formulierung von Geschichte steht, ist kein geringer. Erinnern wir uns: Jener 18. Juni 1815 bescherte den Kriegsherren Wellington und Blücher den entscheidenden Sieg über ihren Widersacher Napoleon Bonaparte – ein Desaster für den französischen Kaiser, das ihm die endgültige Verbannung ins sehr entlegene St. Helena einbrachte. Man sieht: ABBA begnügten sich nicht mit historischer Kleinkrämerei, nein, ihr Lied, ihre in selbstbewußt einhämmerndem Rhythmus dargebrachte Geschichtsdeutung wagt sich, wenn schon, denn schon, an eine Jahrhundertschlacht: Aus der Beschäftigung mit Großem erwächst Großes.

Nicht verschwiegen sei, daß ABBA im Jahre 1974 bereits an eine – wenn auch erst in der Rückschau wahrnehmbare – Traditionslinie anknüpfen konnte. Der Mythos Napoleon zog nicht nur Literaten wie Stendhal, Heine, Rückert, Byron oder Joseph Roth in seinen Bann; er beeinflußte nicht minder die populär einherkommende Welt der Schlager- und Popmusik. France Gall etwa, die 1965 als junges, piepsendes Ding gleichfalls den Grand Prix gewonnen hatte (»Poupée de cire, poupée de son«), gab vier Jahre später Unvergleichliches zum besten: »Ein bißchen Goethe, ein bißchen Bonaparte, / So soll er aussehn, der Mann, auf den ich warte. / Ein bißchen Geist, ein bißchen Mut / An meiner grünen Seite, ja das wäre gut«. Während hier noch das Bild des couragierten Draufgängers Napoleon dominiert, schickte sich kurz darauf Freddy, ohnehin ein Spezialist für einsame Lebenslagen, an, in seinem bewegenden Stück »Sankt Helena« die schmerzlichen Tage der kaiserlichen Verbannung auf Vinyl zu pressen.

Erst mit ABBA indes scheint die Zeit reif, Geschichte nicht mehr als bloße Ereignisgeschichte (»333 – bei Issus Keilerei«) zu verstehen. Ihr »Waterloo« bettet das große Datum in einen symbolischen Rahmen. Kein Zufall kann es deshalb sein, daß 1974, als das Waterlooer Schlachtdebakel in einen Brightoner Triumph umgemünzt wurde, auch ein Widersacher von einst symbolisch am Boden zerstört wurde. Cindy & Bert nämlich, gleichsam Nachfahren des Generals Blücher, landeten mit ihrer (philosophisch gesehen völlig unverbindlichen) »Sommermelodie« auf dem allerletzten Platz des Grand-Prix-Entscheids. »The history book on the shelf / Is always repeating itself« … so ist es, und manchmal kommt es dabei zu bemerkenswerten Rehabilitationen.

♫ **Status Quo**
Down Down (1974)

Text und Musik: Francis Rossi / Bob Young

Jeans on!

von THOMAS LAU

Am 13. Juli 1985 kletterten sie als erste Band auf die Bühne des Londoner Wembley Stadions und rockten gegen den Hunger in Äthiopien sowie zum letzten Mal all over the world, bevor sie endgültig in den Niederungen der 2000er Hallen verschwanden. Beim von Bob Geldof initiierten Live-Aid-Spektakel fehlten eigentlich so richtig nur und bis heute aus nicht ganz eindeutig geklärten Gründen Tears for Fears, deren »Mad World« ganz gut gepaßt hätte. Dafür lautete das Motto der Veranstaltung »Feed the World«, und als Logo gab es eine von Messer und Gabel flankierte Welthalbkugel, was ja eher auf »Friß the World« hinausläuft.

Bis zu diesem Zeitpunkt hatten Status Quo 31 Songs in den britischen Charts unterbringen können und mit »Down Down« ihren bis heute einzigen Nummer-Eins-Hit. Und sie haben sich schon alle über das Phänomen Status Quo schriftlich geäußert: von John Peel, dem einzigen DJ, der den Titel auch verdient, bis hin zu Ilja Richter, der sich mühelos in die Reihe seltsamer deutscher Musik-TV-Moderatoren einreiht.

»Down Down« existiert in mindestens zwei Versionen: Die Nadel benötigt auf der Single 3:57 Minuten bis zum Erreichen der Auslaufrille, auf der LP-Fassung (»On the level«, 1975) werden noch knapp anderthalb Minuten dazugejuckt, bevor der Tontechniker die Regler nach unten fährt und das Gitarrenbrett reichlich unspektakulär verschwindet, damit nicht noch einmal so ein Boogieriemen wie »Slow Train« (auf der LP »Quo«, 1974) mit etwa acht Minuten Länge das Vinyl der Welt erblickt. Status Quo war jedenfalls die erste Band, die der Entdeckung der Endlosschleife was husteten und den einen Song fast unkenntlich variiert selber loopten bis zur Sperrstunde. Dieser Tatsache verdanken wir u. a. die schlüssige Persiflage »Boring Song« der HeeBeeGeeBees (1981) als Status Quid: »We have to sing the same refrain. And the same refrain again. Of this boring song.«

Sich mit den Texten von Quo-Songs auseinanderzusetzen ist eine durch kein Zeilenhonorar wettzumachende Plackerei. Theoretisch hätte es im Englischunterricht der Sekundarstufe I der siebziger Jahre noch funktionieren können. Wer aber in letzter Zeit einmal erlebt hat, wie 14jährige deutsche Austauschmädel im Doc Martens Store am Londoner Covent Garden mit einem beneidenswert fließenden Englisch die Verkäufer – »bloody Germans« murmelnd – in die Lager scheuchen, um die Docs in der für die heimatliche peer group angesagten Farbe herauszusuchen, der läßt ein Sinnieren über die Botschaft des »Get down deeper and down« lieber bleiben.

Status Quo waren Fachleute für »down«: Sie fielen in Deutschland auf fruchtbaren Boden, weil zur damaligen Zeit die Kaputten und Fertigen, sogar selbst die mit einem Kaputtsein nur Kokettierenden ihren Zustand mit »Ich bin down!« artikulierten. Die rannten dann alljährlich in die Dortmunder Westfalenhalle oder die Essener Grugahalle. Ausverkauft. Zumindest bei den fünf Konzerten, die ich gesehen habe.

Und auch wenn man im gymnasialen Milieu sein Okayfinden dieser Band nicht unbedingt an die große Glocke hängte, zählten Status Quo nicht gerade zu den Lagerbands der beiden um die Mädels aus der benachbarten Realschule posenden Gruppen der Kiffer und der Tanzschüler. Die Tanzschüler hatten die hübscheren Freundinnen, die Kiffer konnten besser Basketball spielen. Quo zu hören brachte einen nicht unbedingt nach vorne, dafür gehörte man in Denim und mit Mittelscheitel zu dem von

In Westen nichts Neues – und für immer in Blue Jeans.

beiden Gruppen gleich weit entfernten Mainstream. Und der Bassist sah schon damals so aus wie Wolfgang Petry heute, auch ohne Freundschaftsbänder.

Sichere Tanzbodenfüller sind ihre Songs nur noch auf hiesigen Thirty-something-Parties sowie im verschnarchteren Teil ihres Heimatlandes zwischen »Boys are back in Town« (Thin Lizzy, 1976) und »Brown Sugar« (Rolling Stones, 1971), wenn die um ihre Handtaschen tanzenden Damen den pintbewaffneten Herren Platz machen. Zu mehr hat es nicht gereicht. Und dafür gibt es Gründe: Wer sie noch arbeiten gesehen hat mit dem von Steamhammer gecoverten »Junior's wailing« als opening track, der weiß auch, daß mit der Hinzunahme eines Keyboarders als ständig dazwischenklimperndes Element der Niedergang der Band eingeleitet wird.

Trotz einiger britischer Hits in den achtziger Jahren werden sie den Anforderungen des Videozeitalters nicht gerecht. Ihre wenigen Videos sind allesamt an Schrottigkeit kaum zu überbieten. Der Höhepunkt ihrer Marginalisierung ist erreicht, als sich vor wenigen Jahren britische Radiostationen weigerten, die aktuelle Single zu spielen. Status Quo stehen kurz vor Auftritten bei Oldieparties im Seniorenheim of Pop, das derzeit von Suzi Quatro und Sweetclones beherrscht wird.

»Down Down« erscheint auf kaum einer Rock- oder Siebziger-Jahre-Compilation. Hinzu kommt, daß das Okaysein der Band in den Siebzigern von ihren damaligen Fans nicht an die nächsten Generationen weitergegeben wird, und auch ich werde mich hüten, meine Klappe zu weit aufzureißen. Da genügt vollkommen das verstörte Zucken jugendlicher Beifahrer, wenn aus dem Autorecorder zwischen Beastie Boys und Fatboy Slim das Gitarrelernen-in-24-Stunden-Riff »Down Down« einleitet. Auf alle Fälle sind bei Parties und ähnlichen Gelegenheiten diejenigen Personen die interessantesten, die auf die Frage nach dem besten Status Quo Song nicht mit »Caroline« oder »Roll Over Lay Down« antworten, sondern mit »Down Down«.

Das hierzulande in diversen sich dafür zuständig haltenden Magazinen angedrohte Siebziger-Jahre-Revival wird ohne Status Quo über die Bühne gehen. Dazu sind sie nicht bekloppt genug gewesen.

♫ **Rod Stewart**
Sailing (1975)

Text und Musik: Gavin Sutherland

Ich und mein Segelboot – ein Assoziativ

von STEFAN ERHARDT

Und am Telefon ist jetzt die Anschi.

Ja hallo hier ist die Anschi.

Hallo Anschi was hast du dir denn gewünscht?

Ich hab mir Rott Schduerd gewünscht.

Und was für ein Lied von Rod Stewart hast du dir gewünscht Anschi?

Des säiling.

Und hast du bestimmt nochn paar Grüße die du loswerden willst.

Ja ich grüß den Sewi den Manni den Didi den Fredi den Klausi, die Mimmi die Sabi die Geli die Gisi die Dicki die Biggi die Märi, alle meine Freunde, meine Eltern und Allediemichkennen.

Ohkee Anschi hier ist dein Wunschlied.

Ich segel ich segel wieder nach Hause übers Meer.

Erste Liebe – Pennälerliebe. Lieber Doktor Sommer, liebes Lebkuchenherz, liebes Meerschweinchen, liebes Tagebuch.

Ecstasy, passion and pain – allein mit einer Nadel, aber die geht damals noch in die Rille und was rauskommt unter die Haut. Obwohl man auch schon anfing, sich »einen reinzuziehen«, so richtig sich »einen durchzuziehen«. Zumindest »einen draufzumachen«.

Eine Gewährsfrau: »Es gibt da eine ganz nette Erinnerung. Ich war 16, meine Schwester 15 und frisch verliebt wie frau es nur in diesem Alter sein kann, so schön mit Schmetterlingen und tiefen Augenblicken. Wir sollten zu ihrem und ihres Geliebten Entsetzen Ostern zum Segeln gehen, türkische Küste, es gab dann tatsächlich ein weiteres Liebesdrama, und wenn sie ihn damit tratzen wollte, sang sie ›Seemann, laß das Träumen‹ (ich kann's immer noch auswendig) und zur Versöhnung dann ›Sailing‹, wobei sie gemeinsam meine Gitarre ganz grauslig malträtierten (irgendwie ist wohl h7 drin oder so).« Kein Kommentar.

Ich fliege ich fliege wie'n Vogel übern Himmel. Oh Rod, oh Rod, oh Gott oh Gott. Gleichwohl: Gemunkelt wurde von Steuerschulden in Merry Old England und der Flucht nach vorne. Somit: Rods Symphonie aus der Neuen Welt?

Stoßstangenaufkleber, eine Kreuzung in einem Straßendorf in den US von A: »I'd rather be sailing«. Is' mir schon klar, bei der Musik, die aus dem Softrocksender schmiert, wär das auch das beste, was du tun kannst, Lahmarsch, und jetzt gib endlich Gas, grüner wird's nich'!

Rod & Faces? Iwo – Gesicht verloren, Band in die Wüste geschickt. Oh la la. Statt dessen: Rods & Wasser. Achtnsechzig lag die Wahrheit noch bei Jeff Beck.

Vorher: Gassenhauer. Hinterher: Avon-Berater.

Vorher: Hansdampf. Hinterher: Weichspüler.

Vorher: Tankstellengasse. Hinterher: Schloßallee.

Fümmensiebzich übern Atlantik.

Löwenmähne und Silberblick.

Die Frisur für die tägliche Soap.

Aus den kleinen Gesichtern ist Das Gesicht geworden. Rod the Face. Ein Markenartikel. Ein Artikel. Ein Verkaufsschlager. Rod Stewart™. Rod Stewart©. Rod Stewart®. Wär' er doch nur Fußballer geworden.

Statt dessen Wimmerfideln und Seemannschor. Pardon: natürlich Seefrauenchor. Seejungfrauenchor. Blasen ihm im Hintergrund einen Scheibletten-Sound. Ich fliege an hohen Wolken vorbei um bei dir zu sein um frei zu sein. – Also was nu?

Ist er nicht der Sohn von Rock Hudson? Der ältere Bruder von Leonardo di Caprio? Ja, und von Robby und von Tobby und wahrhaftig ist Rod seine eigene Boygroup. Süßhartsexygeil. Four in one. Bock auf Rock zum Kuscheln. Rod der musikalische Revolverheld. Rod der Stammgast in den Revolverblättern. Dabei wollte er doch nur Fußballer werden. 63. Beim Brentford Football Club.

Wievielmal verkauft? Wievielmal kopiert? gecovert? verhunzt? obwohl, verhunzt – gell? Da müßte ja – –. Eben.

Die Kirmesmusikanten oder das London Symphony Orchestra. Oder das Acoustic Sound Orchestra. Das Amsterdam Jazz Quintet. David Arkenstone. Joan Baez. Das Bruno Bertone Sound Orchester. BZN. Montserrat Caballé. Das Classic Dream Orchestra. Bobby Crush. Dimo Dimov und seine Phantasien in Pan. Tommy Ellison. Majek Fashek. Peter Hofmann. ISP Synthesizer Dreams. Jon Lucien. Erich Kunzel. James Last. Das London Starlight Orchestra. The Bands Of Her Majesty's Royal Marines. Khadja Nin. Der St. Philips Boys Choir. Stina Nordenstam. Freddy Quinn. Anthony Ventura. Die Wiener Symphoniker. Roger Whittaker. Frank Zander. Ady Zehnpfennig (bitte beliebig fortsetzen). Spricht für sich, diese Latte, oder? Allesamt Könner von Weltruf. Plagiatenplage vor dem Herrn, bazige.

Kannst du mich hören, kannst du mich durch die dunkle Nacht hören, weit weg – ich lechze danach, bei dir zu sein, ich versuchs immer und immer wieder, aber wer weiß. Das singt der Siebtkläßler in Schulen mit Englisch als zweiter Fremdsprache. Zwecks besserer Einführung der Verlaufsform.

Pennälerlyrik zu Pennmusik mit 'ner Flasche Pennerglück. Vom Penny-Markt. R.S., ein tiefgläubiger Katholik. Die Erotik der Marienverehrung. Jedoch: die Scheibe schiebt auch der Latin-Lover im Penthouse in sein' Player rein. Alle Mann an Cassettendeck und die Gummis präsentiert. Help Me Make It Through The Night. Knuffelrock. Kuschelrock. 18 Instrumental Dreams. The Magic Sound of the Panpipes. Tanz der Sinne – Erotic Dreams.

Wir durchsegeln Sturmgewässer – um bei dir? bei euch? dir nahe? euch nahe? jedenfalls: um frei zu sein. Wer nur, wer? Wir, wir alle? Ach geh!

Hat Roderick dafür ein Bambi bekommen? Mit dem Votum von Peter Handke vielleicht und aus der Hand von Vico Torriani? Nicht auszumalen. Leicht auszudenken.

Der Schmachtfetzen. Der Schmachtfetzen ist ein großes, rotes Tuch, in den ein Feuerzeug eingewickelt wird, da man mit jenem wundersam pfadfinderromantische Wunderkerzenstimmung erknipsen kann, wie sonst nur weiland Fackelmärsche und Parteitagsaufläufe die Massengänsehaut über den Rundrücken laufen ließen. Wenn das Feuerzeug leer ist, kann man sich in den Schmachtfetzen auch kräftig schneuzen.

Es hatte schon immer etwas Gezwungenes, wenn Engländer den Blues oder den Soul spielen wollten. White man can't sing the blues – genauso, wie sie nicht jumpen können. Also dann: Streichersoße dazu, ein griffiges Riff auf'm Griffbrett einer Strato, den Beat nicht zu schnell angesetzt, den Text auf Bierzeltniveau – fertig ist der »weiße Blues«, sprich Schlager. Den kann man dann auch maßlos blaskapellisch auf dem Münchner Oktoberfest spielen – maßvoll umsatzfördernd.

Rods Lieblingsbier? Hören wir dazu Hans Harz, Rockmusiker: »Sail away – dream your dreams – you will always find a chance to make your feelings – come true!« – und zwar mit diesem Bier in den phallisch grünen Flaschen, wie hieß das gleich wieder? Das man auch Beckstage trinkt? Ach, das Gedächtnis.

Zu guter Letzt möchte ich dann doch noch meine Oma in Castrop-Rauxel grüßen und mit dieser pikanten Zeitungsmeldung vom neunten Juni 1998 schließen: »Der britische Rockstar Rod Stewart hat sich in einem offenen Brief bei der englischen Nationalmannschaft und Teamchef Glenn Hoddle für seine passive Zuschauer-Rolle bei einer ausschweifenden Party von Paul Gascoigne entschuldigt. Er bedauere, Gascoigne bei der Zechtour in Spanien nicht vom Trinken abgehalten zu haben, schrieb der 53jährige.«

Oh Lord.

♫ Smokie
Living Next Door to Alice (1976)

Text und Musik: Mike Chapman/
Nicky Chinn

Vom faktischen Tod einer komatösen Beziehung

von SUZAN HAHNEMANN

Die Geschichte beginnt wie ein Drama. Ganz im Stile der klassischen griechischen Teichoskopie transponiert ins 20. Jahrhundert mit seinen technischen Möglichkeiten, sprich Telefon (»Sally called«). Mit Hilfe dieses dramatischen Tricks wurden in der Antike nur schrecklichste Greuel übermittelt. All das, was auf der Bühne nicht gezeigt werden konnte – blutige Schlachten, hinterhältige Morde –, wurde der präzisen Schilderung eines Boten überlassen. Ganz anders hier: Der genaue Inhalt der Schreckensbotschaft bleibt verborgen, ein unspezifisches »about Alice«. Doch das lyrische Ich eilt sofort zum Fenster und berichtet selbst, was es sieht: »A big limousine rode up onto Alice's drive«.

Noch bevor dem Hörer Zeit bleibt, über die Ungewöhnlichkeit des Auftauchens größerer Personenkraftwagen und ihren Zusammenhang mit dem offensichtlichen Drama um die Protagonistin Alice nachzudenken, stellt der Chor (auch diese Institution ist aus der griechischen Tragödie übernommen) den Kontext der Situation her, in die man sich so unvermittelt geworfen fühlt: »I don't know why she's leaving or where she's gonna go / I guess she's got her reasons, but I just don't wanna know / 'cause for 24 years I've been livin' next door to Alice. / 24 years just waitin' for a chance / to tell her how feel and maybe get a second glance / now I got to get used to not livin' next door to Alice.«

Die Jugendliebe Alice zieht aus. Warum, wohin ist völlig gleichgültig, relevant ist nur die Tatsache, daß sie es tut, und zwar ohne sich von unserem lyrischen Ich zu verabschieden, geschweige denn, ihm eine Chance zu geben, seine heimliche Liebe zu enthüllen. Nein, 24 Jahre haben sie Tür an Tür gelebt, und er hat es nicht geschafft, seine Gefühle zu offenbaren. Zutreffender läßt sich das Nähe-Distanz-Problem unserer sich so modern, kühl und aufgeklärt gebenden Gegenwart nicht beschreiben.

Rührend sind die rasch evozierten Erinnerungen an eine gemeinsame Kindheit und die kleinen Geheimnisse, geradezu kitschig klingt der Bericht, wie sie ihre Initialen in die Rinde ritzen – als Manifestation für die Zukunft, die sie nach 24 Jahren längst überholt hat. Ja, in dieser Kindheit gab es eine gemeinsame Basis, doch die ist längst verschwunden, zugedeckt von der mächtigen Gewohnheit, daß der andere einfach nachbarschaftlich verfügbar ist. Und letztlich ist es diese Veränderung, gegen die das Lied Sturm singt. Es war so und es soll so bleiben – das Warten auf den richtigen Moment als Endstation einer nicht mehr lebbaren Beziehung, die Fixierung auf das Ende eines nicht mehr realisierbaren Traumes. In einem solchen Zu-Stand bedeutet Bewegung, bedeutet Veränderung den faktischen Tod einer komatösen Beziehung.

Denn der kindlich-naive Freundschaftsgedanke der Spielkameraden im Park ist längst entzaubert, das hat der Refrain schon klargemacht. Eine Kommunikation über die Motive des Umzugs findet nicht statt, mehr noch, sie ist gar nicht gefragt. Nein, man(n) ist in der Nonverbalität steckengeblieben. Unfähig, Gefühle zu äußern, wahrscheinlich nicht einmal gewillt, sie zuzulassen, kreist er im Refrain um sich selbst, um die Frage, wie er mit der neuen Situation umgehen soll – und währenddessen hat Alice bereits ihr Haus verlassen, und die Limousine rollt aus der Auffahrt.

Die Zeit geht weiter, die Chance, etwas zu ändern, ist vorbei, das ewige Warten auf Alice hat sich nicht gelohnt. Also ein brennendes Plädoyer gegen die Initiativlosigkeit?

Kaum. Denn Sally, erste Botschafterin des Übels, ruft in rührender Besorgtheit gleich ein zweites Mal an – wenig uneigennützig – und hat auch gleich handfesten Trost parat: »Now Alice is gone, but I'm still here. You know, I've been waiting 24 years …«

Was in der Folge passiert, bleibt ausgespart. Mit einem Schwenk rückt wieder die – bereits zum Topos avancierte – Limousine in den Fokus der Betrachtung, nur, um dem suchenden Blick endgültig und unwiderruflich, ja unwiederbringlich zu entschwinden.

Deren Existenz erfüllt im Gesamtkontext des Liedes zum einen gliedernde Funktionen. Sie unterteilt die Geschichte in gleichmäßige Zeitabschnitte, ihr fester Platz ist in der letzten Zeile einer jeden Strophe. Dort stellt sie jedesmal einen klaren Bezug zur zeitlichen Situierung her. Zunächst verweist sie mit ihrem ersten Auftauchen auf die Gegenwart, ja sie wird quasi zur Personifikation des Problems: »A big limousine rode up onto Alice's drive.« Dann holt sie das lyrische Ich aus romantischen Kindheitserinnerungen zurück, und in der letzten Strophe schließlich öffnen sich mit ihrem Verschwinden Optionen für die Zukunft.

Scheinbar zumindest. Aus dem Blick, aus dem Sinn? Wir wissen es nicht, wir erfahren es auch nicht. Wir bleiben ratlos oder, um es gut 25 Jahre später mit Gompie zu grölen: »Who the fuck is Alice?« In diese Richtung weist auch der äußerst pragmatische Ansatz von Sally. Da die äußeren Umstände (Freunde aus Kinderzeiten, Nachbarn seit 24 Jahren) stimmen, müßten sich doch auch die Emotionen entsprechend lenken lassen, das konkrete Objekt austauschbar sein. Beides falsch. Ein goldener Tanzschuh macht aus einem Aschenputtel noch lang keine Prinzessin, sonst hätten auch ihre beiden Schwestern wohlbeschuht den Prinzen verzaubert. Was fasziniert, was reizt, was bindet, ist immer ein Tick mehr als die Summe der äußeren Umstände. So zumindest die Moral der Märchen.

Und die Moral der Realität? In welche Position möchte Sally denn gerne schlüpfen? Alice, zur Ikone erstarrte Angebetete aus Kindertagen – dieser Posten ist gerade frei. Doch dies würde nur eine erneute Manifestation zur Beziehungsunfähigkeit kumulierter Kommunikationslosigkeit bedeuten, wäre lediglich Auswechslung eines räumlich nicht (mehr) erreichbaren Objektes der Begierde gegen ein neues nur sozio-psychologisch nicht erreichbares. Das kann es wohl kaum sein. Doch von der Alternative – die mit Alice geträumte Zukunft mit Sally zu erleben – kann schon zweimal nicht die Rede sein, wie die Schlußformel des Refrains gebetsmühlenartig betont: »No, I'll never get used to not living next door to Alice.« Was de facto bleibt, ist eine kurze Tröstungsaffäre ohne großes emotionales Engagement.

Doch all das bleibt ausgespart, wird nicht einmal einer weiteren Mauerschau für würdig gehalten. Und so endet das Drama völlig »undramatisch«, ohne reinigende Katharsis, einfach mit dem Abgang einer Limousine, deren Auftauchen ein derart tragisches Trennungsproblem mit sich brachte. Und wir, die wir akustisch Zeugen waren, warten darauf, ob in 24 Jahren diese Limousine nicht auch Sally abholen wird …

♫ Donna Summer
I Feel Love (1977)

Text und Musik: Donna Summer/
Giorgio Moroder/Pete Bellotte

Ein Diamant ohne Vergänglichkeit

von MORITZ REICHELT

Disco, Punk und Hip Hop begannen ungefähr gleichzeitig. Von den musikalischen Entwicklungen in der zweiten Hälfte der siebziger Jahre zehren wir noch heute. Ich war natürlich Punk-Fan und lehnte Disco demzufolge ab. Bzw.: Ich lehnte Disco rundweg ab und war demzufolge Punk. Dabei spielte die Kenntnis der Musik eine weniger wichtige Rolle als die Kenntnis der Leute, die Discos besuchten. Mit denen konnte man sich nämlich wirklich über rein gar nichts unterhalten. Am schlimmsten wurde das Wort »disco« aber von dieser bemitleidenswerten Kreatur mißbraucht, die all-samstäglich im ZDF sich selbst und ihre peinlichen, altbackenen Sketche vorführte und sich danach immer »artig« wie ein Pinguin vor ihrem meist regungslosen jugendlichen Publikum verbeugte bzw. verbog. »Licht aus – Spot an«... da konnte auftreten wer wollte, und die Musik konnte so großartig sein, wie sie wollte: Es war einfach unmöglich, sich darauf einzulassen.

So ist denn eines der großartigsten Stücke der gesamten Pop-Geschichte zu seiner Zeit einfach an mir vorübergegangen, und ich habe nicht bemerkt, daß hier eine musikalische Revolution stattfand.

Daß ich zehn Jahre später doch noch auf den Trichter kam, verdanke ich eigentlich meinem Vater bzw. dem unwahrscheinlichen Umstand, daß mein Vater Donna Summer gekannt hat. Nicht nur das: Er hat sie fotografiert. Das war natürlich bevor sie berühmt wurde, in ihrer Münch-

Ein Schlitz im Kleid macht noch keinen Summer.

ner Zeit, als sie für »Hair« auf der Bühne stand und im ZDF-Krimi »11 Uhr 20« eine Stripperin spielte. Irgendwie hat es sie nach Celle verschlagen damals, und irgendwie hat mein Vater, der ewige Amateur, sie vor die Linse bekommen. Jedenfalls war das der Grund, weswegen er später, als sein Fotomodell weltberühmt wurde, seiner Jazzplattensammlung einige Donna-Summer-Platten hinzufügte. Und um diese Scheiben habe ich gegen Ende der achtziger Jahre seine Sammlung reduziert, weil mir plötzlich klar wurde, was für Schätze mein Vater da bunkerte.

Nochmal 10 Jahre später. Ich lebe jetzt in München, wo damals alles anfing: Mir dämmert langsam, was für ein Titan der Popgeschichte Giorgio Moroder war. Jeder weiß heute, daß die Düsseldorfer Elektronik-Gruppe Kraftwerk 1975 musikalisch und konzeptionell ganz weit vorn lag. Weltweit. Sie hatten experimentelle synthetische Klänge auf eine vorher noch nicht gehörte Weise mit Schlager-Texten kombiniert und so eine neue Pop-Musik geschaffen. Mit »Autobahn« hatten sie sogar in Amerika einen Riesen-Hit. Kaum jemand weiß, daß zur gleichen Zeit in München ein Tiroler Bursche namens Giorgio Moroder an ganz ähnlichen Dingen bastelte und mindestens ebenso avantgardistische und mindestens ebenso aufregende Musik schuf. Doch während Kraftwerk an ihrem schrägen Image als Roboter gewordene Menschen festhielten, experimentierte Moroder in alle möglichen Richtungen.

Eines dieser Experimente war: Über einen pulsierenden seriellen Synthesizer-Teppich, der so experimentell war wie damals allenfalls die Avantgarde-E-Musik eines Terry Riley oder Steve Reich, ließ er eine junge attraktive schwarze Sängerin erotische Texte hauchen, die eine Jane Birkin zur Mutter Theresa erstarren ließen. Diese Sängerin war Donna Summer, mit der Moroder seit einiger Zeit erfolgreich, aber eher konventionell zusammengearbeitet hatte. Das musikalische Experiment gelang auf geradezu sensationelle Weise, die Platte weist auch heute noch nicht die geringsten Vergänglichkeitssymptome auf. Ganze Generationen von elektronischen Musikern mußten immer wieder feststellen, daß da in den Siebzigern jemand schon mal angekommen war, wo sie immer noch hinwollten. Der Text des Klassikers »I Feel Love« ist übrigens von Donna selbst, und sie bekommt auch den ganzen Urheber-Credit dafür. Wenn man weiß, daß beispielsweise Freddy Quinn für seinen Millionenhit »Junge komm bald wieder« circa 100 Mark für einmal Singen im Studio bekommen hat und das war's, dann muß einen diese Tatsache irgendwie anrühren. Hochanständig das!

Weder Giorgio Moroder noch Donna Summer sind später jemals wieder so auf den Punkt gekommen wie bei dieser Produktion. Ihre Wege trennten sich. Beide waren weiter erfolgreich, aber aus heutiger Sicht nicht mehr so gut. Moroder verdiente sehr viel Geld mit Unsäglichem wie der Olympia-Hymne »Go For Gold«. Donna wurde von ihren späteren amerikanischen Produzenten künstlerisch ruiniert. Für einen wunderbaren Tag lang hatte es bei der Begegnung dieser beiden Menschen gefunkt und den musikalischen Diamanten hervorgebracht, der bis auf den heutigen Tag für die ganze Welt glitzert und glänzt.

♫ Queen
We Are The Champions (1977)

Text und Musik: Freddy Mercury

Ein Oldie, den man schlicht nicht vergessen kann

von HILMAR BENDER

Genausowenig, wie man ihm entkommen kann. Und meistens will man sich gar nicht unbedingt daran erinnern, so wie das für den einen oder anderen Titel und die damit assoziierte Situation zutrifft: der erste Kuß, der Familienurlaub in Dänemark (wahlweise Wörthersee) oder die Nacht im Doppelbett der Großeltern, mit dem eingebauten Kopfteilradio. Viele vergangene Momente haben ihre individuelle Erkennungsmelodie. Aber »We Are The Champions«, ruft das nicht böse Erinnerungen hervor? Die schmerzliche Niederlage mit dem Kegelclub im Vorortduell? Das Hallenturnier, bei dem man schon lange geduscht war, als die Boxen es hinausknarrten? Oh doch.

»We Are The Champions«, das ist so ein bis zum »Ich kann das echt nicht mehr hören« abgenudeltes Ding, das für sich allein schon unattraktiv genug wäre, wenn es dann nicht auch noch von Stadion- und Sporthallen-DJs für die Hymne schlechthin gehalten würde. Ohne Scratches und ohne Loops. Und so kommt es, daß Freud und Leid beim Erklingen der Melodie stets eng beieinander stehen. Und Pipi in den Augen ist meist auch mit dabei, aus Freude und aus Trauer halt. Wie viele Spiele, Turniere, Meisterschaften endeten nicht mit Queen? Aber womit fingen sie an?

Das Championlied ging 1977 ins Rennen. Als Freddy noch lebte und wahrhaft häßlicher war. Auch Punk ging hier ins Rennen, auch häßlich, aber frisch und unverbraucht und längst nicht so ausgewimpt, wie Queen nach fünf Alben waren. Später sahen sie besser aus, der Freddy und der Punk, heute sind sie beide tot. Ob sie »Champions« auf seiner Beerdigung spielten, wer weiß? Ob Freddy damit in die ChampionsLeague kam, schon eher. Ob er noch irgend etwas daran hätte drehen können, wohl kaum. Die Leichenfledderei geht an keinem toten Rockstar vorüber.

Doch auch zu Lebzeiten war »Champions« für Freddy Mercury wohl eher etwas mit ähnlichem Stellenwert wie die Sportschau-Erkennungsmelodie für Dieter Bohlen: »... die habe ich in 20 Minuten geschrieben!« So hört die sich zwar auch an, aber um so mehr Schotter bringt sie letztendlich ein.

Wenn man ehrlich ist, kennt niemand wirklich den Text von »We Are The Champions«. Den Refrain vielleicht, gut, aber den Text? Wenn man ehrlich bleibt, muß man den auch gar nicht kennen, weil er pathetisch-schwachsinnig ist. »...but it's been no bed of roses / no pleasure cruise / I consider it a challenge / before the whole human race / And I ain't gonna lose / And I need to go on and on and on and on ...«

Und dann kommt er wieder, der Refrain, und man hat sie vor Augen respektive vor der Kamera, die sich im Takt wiegenden Arme. Komisch nur, daß, beschränken wir uns mal auf den Fußball, nicht eine Fankurve von sich aus auf die Idee kommen würde, dieses Lied zu intonieren. Und wer britische Fans je erlebte, weiß, daß dort mit Melodie gesungen wird, gekonnt und weit über ein hingerotztes »Sieg!!« hinausgehend.

Aber das mit den Champions – nö! Mag es da verwundern, daß es »We Are The Champions« (außer in Frankreich) immer nur bis allenfalls Platz zwei der Charts gebracht hat? Daß es eines der Lieder dieser witzigen Zeitgenossen ist, die dann »We Are The Champignons« intonieren? Und die ihren sonstigen Wortwitz in eingestreutem Humor à la »zum Bleistift« aufblitzen lassen.

Menschen, die ohne Qualitätsabstriche in die Reihe der

tatsächlichen Cover-Agenten dieses Liedes passen: Die Original Deutschmacher, die »Bläck Föös«, sowie Andie White & der FC Bayern München! Wird man dann nicht stutzig ob der massiven Ansammlung von Verlierern und Luschen? Und kommt plötzlich dahinter, daß »We Are The Champions« nichts als ein tausendfach rausgebrüllter *Wunsch* nach Siegertum ist, aus der Kehle von Losern. Menschen mit schlechtem Geschmack, die »Queen« wahrscheinlich auch noch auf dieses Lied reduzieren werden.

Und dann fragt man sich doch allen Ernstes, ob Freddy das alles so gewollt hatte. Und wird das Gefühl nicht los, daß »We Are The Champions« auch am Ende von Finanzberaterlehrgängen, Pyramidenspielbetrügertreffen und Scientology-Seminaren durch mit Firmenlogos und anderem bedruckte Auslegeware-Räume schallt. Und selbstsicher die eine oder andere Loserfaust geballt wird, so wie dies der Wurstfabrikant Ulrich Hoeneß auch am liebsten jedes Jahr tun würde.

Aber Champion? Wer ist das schon wirklich?

♫ **David Bowie**
Heroes (1977)

**Text und Musik: David Bowie/
Brian Eno**

Schüssel Reis in die Luft

von THOMAS LAU

Christiane F. – Wir Kinder vom Bahnhof Zoo (1981) und Godzilla (neulich) sind zwei Filme mit »Heroes« im Soundtrack. In beiden Filmen bricht das große Grauen in Form weiblicher Loser über eine gleichfalls große Stadt herein. An der Nadel zu hängen kommt echt nicht gut; japanische Trashfilme nicht zu kapieren ist auch nicht der Bringer.

»Heroes« ist der klassische Losersong für diejenige Gattung Loser, die ihr Leiden an und in dieser Welt noch in ein persönliches Coolnesskonzept einbinden können. »Lerne klagen ohne zu leiden!« ist eine ihrer Lebensmaximen und stylisches Jammern eines der obersten Stilprinzipien. Ihnen erweitert David Bowie mit »Wir waren Helden für einen Tag!« die von Andy Warhol proklamierte 15-Minuten-Berühmtheitsgarantie um mehr als 23 Stunden, ohne den nach einer solchen Message sich sehnenden Jüngern und Jüngerinnen das genaue Datum zu nennen.

Wer sich mit solch einem diffusen und dazu noch kurzzeitigen Heldenleben zufriedengibt, der setzt sich auch in die »Rocky Horror Picture Show« und schmeißt im Rahmen kollektiven Kaspertums eine »Schüssel Reis in die Luft«, wie es in »Helden«, der von Bowie eingedeutschten Version, heißt. Und in der konkurrierenden Lesart – »Schüsse zerreißen die Luft« – wird es auch nicht besser. Denn damit wären wir in Berlin, dem Entstehungsort dieses Songs.

Das Berlin der siebziger Jahre ist die klassische Loserstadt für diejenige Gattung Loser, die es in den Jahren ihrer Wehrpflicht oder im Rahmen einer politischen Abstellgleiskarriere in die hippe Mauerstadt treibt (und die die Schikanen der DDR-Grenzer sexy finden). Kurzzeitig präsentes Publikum liefern die Waggonladungen Schulklassen, die aus ihren Dorfdiscos gerissen und dank großzügig subventionierter Klassenfahrten auf die Tanzflächen der Großstadt gestoßen werden. Dort scheitern sie allesamt – Disco-Darwinismus! –, weil ihr Tanzstil ganz und gar nicht der Berliner Version entspricht.

Erst das so gut wie untanzbare »Heroes« rettet die Loser und eint die glitzernde Metropole mit der Matratzen-Disco im katholischen Jugendheim: gedankenverlorenes, fast bedächtiges Herumgehen mit spärlichen Armbewegungen und dem einen, zwingend dazugehörigen Gesichtsausdruck zwischen gebremster Lebensfreude und Lust am Leiden. Damit darf jeder auf die Tanzfläche, der den hohen Tanzanforderungen der späten siebziger Jahre – Punk und Saturday Night Fever! – nicht gewachsen ist. Loser eben. Christiane F. inklusive.

Derjenige, der die Loserposer derart gekonnt zusammenschweißt, gilt selbst als cool, wenn nicht sogar als personifizierte Coolness. David Bowie – hohe Credibility, Wandelnder (und Wankender) zwischen den Stilen (viel später beerbt von Madonna) – beherbergt zumindest für eine gewisse Zeit einige der bekanntesten Loserposer in seinem Dunstkreis: Iggy Pop, Mick Ronson, Mott the Hoople. Irgendwie cool, aber so richtig in die Hufe kommen sie nicht, egal, ob aus gewollter Pose, Pop-Pech oder aus reinem Unvermögen. Wenn man diesen Gedanken weiterführt, landet man auch bei Blondie / Debbie Harry – Sie covert »Heroes« und scheitert an/in den achtziger Jahren – oder Lou Reed.

Hier wird – schon lange vor Christoph Schlingensief – das Scheitern als Chance begriffen: und sei es nur als Chance, beim Scheitern wenigstens gut auszusehen. Und das auch noch von einer Person – Bowie nämlich – unterstützt, die nicht nur gut aussieht, sondern so richtig eigentlich nie scheitert: in der Schweiz zu wohnen, eine der schönsten Frauen der Welt zu ehelichen und mit Marc Bolan gejammt zu haben – wer hätte nicht gerne solche biographischen Daten?

Spricht man über das Chamäleonartige bei David Bowie, so meint man damit nicht ein laszives Abhängen auf irgendwelchen Pop-Ästen und das blitzartige Erbeuten diverser Style-Insekten mittels Herausschnellen der langen, glitschigen Zunge. Obwohl, je länger man sich den vorangegangenen Satz anschaut, desto stärker wird das Verlangen, sich dieses Bild zu Ende zu denken.

♫ **Blondie**
Heart Of Glass (1978)

Text und Musik: Debbie Harry/ Chris Stein

Glasherzen auf dem Couchtisch

von INGEBORG SCHOBER

Ein Herz wie Stein, das kennen wir. Aber ein Herz aus Glas? Das war die moderne Designervariante, diese durchsichtige, schöngestylte, anmutige, die man sich auf den Couchtisch legen konnte. Im neumodischen Ambiente der leeren und klinisch eingerichteten Schwarz-Weiß-Wohnungen unterm nüchternen Neonlicht lagen sie da, ohne auch nur ein einziges Mal rot aufzupulsieren. Wie eine prähistorische Versteinerung in Glas gegossen, eine glattpolierte, traurige Erinnerung an Herzenswärme, ein Vorbote der Yuppie-Ära, Wallstreet-Spekulanten, Single-Neurosen, der sozialen Kälte, des Mobbing, der Chat Rooms, der Klone, Endlos-Techno und Dauer-Raves. Ein Herz aus Glas, das man beiläufig irgendwo ablegt und vergißt wie ein Party-Geschenk.

Debbie, also Deborah Harry, die Sängerin der New Yorker Band Blondie, hatte schon viel Kälte erfahren, als wir aus unserem vertrödelten Späthippie-Landkommunen-Tran erwachten und langsam, aber heftig der Realität ins Auge blicken mußten. Straßengören wie sie waren neu. Punk aus England klopfte gerade an die Tür. Aber sie war ja längst kein Mädchen mehr. Schon 33 Jahre – und für uns schon fast eine Oma! Doch wir liebten sie für ihre Unverfrorenheit – und nicht nur die Mädchen. Sie war verrucht und doch nicht, eine Kindfrau mit wissenden Augen, wie Marilyn Monroe oder Mae West, und wie ihre platinblonde Haarmähne nicht falsch, nicht echt, was wir von Anfang an ahnten und auch mochten.

Das Schlimmste, was einer Band namens Blondie in Deutschland hätte passieren können, wurde ihr dank der frühen Geburt anno 1977 erspart – die dämlichen Blondinenwitze. Eine Band mit diesem Namen wäre vor kurzem wahrscheinlich zu Verona Feldbuschs »Peep«-Show eingeladen worden – und Debbie hätte dort garantiert schlagfertig gekontert. Sie hatte schon harte Zeiten und ebensolche Erfahrungen hinter sich, als sie halb Lolita, halb Vamp die New-Wave-Bühne betrat: Kellnerin, Groupie, Playboy-Bunny, eine Folkband und schließlich Mitglied der Pornogruppe »The Stilettos«. Für uns hierzulande klang das exotisch. Auch nach der Emanzipationsbewegung in den sechziger Jahren erschien uns so viel rotziges Selbstbewußtsein geradezu unheimlich.

Denn Debbie sang nicht über Selbstbefreiung, Selbsterfahrung, Selbstverwirklichung – sie war einfach sie selbst, musikalisch verankert zwischen den Doo-Wop-Chorgirls der Sechziger, den Mädchenbands der Twist-Ära wie den Shangri-Las und Ronettes, und den schrillen, wildgeschminkten Sirenen von Punk und New Wave wie Siouxsie, Nina Hagen oder Lene Lovich. Sie war keine keimfreie Blondine wie Doris Day in den Fünfzigern, nicht naiv erotisch wie Marilyn Monroe, und längst nicht so extrovertiert, provokant, vulgär und clever wie später dann Madonna. Sie war die kühle Blondine mit der Stimme wie ein geschliffener Diamant und dem »Heart Of Glass«. Sie war die Frau der achtziger Jahre.

Mit energisch angewinkelten Armen stand sie auf dem Cover-Foto zwischen ihren Turnschuhträgern im Konfirmantenanzug wie eine Kommandantin im Raumschiff Enterprise. Das weiße, fast knielange, leichtschwingende Kleid mit den Spaghetti-Trägern, das sie auf dem dritten Album der Band »Parallel Lines« zu den hochhackigen weißen Slippern trägt, ist heute wieder modern. Ebenso zeitlos ist die Musik dieser LP und vor allem der größte Hit daraus – »Heart Of Glass« – geblieben. So lupenrein produziert von Mike Chapman, daß jede Coverversion vermutlich einer Destruktion gleichkommen würde. Der Hit-

Produzent von Teenie-Bands wie Smokie, Sweet und Mud war seinerzeit, wo alles kritisch auf »New Wave Correctness« eingestimmt war, eine fürwahr merkwürdige, aber hundertprozentig richtige Entscheidung.

Und die Jungs neben ihr – sind das etwa die Beatles? Nein. Erstens sind es fünf, und die Beatles waren schließlich die Fab Four, und zweitens, bei näherer Betrachtung natürlich nicht ganz so authentisch sechziger Jahre. Aber fast. Pilzkopffrisuren, schwarze, schlichte Anzüge zum weißen Hemd mit schwarzem schmalem Schlips. Das perfekte New-Wave-Styling made in New York, das hierzulande zwei Jahre später das Outfit der Neuen Deutschen Welle prägen sollte. Der Abschied von Glam-Rock-Theatralik, die Abgrenzung zu Image-Kampagnen, eine Zäsur, die nach optischer Neutralität gierte. Und um so mehr Debbie Harry als »Blondie« in den Vordergrund rückte. Doch die Beatles-Anzüge täuschen. Das Kleid ist die eigentliche Aussage zur Musik, die auf diesem Album gerade mit »Heart Of Glass« einen tanzbaren Dreh Richtung Disco macht und damit Dutzende von anderen Rockbands der alten und neuen Garde ansteckt, es Blondie gleichzutun.

Fast zeitgleich mit dem eleganten Disco-Hit »Le Freak« von Chic, der Single des Jahres 1978, landete »Heart Of Glass« auf Platz 1 der amerikanischen und europäischen Charts und machte Blondie zu weltweit gefeierten Aufsteigern. Bereits ein Jahr später polierten Stars wie Queen, Sparks, Human League, ja selbst David Bowie und die Rolling Stones ihren eigenen Stil erfolgreich mit dem Disco-Crossover auf. Disco war nicht mehr die Domäne der seichten Reißbrettproduktionen des Philly-Sounds, die Dancefloor-Musik wurde durch namhafte und glaubwürdige Rockstars aufgewertet. Und all das begann mit einem Lied über die falsche oder falschverstandene Liebe, über die Liebe, die nicht von Bestand ist, die vielleicht als Verliebtheit in das Verliebtsein beschrieben werden kann, über Teenagerträume, die zerbrechen wie Glas, vor allem dann, wenn man sie über das Teenageralter hinaus wei-

Ein Herz kalt wie Glas – aber eine heiße Schulter!

terträumen möchte. Und die so viele Schmerzen bereiten wie ein Glassplitter mitten im Herzen.

»Seemed like the real thing« schien eine wirklich ernste Sache zu sein, war aber nur »mucho mistrust«, eine Menge »spanisches« Mißtrauen. Das spanische »mucho« statt »much« gibt dem Text die multikulturelle Note, das exotische Flair, das durch den Einfluß der amerikanischen Emigranten auf die aktuelle Popmusik bald wieder eine Rolle spielen sollte: Reggae, Latino, Salsa, Merengue … die musikalische Melange des Melting Pots New York erlebte in den Zeiten der Ehe zwischen New Wave, Reggae und Disco eine neue Blüte. Die Talking Heads haben sich auf diesen Trip besonders intensiv eingelassen.

Zurück zum Text von »Heart Of Glass«. Einmal war die Liebe wiederum so göttlich, daß sie fast den Verstand verlor. Doch immer geriet diese Liebe ins Hintertreffen. Nur in den Zwischenzeiten, zwischen der einen und der nächsten Liebe war es nett – »In between, what I find is pleasing and I'm feeling fine«. Was aber geschah denn dazwischen? Wurden die Glasherzen auf dem Couchtisch ausgetauscht oder gar vertauscht? Eine deprimierende Vorstellung. Doch dann, am Boden zerstört, bekennt Debbie, daß diese anfangs so fantastische Liebe »turned out to be a pain in the ass« – sich also als unerträgliche Nervensäge herausstellte. Und dreht den Spieß um, macht sich über die Liebe lustig, macht sie lächerlich.

Schon Ende der siebziger Jahre wollte kein Single mehr Zeit an Gefühlsbeziehungen verschwenden, die sein ganzes Engagement erforderten. Das war weder nervlich noch zeitlich mehr drin. Also beschwerte man sich über gläserne Herzen, wollte aber mit den »richtigen Dingern« auch nichts zu tun haben. Die bereiteten Herzklopfen, waren warm, verlangten nach Schutz und Zuneigung. Und dafür war kein Platz. »Love's gone behind« … die Liebe rangiert an zweiter Stelle. Und folglich ist Debbies Stimme auf der Platte auch so fern wie die verflossene Liebe, klingt wie das Echo eines Gefühls, das man nicht mehr zu fassen bekommt. Jetzt verstehen wir, weshalb sie auf dem Cover-Foto nicht lächelt, obwohl im selben Jahr Rod Stewart mit seiner Erkenntnis »Blondes Have More Fun« die Charts eroberte. Die Blonden haben mehr Spaß? Vielleicht wenn sie Fußball spielen und komische Frisuren tragen.

Die Jungs von Blondie jedoch, die allesamt mit schwarzem Wuschelkopf so unschuldig aus ihren weißen Hemdkragen lachen, hatten sichtlich ihren Spaß: Jimmy Destri, Electronic Keyboards (das »Elektronische« mußte man damals noch extra betonen!). Der Gitarrist Frank Infante, der schon Iggy Pop zu Diensten war, Nigel Harrison am Baß und Clem Burke an den »Premier Drums«. Hier beginnt also auch das Zeitalter von Firmen-Sponsoring. Doch Blondie ist immer noch »sung by« Debbie.

Chris Stein, Gitarrist und Lebensgefährte von Debbie, den habe ich bis zum Schluß aufgespart. Weil es eine traurige Geschichte ist, die nicht zur Spaßkultur und zum Erfolg paßt, uns in Ratlosigkeit stürzt. Die musikalische Stütze an ihrer Seite erkrankte unheilbar, geschüttelt von Nerven- und Muskelverfall, konnte und kam nicht mehr auf die Bühne. Vorbei war der Göttertanz ums Goldene Kalb der Platinplatten, ausgerechnet, als Blondie die New Wave via Disco für die Massen populär gemacht hatte. Vorbei wie die trügerischen Liebschaften auf »Heart Of Glass«. Ein Scherbenhaufen. Ein Bruchstück der Popgeschichte.

Debbie Harry schlug sich auch nach der Auflösung von Blondie 1982 und den großen, internationalen Hits wie »Rapture«, »Call Me« und »Island Of The Lost Souls« tapfer durchs Leben. Vor ihrem Solo-Comeback erst einmal in Filmen wie »Roadie«, »Union City« und »Videodrome« als Schauspielerin. Doch schon zwei Jahre nach »Heart Of Glass« war die ganze Welt im kühlen Neonlicht schwarz-weiß gestylt erkaltet. Und alle ließen auf Parties ganz nebenbei ein Herz aus Glas liegen. Es soll ja Leute geben, die so was sammeln.

P.S. Und gleich noch ein Glas-Herz. Kaum ist der Aufsatz geschrieben, probiert die Band Blondie mit dem Album »No Exit« nach 16 Jahren das Comeback. Was mir überhaupt nicht in den Kram paßt. Mit dabei wieder Ehemann Chris Stein, die Musiker Jimmy Destri und Clem Burke. Manche Revivals verursachen Herzeleid. Aber diese Geschichte soll bitteschön ein anderer schreiben.

♫ **Dire Straits**
Sultans of Swing (1978)

Text und Musik: Mark Knopfler

Schön, schick und bald überholt

von JOHANNES JOHN

Gelegentlich macht man sich ja Gedanken über seine Zukunft. Und stellt sich dann vor, was sie in Fegefeuer oder Hölle wohl einmal für Musik spielen werden. Fürs Fegefeuer träume ich von einer Endlosschleife, entweder mit Mark Knopflers Solo aus »Tunnel of Love« oder jenem von Bo Ramsey auf seiner Slidegitarre am Ende von Greg Browns »Speaking in Tongues«. Und sollte beides gerade vom himmlischen Schallarchiv ausgeliehen sein, was durchaus wahrscheinlich ist, so wünsch ich mir Michael Timmins von den Cowboy Junkies, wie er uns aus »Walking After Midnight« hinausbegleitet. Noch einen magischen Moment? Bitte sehr: etwa jene kostbaren Augenblicke des »come back into the sunlight again«, wie sie Joan Armatrading in »You Could Have Been Better« intoniert: schlicht überirdisch, während Gianna Nanninis »estate italiana-na-na-na« aus dem 90er-WM-Song »Notti magiche« demgegenüber von einer himmlischen Erdverbundenheit zeugt, die hoffentlich noch unseren Kindeskindern Gänsehautschauer über den Rücken jagen wird.

Eigentlich aber doch »Tunnel of Love« mit seinen sich langsam aufbauenden, allmählich steigernden, ganz und gar unverwechselbaren Läufen, zuletzt glitzernd und funkelnd aufgereiht wie Perlen auf einer Schnur, zuletzt in Klangkaskaden und Arabesken kulminierend, und schon beim ersten Hören damals hab ich mir gedacht: das könnte der Soundtrack fürs Paradies sein.

Und das nicht das erste Mal. Als sie nämlich 1978 auftauchten und Werner Burghardt am 24. November in der Süddeutschen Zeitung ihren Hamburger Auftritt in Tönen pries, die wahrhaft aufhorchen ließen, waren sie wirklich etwas Neues. Eine Band, die nicht nur hämmerte, losfetzte und auf immer neue Watt-Rekorde aus war, sondern auch den Unterschied zwischen langsam und schnell, vor allem aber – und dies durchaus eine Renaissance – auch den zwischen laut und leise kannte. Und darüber hinaus sogar über diverse Zwischentöne verfügte. Das alles ohne Glamour, Mätzchen oder anderen Zugaben aus der Image-Tube, im Gegenteil: Wer Mark Knopflers Konterfei, mit schon unübersehbar lichter Stirn pop-inkompatibel wie sonst noch was, ansichtig wurde, der glaubte aufs Wort, daß er zwischenzeitlich auch als Lehrer gejobbt haben soll.

Denn die »Dire Straits« sind Mark Knopfler, klar. Ein Sprechgesang, weniger »cool«, scheint mir, als vielmehr »lazy«; eher »laidback« als grimmig, viel lieber von ironischer Distanz als überengagiert. Und die Texte konnten sich durchaus sehen lassen. Hingetuschte Londoner Momentaufnahmen, mehr angedeutet als ausgemalt, und dabei gelegentlich von virtuosem lyrischen Impressionismus wie etwa in jenem frühen Meisterstück, »Wild West End«, dessen »Bus-Strophe« es verdient, hier in toto zitiert zu werden: »And my conductress on the number nineteen / She was a honey / Pink toenails and hands all dirty with money/ Greasy hair easy smile./ Made me feel nineteen for a while ...« – Schnitt, Szenenwechsel, und schon sind wir ein paar Straßenecken weiter, in Chinatown.

Oder eben – im Hit ihres Debütalbums – in einer Musikkneipe, in der die »Sultans of Swing« ihr Bestes geben. Die Band mit einem von Beginn an straffen, aber stets unangestrengten Drive, aus diesem kompakt dahinrollenden Sound lösen sich nach einigen Takten urplötzlich und unvermutet einige fast fragil hingeworfene Sologitarrentöne, die wie aus einem Feuerwerksrad nachträglich herausschießende Raketen aufsteigen und verglühen, bevor uns unmittelbar anschließend Knopfler in fast pointilistischer Reduktion lakonisch erste Informationen über die Location des nachfolgenden Geschehens mitteilt: »You get a shiver in the dark / It's raining in the park but meantime / South of the river you stop and you hold everything / A band is blowing dixie double four time / You feel alright when you hear the music ring.« Was diesen Song jedoch unsterblich macht, sind die zwei Gitarrensoli am Ende, die, architektonisch genau aufeinander bezogen, Knopflers Meisterschaft im Wechsel zwischen Minimalismus und Opulenz so mustergültig demonstrieren, daß schon damit sein Platz in der Hall of Fame gesichert war. So füllen die Melodiebögen des zweiten Laufs in rasender Fahrt alles das, was im ersten nur angedeutet, dann aber offengelassen, ausgespart und (noch) nicht »ausgespielt« wurde. Hatte das erste Solo die Akzente, die unverzichtbarer Eckpunkte markiert, schufen die Fill-Ins jener Schlußsequenz fast en passant einen Klangteppich von bestechender Präzision und zugleich atemberaubender Leichtigkeit. Eine Kette kristallklarer Töne, bahnbrechend filigran, dabei aber stets messerscharf unterscheidbar gegriffen, nie verwischt oder verhuscht, keine Mogelei. Und wenn es noch eines Zeichens für Kulturbarbarei, Ignorantentum und den bei diversen Musikkanälen grassierenden Dilettantismus bedurft hätte, so war dieser erst kürzlich zu besichtigen, als ein Video der »Sultans of Swing« just vor diesem fulminanten Schlußpunkt ausgeblendet wurde, weil's höchste Zeit für ein bißchen Werbung war.

»Manchmal läßt er seine Mitstreiter acht oder sechzehn Takte nur den Rhythmus markieren. Dann genügt ihm ein langgezogener, weinender Blues-Ton, und die Spannung ist wiederhergestellt, neu angerissen«, beschrieb Werner Burghardt diese nicht allzu häufige Fähigkeit zu musikalischer Ökonomie, und ohne Zweifel waren die Dire Straits am Ende der siebziger Jahre in jenem bunten Haufen eines der größten Versprechen für all die, denen auf die Dauer drei Akkorde doch etwas zuwenig waren.

Und dann? Folgte ein Jahr später »Communiqué«, das trotz »Lady Writer« und anderer starker Momente nicht ganz auf der Höhe seines Vorgängers war, was man einer Band nach einem fulminanten Start aber zugesteht. Danach, 1980, die Band war längst etabliert, »Making Movies«, ups and downs auch hier, wobei die Downer – was schon damals bedenklich stimmen konnte – nicht grottenschlecht, sondern in erster Linie öde und uninspiriert klangen. Dazwischen Edelsteine wie eben »Tunnel of Love«, oder die von Knopfler hinreißend interpretierten »Romeo and Juliet« oder »Les Boys«. Zwischenzeitlich war shooting star Mark Knopfler, Bruder David hatte die Band mittlerweile verlassen, mit einem Teil seiner Rhythmussektion, dem Drummer Pick Withers, fremdgegangen und hatte in den Muscle Shoals Studios in Sheffield, Alabama, den Sound von Bob Dylans vielgeschmähtem 79er-Album »Slow Train Coming« maßgeblich geprägt.

Und dann? Erschien »Love Over Gold«, und die Dire Straits, mittlerweile mit Keyboarder Alan Clark wohl unvermeidlicherweise gehörig aufgebrezelt, wurden episch, und das bedeutete: lang, langatmig und langweilig. »Telegraph Road« ist das wohl beste Beispiel für einen Song, aus dem – wäre weniger draus gemacht worden – viel hätte werden können, der aber dann nach fast einer Viertelstunde in Bombast und Donner unterging. Nicht ohne Grund zuckte über das Cover dann auch ein dekorativer Blitz, was fürderhin programmatisch werden sollte: Von einem Konzert in der Münchner Olympiahalle ist mir nur noch ein Lasergewitter in Permanenz als optischer Eindruck in Erinnerung geblieben, mehr nicht. Ambitioniert, als müsse in einem Crashkurs der Anschluß an die Musikgeschichte des Abendlandes gefunden werden, klang hier wie nachfolgend das meiste trotzdem nach Volkshochschule, dabei aber so glattpoliert, epigonal und antiseptisch, daß es trefflich auch als Hintergrundgedudel zur Morgentoilette im Yuppie-Haushalt vorstellbar war; oder reziprok auch als flächendeckende Beschallung im abendlichen Fitneßstudio: Mainstream für Besserbetuchte, weggeschliffen alle Ecken und Kanten aus dem Londoner Vorort Dettford (wo die Jungs herkamen), wie auch »Money For Nothing« – seien wir mal ehrlich – doch nur ein lackierter Langeweiler war.

Vor allem ließ es mich völlig kalt, und irgendwann verlor ich die Spur: es interessierte mich einfach nicht mehr. Das war auch nicht mehr richtungweisend, vielversprechend oder riskant, das war nur noch schön, schick und völlig überholt.

Was lichte Momente nicht ausschloß, und die Zeile »Now the sun's gone to hell / And the moon's riding high« aus dem Titelsong der 85er-LP »Brothers In Arms« zähle ich zu den eingangs zitierten magischen Momenten des Pop. Und »So Far Away« eignet sich als Demonstration eines musterhaften glottal stop immerhin noch für die Verwendung im Englischunterricht. Insgesamt und vor allem aber schien MK zu Anfang der achtziger Jahre die Lust am Projekt »Dire Straits« verloren zu haben. Und was aus diesen Jahren im Ohr blieb oder im Hinterkopf, entsprang dann auch Soloaktivitäten außerhalb der Band. So etwa die Filmmusik zu »Local Hero« (1983), in dem sich Bilder und Soundtrack gelegentlich kongenial ergänzten, oder »Cal« (1984), das fröhliche Musizieren unter dem Signum »Notting Hillbillies«, oder als Gitarrist und Co-producer die erneute Zusammenarbeit mit Dylan im Rahmen der »Infidels«-Sessions (1983), wo auch jenes bis 1991 unveröffentlichte, unter Dylanologen sagenumwobene und legendenumwitterte Outtake »Blind Willie McTell« entstand, auf dem – sparsamst instrumentiert – Dylans Gesang und Klavierspiel lediglich von Knopfler auf der akustischen Gitarre begleitet wird. Oder jüngst der Gastauftritt auf »Long Black Veil« (1995) von den Chieftains, dort mit dem Traditional »Lily of the West«, das bei jedem neuen Zuhören wächst und gewinnt. Und vermutlich eine Menge anderer Aktivitäten. Nur, wie gesagt: irgendwann hab ich den Anschluß verloren.

Sei's wie es sei: Für den Platz im Olymp an den Tafeln der Götter und Halbgötter genügen jene drei, vier makellosen Songs, die wir Knopflers Inspiration zu verdanken haben, genügen ja möglicherweise sogar zwei oder drei Gitarrensoli von Ewigkeitswert. Was schon Leonard Cohen wußte und mit unübertrefflicher Selbstironie formuliert hat: »ev'rybody knows that you live forever when you've done a line or two«. Und so muß auch jener schon früh geäußerte Verdacht, daß Knopfler nämlich in seinen Liedern nicht nur oft in die Rolle des bornierten Kleinbürgers schlüpft, sondern in Wirklichkeit selber ein solcher Spießer und Langeweiler sei und mithin die – man denke an »In the Gallery« – wiederholt artikulierte vox populi also gar keine »Leihstimme«, hier nicht weiter erörtert werden. Dafür ist dann noch genügend Zeit, wenn wir's uns dereinst in der Vorhölle gemütlich machen, ums Fegefeuer herum eng aneinanderrücken und irgendwo von oberhalb die glasklaren Läufe aus »Tunnel of Love« auf uns herabzuperlen beginnen: glitzernd, funkelnd und endlos.

♫ **The Police**
Message In A Bottle (1979)

Text und Musik:
Gordon Matthew Sumner

Volle Dröhnung bis die Polizei kommt

von RAINER BALCEROWIAK

Es war hart. Die ersten Helden hatten das mit dem Rock 'n' Roll irgendwie zu wörtlich genommen und waren bereits abgetreten. Das Gitarrentrio, mit Baß und Schlagzeug, drohte auf dem Müllhaufen der Musikgeschichte zu verschwinden und war von unsäglichen, keyboardlastigen Bombast-Poppern von den Parties und Konzertbühnen verdrängt worden. Wir waren verraten worden! Wer hat sich denn die Scharmützel mit den Ordnungsdiensten der Veranstalter geliefert, um auch ohne Geld den Konzerten der Meister beiwohnen zu können? Jawoll, wir waren es, die dereinst, mit einer großen Mülltonne bewaffnet, einige vergitterte Kellerfenster des Sportpalastes in Berlin zertrümmert haben, um das Bluesrock-Inferno der alten Fleetwood Mac, damals noch mit drei Gitarristen, zu erleben. Was kümmerte mich mitten im Winter der verlorene rechte Turnschuh beim Sturm auf das Led-Zeppelin-Konzert.

Doch wir mußten nun begreifen, daß die Kids eben doch nicht all right sind und sogar bereit waren, ihr Taschengeld für hochgiftige Hirnklebe auszugeben. Zu dem Klanggewaber von Genesis und Supertramp oder gar Barclay James Harvest konnte man zwar auch kiffen, aber anders. Gut, die Finstermänner der Elektronikindustrie hatten es nicht geschafft, die Sehnsucht nach der Krach-Gitarre, der Königin der Instrumente, ganz zu eliminieren. Doch was da in Form von AC/DC (außer Bon Scott!), Lynyrd Skynyrd und Thin Lizzy auf uns niederprasselte, war schon recht schrecklich.

Schon damals galt man als Alt-Hippie, wenn man sich mit einer Kiste Bier, ein paar Freunden, ein paar Tafeln Schokolade und zwei Gramm »Roter Libanese« zurückzog, um sich stundenlang und vor allen Dingen dröhnend laut Jimi, Janis und Jim reinzuziehen. Doch wir gaben die Hoffnung nicht auf und wußten: Der Gegenschlag war nur eine Frage der Zeit und würde fürchterlich sein.

Wir blieben die Verlierer der Geschichte, wie so oft. Der Draht zu den Kids war abgerissen. Sie hörten nicht auf uns! Schlimmer noch, wir wußten nicht einmal mehr, was sie taten. Und so kam der Punk über uns, die neue Volksmusik der britischen Industriebrachen. Ich hasse Nasenringe. Lederjacken – ob mit oder ohne Nieten – sind mir zu schwer, und auf die Idee, mir die Haare zu blondieren oder mittels Margarine zu einem Stern zu formen, würde ich im Traum nicht kommen. Zudem mag ich Hunde am liebsten gut abgehangen, fein mariniert (in Kokosmilch!) und scharf angebraten. Meine Jeans hatten zwar auch Löcher, aber die waren Folge der betriebsbedingten Abnutzung. Kleidung ist bekanntlich ausschließlich zum Wärmen des Körpers da, und ihre Anschaffung sollte daher rein pragmatischen Charakter haben und keinesfalls fetisch-mäßig zu unnötigen Ausgaben führen.

Wie dem auch sei, der Punk war da. Wir kannten das zwar alles schon, schließlich hatten MC 5 schon 1970 ihr »Kick out the Jams« rausgerotzt, trotzdem war's ganz nett. Gegen Losungen wie »Fuck the Queen« oder »Smash the Empire« kann schließlich kein vernünftiger Mensch etwas einzuwenden haben. Außerdem hatten die Business-Agenten eine Band in die Punkwelle eingeschleust, die da gar nicht reinpaßte und vielleicht genau deswegen unsere musikkonsumtive Regression und Agonie erst einmal stoppte. Sie hieß »The Police«. und hatte eine Message: eine »Message In A Bottle«. Die Polizisten bescherten uns eine lange, fröhliche Zeit, die erst endete, als ihr Protagonist Sting selber auf den Fahndungslisten der Geschmackspolizei zur Erledigung ausgeschrieben wurde.

Natürlich hatten Police nichts mit dem wütenden Gitarrenkrach der englischen Punks zu tun. Ihr Gitarrist Andy Summers hatte sich seinen Platz im Musikolymp bereits durch seine Mitwirkung bei Soft Machine gesichert, und Drummer Stuart Copeland war nicht nur durch seine klassische Ausbildung dazu berufen, das Rock-Schlagzeug endgültig vom Haudrauf-Geprügel zu emanzipieren. Überhaupt war die Band ein einziges Mißverständnis. Sie waren keine Punks, bald hieß es dann ja auch »Wave«. Und daß der mittelmäßige Bassist Sting, der nebenbei recht einprägsam, aber unflexibel singen konnte, als Kopf der Gruppe gehandelt wurde, ist einer der vielen grausamen Witze der Musikgeschichte. Seine strategische Aufgabe hat er erfüllt: Punk und Wave sozialarbeiter- und lehrerkompatibel zu machen. Außerdem eignete er sich wie kein zweiter in dieser Szene als androgynes Sexsymbol. Später wurde er auch noch ein richtiger Gutmensch und spendete dann viel Geld, steuerlich absetzbar versteht sich, an irgendwelche Regenwaldindianer, deren Chef vor lauter Freude erst mal seine Nichte vergewaltigte, aber dafür kann Sting wahrscheinlich nichts oder nur wenig.

Zurück zur »Message«. Es gibt wenige Songs, zu denen man so gut trinken kann. Eingeweihte meinen, auch tanzen, aber das war uns ja immer verpönt. Die schwebenden Nonen-Akkorde und der konsequente Beat auf der Snaredrum brennen sich von Anfang an in die Birne. Rauh und kein bißchen aufgemotzt brettert die Studioversion aus dem »Regatta de Blanc«-Album daher. Im Refrain – »I send an SOS to the world« – geht die Band tatsächlich auf die berühmten drei Akkorde und den geraden Beat, just der Moment, um ein neues Bier aufzumachen oder eine neue Tüte anzuzünden. Spätestens nach zehnmaligem Hören ist man soweit, den Gesang auszublenden und nur noch auf das Schlagzeug zu achten. Copeland fuzzelt völlig losgelöst vor sich hin, landet immer wieder, keiner weiß wie, auf der Eins: ein mitspielender Drummer halt und somit ein in der Rockmusik bislang unbekanntes Wesen.

Police wurden so richtig berühmt, und zwar ziemlich

schnell. Eines ihrer Markenzeichen wurde, songübergreifend, der pseudo-indianische Schlachtruf »Iioohhhoo, ijeojeo, jeo, jeo, jeo« oder so ähnlich. Schon in der ersten mir bekannten Live-Aufnahme des Stückes 1979 in Boston ist Sting offenbar auf den Trichter gekommen, die Message und etliche andere Stücke, sei es »So Lonely« oder »Roxanne«, mit diesem sinnlosen Zierat zu verunstalten.

Doch sie sind auf dem Höhepunkt ihrer Laufbahn: Copeland trommelt weit weg von Zeit und Raum, und die Harmonieteppiche von Summers werden immer abgedrehter. Reich, berühmt, geiler Sound, Spaß auf der Bühne: was will man mehr?

Endlich kamen sie auch nach Deutschland. In der Berliner Deutschlandhalle war der heiß ersehnte persönliche Augenschein möglich. Rauf auf die Bühne, braatz, braatz, braatz, und für uns hieß das hinterher völlig breit, bis zum Platzen aufgeladen und arbeitsunfähig nach Hause gehen, kurz gesagt: Das war die Message.

Doch Lehrer (Sting) bleibt Lehrer. Der Drang zur Weichspülung, zum allseits kompatiblen Wave-Pop begann die Band schleichend aufzufressen, und damit auch ihre Message. Die nächste mir bekannte Liveaufnahme datiert aus dem Jahr 1983 und ist schon ziemlich Scheiße. Der Lehrer hatte sich durchgesetzt. Die Message wurde soundmäßig mit Chorus und Hall aufgebläht und damit vollkommen ihrer nackten Härte beraubt. Drei schwarzweiße Schubidu-Girls und ein Keyboard nahmen der Nummer dann den letzten Groove. Die Polizisten waren den Weg alles Irdischen gegangen und bei lebendigem Leibe verfault. Es ehrt sie, daß sie sich bald darauf auflösten. Schließlich warten immer mehr verfaulte Bands nur noch auf ihren physischen Tod und sind offenbar wild entschlossen, bis zu diesem Punkt übelriechende musikalische Umweltverschmutzung zu betreiben.

Stuart Copeland machte danach Filmmusiken, und wer mal sein phantastisches »Don't Box Me In« aus »Rumblefish« gehört hat, weiß, wer die Idee zur »Message« hatte. Später tat er das, was jeder ernstzunehmende europäische

Schlagzeuger irgendwann in seinem Leben mal tun sollte und was auch der »Cream«-Held Ginger Baker getan hatte: Er ging nach Afrika. Auf der CD »The Rhythmatist« findet sich dann auch selbstverständlich die eine oder andere weitere Polizeimitteilung, z. B. der »Serengeti Long Walk«. Andy Summers driftete jahrelang irgendwo zwischen Jazz und Esoterik und tauchte vor zwei Jahren mit seiner erstaunlich knackigen »Metamorphosis« auf.

Doch der unsägliche Sting war nicht mehr zu bremsen. Auf Bob Geldofs tränendrüsigem »Live Aid«-Medienspektakel im Londoner Wembley-Stadion degenerierte er die Message zu einer Unplugged-Wunderkerzen-Mitsing-Schnulze. Er verbandelte sich mit gesichtslosen, aber gefährlichen Monstern wie Phil Collins oder mietete sich, je nach Marktlage, eine hochkarätige Fusionstruppe, um seinen Sülz zu verpacken. Die haben sich einen gefeixt, routiniert und professionell ihren angejazzten Mainstream runtergedonnert, und der arme Sting hat vermutlich sogar selber geglaubt, daß auf der Scheibe »Bring On The Night« richtig anspruchsvolle Musik gemacht würde. Natürlich gehört bis heute zu jedem Sting-Konzert, egal wer gerade mitspielt, der alte Police-Hit »Message In A Bottle«, und keiner wirft mit Gegenständen!

Police ist tot, Sting ist noch töter, aber egal. Berlin-Schöneberg, Oktober 1985, 30. Geburtstag des Autors, »Message In A Bottle« bis die Polizei kommt und zwar die echte. Zehn Jahre später dasselbe Bild, diesmal tanzt der Autor sogar, und das will wirklich was heißen. Hunderte verblödeter und verblendeter Gitarrenschüler zwang ich unter Spottgesängen auf die von ihnen meist verehrten Toten Hosen und Metallica, die »Message« zu lernen, Widerstand à la »wat isn det fürn Grufti-Kram« war sinnlos. Die Message lebt, zwanzig Jahre nach ihrer Erstveröffentlichung, weiter als das, was sie schon damals war. Ein schönes, knalliges, grooviges Stück Rockmusik, das diesem Genre eine gehörige Langzeitinfusion verpaßt hat, die noch heute nachwirkt. Und sie wird vermutlich ewig eine der Rocknummern bleiben, zu der man am besten trinken kann.

♫ Frank Zappa
Bobby Brown Goes Down / Stick It Out (1979)

Text und Musik: Frank Zappa

Schweinepidginbänkelsang

von JÜRGEN ROTH

Für Horst Tomayer

Wenige Monate vor seinem Prostatakrebstod am 4. Dezember 1993 kompilierte Frank Zappa, der bekanntermaßen keinen Stil nicht beherrschte, jeden Sound mit jeder Tonart und jede musikalische Konvention mit jedem harmonischen Gesetz kombinierte, am besten aber gleich alles simultan bewerkstelligte und daher nach der Auflösung der »Mothers of Invention« ausschließlich Musiker beschäftigte, die auf Zuruf sogenannte unspielbare Partituren zu Gehör bringen konnten – kompilierte jener durchaus unvergleichliche Protagonist des Pop – neben der Arbeit an der Premiere seines konzertanten Werkes »The Yellow Shark« – ein Album namens »Have I Offended Someone?«, erschienen schließlich 1997.

Rhetorisch die Frage, rhetorisch wie das gesamte Universum Zappas, der, wollten wir uns aufschwingen zu den Höhen des Rockdiskurses, füglich der erste Postpopmodernist oder Poppostmodernist genannt werden darf, denn er nahm keinen Ton und keine kompositorische Vorgabe ernst, sondern betrieb stets – allerdings hoch artifizielles – Patchwork, bevor die Narrenzunft der Musikologen ähnliches nur ahnte.

Was ja viel interessanter ist: Wieso eigentlich konnte ein Song, den Zappa dezidiert auf »airplay« hin geschrieben hatte, wieso konnte das verschwooft-doofe »Bobby Brown Goes Down« tatsächlich just im allerhohlsten aller Länder, in Deutschland, Jahr um Jahr am Sonntagnachmittag unkontrolliert »den Äther« passieren, ohne je das Mißfallen der Kirchen, C-Parteien, des radikalen Feminismus und der Schusterinnung zu wecken – obschon dessen »Lyrics« ja gewissermaßen »explicit« waren und bis heute sind?

Täuscht der Eindruck nicht, geriet »Bobby Brown Goes Down« trotz postumer Wiederveröffentlichung als Single Mitte der neunziger Jahre zuletzt ganz in Vergessenheit. Die sittlich geläuterten Zeiten eines vergehenden Millenniums sehen souverän hinweg über einen Text, der zu verstehen, ähem, gibt: »Die Frauenbewegung / Kam übers Land geschlichen – – / Ich sag' euch, Leute, darauf war ich nicht gefaßt, / Als ich diese Lesbe fickte, die sich *Freddie* nannte! [...] Sie quetschte mir den Sack, ließ aber den Schwanz in Ruh'– – / Ich schätze, er ist noch dran, aber jetzt kommt's im Nu!« (Ziemlich korrekte Übersetzung von Carl Weissner.)

Na, ich merke schon, Sie wollen mehr hören, auch Sie mußten sich verschämt mit gewissen Passagen aus Günter Grassens »Katz und Maus« auf dem Pausenhof behelfen. Nun denn: »Bin bei der Plattenwerbung dick drin. / (Und die Kollegen ahnen nicht mal, daß ich 'n Homo bin!) / Schließlich hab ich mit'm Freund verhandelt, / Und wir sind irgendwie bei Sado-Maso gelandet. / (Tower of Power bring' ich 'ne Stunde lang, easy, / Solang' er mich mit'm goldgelben Strahl vollpieselt) // O Gott, ich bin Der Amerikanische Traum / (Mit 'ner Spindel im Arsch, bis ich schrei ...)« – Gut, ich hör' ja auf.

Kluge Köpfe werden sagen: Das war eine Persiflage auf das Camp-Getue (»Bin ich Junge oder Mädchen? Ich weiß nicht, was«) einer Susan Sontag oder anderer. Zappas »gesungene Satire« (Edward Sanders) nervte drüben Christen, Frauenbewegte, Satanisten, Plattenfirmen und wen noch alles. »Bobby Brown Goes Down« durfte im amerikanischen Radio nicht »laufen«, in Ol' Germany hingegen praktisch unverstanden unbeschränkt. Erst die Flipside des zunächst 1979 auf dem Album »Sheik Yerbouti«

veröffentlichten Schweinebänkelsangs weckte Zweifel am koscheren Gehalt des eingängigen Stückes. Aber erneut nicht welt-, wenigstens nicht deutschlandweit, sondern bei mir, da ich den »Schmutz« (Schäuble, Sommerauer) in Hannover zu Gehör bekam. Denn damit die Deppen hierzulande auch mal raffen, was da propagiert und pigsodomistisch abgefeiert wurde, bestückte Zappa die B-Seite mit dem gleichfalls vom 79er Longplayer »Joe's Garage« stammenden Dreiminüter »Stick It Out«, der nunmehr – via erste Strophe, die Zappa in grandios verhageltem Pidgindeutsch darbrachte – klarlegte: »Fick' mich, du miserabler Hurensohn« usf. usf.

Allein, tauber können Nüsse nicht sein als »aus deutschen Landen« (CMA) kommende. Deshalb – und im Dienste der kritischen Mythographie – hier nun die vollständige Transkription des verhängnisvollen Volksverhetzers, allerdings nach Maßgabe der *FAZ*, welche die legendären Tonbänder der Gespräche zwischen Linda »Atomic Power« Tripp und Monica »Gate« Lewinsky im Sommer 1998 schamvollst mit der platzhalterischen Regieanweisung »[Kraftausdruck]« dokumentierte. –

»[Kraftausdruck] mich, du häßliche [Kraftausdruck] / (Du häßliche [Kraftausdruck]) / [Kraftausdruck] mich, du häßliche [Kraftausdruck] / Mach' [Kraftausdruck] lang / (Mach' [Kraftausdruck] lang, deinen [Kraftausdruck] geringelten) / [...; div. Kraftausdrücke] // Mach' ganz schnell! Rein und [Kraftausdruck]! / (Magisches [Kraftausdruck]) / [...] / Bis es [Kraftausdruck], [Kraftausdruck], [Kraftausdruck], / Feuer! / [Wdh.] / Aber verkleister' nicht das Sofa, Sofa! / Aber verkleister' nicht das Sofa, Sofa! / Aber verkleister' nicht das Sofa, Sofa! / Aber verkleister' nicht das Sofa, Sofa!«

Jetzt sind sie aufgeklärt. Gottseiew'glichgedankt.

Und alle entspannt zurücklehnen.

♫ Willie Nelson
On the Road Again (1980)

Text und Musik: Willie Nelson

Deconstructing Willie oder Das Eigenleben der Dinge

von WALTER HETTCHE

»Alle lieben Willie« titelte die Süddeutsche Zeitung nach einem Münchner Konzert der »Highwaymen« Johnny Cash, Waylon Jennings, Kris Kristofferson und Willie Nelson im April 1992. Als sei der texanische Begründer der »Outlaw«-Bewegung in der Countrymusik einer jener Sänger, deren Lieder man zu Bier und Tanz und Frohsinn konsumieren könnte wie die Honky-Tonk-Nummern von Hank Thompson oder den Western Swing von Bob Wills. Freilich, es gibt auch fröhliche Songs von Willie Nelson, schmissige Nummern wie »On the Road Again«, seinen Hit von 1980. Doch der größte Teil seines Œuvres ließe sich – mit einem Willie-Titel des Jahres 1973 – in die Kategorie »Sad Songs and Waltzes« einordnen. Und eigentlich würde ich viel lieber davon sprechen. »Half a Man« gehört dazu.

Als einen Superhit kann man diesen Song kaum bezeichnen. In den amerikanischen Country-Charts des Jahres 1963 kam er nicht über Platz 25 hinaus, in der Pop-Hitparade reichte es gar nur für Platz 129. Anfang der sechziger Jahre beherrschten andere Figuren die Country-Szene, Crooner wie Bill Anderson und Jim Reeves oder Vertreter der »klassischen« Western-Musik wie Marty Robbins. Für die dunkle Welt des Willie Nelson, die schon damals in keinerlei Schablonen paßte, war kein Platz im countrymusikalischen Mainstream. Und es ist mitunter eine sehr dunkle Welt, die sich dem aufmerksamen Hörer erschließt: Zu gefälligen Arrangements mit Streichern, Chören und schluchzender Steel Guitar werden junge Frauen umgebracht (»I Just Can't Let You Say Goodbye«, 1966) und nehmen Selbstmörder Abschied von der Welt (»You Made Me Live, Love and Die«, 1967), können verlassene Männer die Stille der Einsamkeit nicht aushalten (»The silence is unusually loud tonight / The strange sound of nothing fills my ears«; »The Ghost«, 1962), werden verrückt und beginnen mit den Wänden zu sprechen (»Hello Walls«, 1962). In diesen Kontext gehört »Half a Man«. Da wünscht ein Beziehungsgeschädigter die Hälfte seiner Gliedmaßen zum Teufel, damit er auch äußerlich dem halben Mann gleicht, den die Geliebte aus ihm gemacht hat: »If I had been born with but one eye / Then I'd only have one eye to cry / And if half of my heart turned to ashes / Maybe half of my heartaches would die.«

Selbstzerstörung und Ich-Zerfall sind ein durchgehendes Motiv in Nelsons Gesamtwerk von den frühesten Versuchen bis zu den – vorerst – letzten Meisterwerken wie »Somebody Pick up My Pieces« (1998). Körperteile verselbständigen sich und gehen ihre eigenen Wege (»I'm so Ashamed«, 1973), Sonne und Sterne zerschellen auf der Erde (»Darkness on the Face of the Earth«, 1962), Familien lösen sich auf (»Little Things«, 1968), vereinsamte Menschen fühlen sich wie Gäste im Hotel (»Home Motel«, 1963). Umgekehrt beginnen die Dinge ein Eigenleben zu führen: Verlassene Häuser wohnen alleine vor sich hin (»Where My House Lives«, 1962; »Lonely Little Mansion«, 1963), abstrakte Eigenschaften werden zu realen Personen (»Happiness Lives Next Door«, 1962; »Local Memory«, 1967).

Während in Nelsons Studioaufnahmen die Diskrepanz zwischen »harten« Texten und »weichen« Arrangements fast durchgehend spürbar bleibt, ist in seinen Live-Shows die Kongruenz von Form und Inhalt auf virtuose Weise wiederhergestellt. Die Songs werden allein durch das Schlagzeug von Paul English und den Baß von Bee Spears zusammengehalten, Nelsons Gesang dagegen bricht die melodischen und rhythmischen Strukturen auf und ist der Band oft so weit voraus, daß man sich wundert, wie sie je zu einem gemeinsamen Ende finden können. Auch Nelsons minutenlange Soli auf der ziemlich derangierten Gitarre, die er seit 1969 benutzt, haben in der Countrymusik nicht ihresgleichen: Sie nehmen die Melodielinie auf und »dekonstruieren« sie so weit, daß Nelson unversehens in einem anderen Song landet, in »Take Me Back to Tulsa« während »Bloody Mary Morning« oder in Hank Williams' »Honky Tonkin'« während des Solos zu Johnny Cashs »Folsom Prison Blues« auf der letzten Duett-CD von Cash und Nelson. Wer diese Soli nicht gehört hat, kann nicht mitreden, wenn es um Countrymusik geht. Und wer sie einmal gehört hat, übergibt seine Garth-Brooks-CDs den Mitarbeitern des Amts für Abfallwirtschaft.

♫ Culture Club
Do You Really Want To Hurt Me? (1982)

**Text und Musik: Boy George/Jon Moss/
Roy Hay/Michael Craig**

By George! No!

von BRIGITTE WALTENBERGER-KLIMESCH

Wer geglaubt hat, Reggae eigne sich nur für Sujets, die irgendwie mit Jamaica-Rum, Rassendiskriminierung oder Urlaubsdias zu tun haben, der soll sich mal diesen blassen Engländer und seinen Kulturverein anhören. Keine Spur von sunshine und good times, statt dessen kommt hier im Reggae-Gewand ein eher deprimierender Aspekt der Zweierbeziehung daher, nämlich die Erkenntnis »It's over again«. Das kann einen bekanntlich ganz schön runterziehen. In der Tat ist das Melancholie-Potential des Reggae von Haus aus ein erhebliches: Heimweh nach dem blühenden Mutterland Äthiopien, verfilzte Dreadlocks und Krisen in der Tourismus-Branche verderben dem Rastaman die Laune. Und Haile Selassi ist auch schon tot. Klar, daß da keine rechte Stimmung mehr aufkommen will.

Womit wir schon bei den Engländern wären. Die haben's ja bekanntlich auch nicht leicht mit ihren bröseligen Kalkfelsen, ihrem moralisch verkommenen Königshaus und dem faden Bier. Und Anfang der achtziger Jahre ging es ihnen ganz besonders schlecht, drohte doch Maggie Thatchers gleichnamiger Ismus das ganze Land mit einer undurchdringlichen Schicht aus stillgelegten Stahlwerken und sozialer Kälte zu überziehen. Als Deutscher kann man sich das gar nicht so recht vorstellen, denn schließlich besteht unser Land – einem bekannten Staatsoberhaupt zufolge – ausschließlich aus Kuschelecken, vor allem pädagogischen. Zu allem Übel mußten die Engländer seinerzeit mit ansehen, wie ein sommersprossiger Jungteutone das Turnier in Wimbledon gewann.

Was blieb ihnen also anderes übrig, als stehenden Fußes den Punk zu erfinden, die bleiche Wange mit Sicherheitsnadeln zu durchbohren und zwischen zwei Schlucken lauwarmer Cervisia peinlich berührten Passanten ein finsteres »Oi« zuzurülpsen. Mit Hilfe kiloschwerer Haarspray-Dosen suchte man die Schwerkraft zu besiegen und betonierte sich himmelwärts ragende Kopf-Spikes zurecht. Nicht jeder ist eben von Natur aus Dreadlock-tauglich, und nicht einmal in den frühen Achtzigern ging es den Engländern so schlecht, daß sie nach Äthiopien hätten auswandern wollen.

Nun ist aber die ureigenste Domäne des Engländers nicht die Selbstverstümmelung, sondern die Melancholie. Spätestens seit Burton in seiner mächtig gelahrten Abhandlung »The Anatomy of Melancholy« die Schwermut auf ihr Wie, Woher und Warum sezierte, weiß alle Welt, daß der Engländer als solcher im Unterschied zum Kontinentaleuropäer keinen fadenscheinigen Vorwand wie etwa verlorene Weltkriege, eine vorgezogene Biergartensperrstunde oder die Polarnacht braucht, um deprimiert zu sein. Der Autor der besagten Abhandlung lebte zu einer Zeit, als man noch glaubte, die Neigung zu Grübelei, Wutanfällen oder allgemeiner Fadheit sei auf ein unausgewogenes Verhältnis der Körpersäfte zurückzuführen, welche wiederum maßgeblich durch die Ernährung zu beeinflussen seien. Letzteres erklärt so manches, denn die englische Küche war auch zu Anfang der achtziger Jahre unseres Jahrhunderts noch vorzüglich geeignet, sensible Gemüter direkt in die Arme der Schwermut zu treiben.

Nun ist in Boy Georges Hit nicht direkt von Fish & Chips oder von Körpersäften die Rede – außer natürlich von den Tränen, welche im Falle reichlichen Vergießens an der mehrere Zentimeter dicken Make-up-Verkleidung des Jünglingsgesichts Verwüstungen beinahe biblischen Ausmaßes anrichten müssen. Schon aus ästhetischen Gründen können wir derlei nicht dulden, müssen also die

Mit Trotzkopftrauma in die Arme der Schwermut.

Frage »Do you really want to make me cry?« entschieden verneinen. Über den Anlaß des in Kürze zu erwartenden Tränenstroms können wir indes nur spekulieren, denn dunkel ist der Worte Sinn. Dies wiederum gehört aber zu den konstituierenden Elementen des klassisch-melancholischen Fachs. Nehmen wir John Keats: Der Autor der »Ode on Melancholy« war nicht nur Engländer und Romantiker, er schrieb auch ebenso wohlklingende wie unverständliche Verse und starb schon mit 26 Jahren! In Rom! An der Schwindsucht! Mehr kann man nicht verlangen.

Zugegeben: Toy Boy George war mit 26 noch nicht tot und erfreut sich heute als rüstiger Enddreißiger eines durchaus vorzeigbaren Bankkontos und Gesundheitszustandes – beides gilt als eher unromantisch. Auf Grund seines reichlichen Drogenkonsums sah er aber mit 25 auch mal ziemlich ungesund aus. Das zählt doch auch, oder? Überhaupt kann man dem Knaben nicht vorwerfen, er habe zu wenig für sein Image getan. An der aufwendig zurechtgestylten

Persona sind Einflüsse von Beauty-Klassikern wie Bob Marley (Haar) und Avon-Beraterin (Make-up) ebenso nachzuweisen wie Spätfolgen früher Kindheitslektüre – der Hut beispielsweise deutet unmißverständlich auf ein »Trotzkopf«-Trauma. Dergestalt suggestiv war die androgyne Illusion, daß sich seinerzeit alle Mädels zwischen 10 und 16 zwangsläufig die Schicksalsfrage stellen mußten: Lady-Di-Fönfrisur oder Boy-George-Locken? Niemand vermag zu sagen, wie viele blühende Girls damals an diesem quälenden Konflikt zerbrochen sind oder sich in ihrer Verzweiflung den zementierten Stachelköpfen zugewandt haben. Die von Haarspray-Allergikern gern gewählte Option, sich aus lauter Frust auf den Falkland Islands, einer Art britischem Gummistiefel-Disneyland im Südatlantik, mit ein paar versprengten Argentiniern zu prügeln, fand bei den Mädchen erwartungsgemäß nur geringe Resonanz.

Zum geglückten Verwirrspiel um den elfengleichen Barden paßt auch, daß wir nur spekulieren können, wes Geschlechts das Schmerzen verursachende Subjekt in unserer Reggae-Ballade sein mag. Irgendwie ist der Verdacht, daß hier ein knuspriger Lustknabe im Spiel sein muß, nur schwer abzuschütteln. Man weiß ja nicht so recht, ob gleichgeschlechtliche Paare beim Schwingen der Verbalkeule irgendwelche besonderen Techniken entwickelt haben, aber unter normalen Bedingungen gehören Fragen, die mit »Möchtest du wirklich ...« beginnen, zum Perfidesten, was sich kommunikationsstrategisch bewerkstelligen läßt: Worum es auch immer gehen mag – um den Verzehr roher Eier, die Aufnahme eines Lehramtsstudiums oder einen Urlaub im Bayerischen Wald – mit einer solchen Frage insinuieren wir sanft, daß, wer dergleichen bei klarem Verstande beabsichtigt, eigentlich keinen hat, jedenfalls kein intaktes Exemplar.

Vermutlich ist die Fähigkeit zur rationalen Einsicht hier aber gar nicht das Entscheidende, enthüllt doch der Text des Liedes einen ausgeprägten Hang zum Agnostizismus, der sich in so kühnen Thesen wie »If it's true you do not know« oder »Everything is not what you see« manifestiert. Karamba! Da hätte Kant aber seine Freude gehabt. Der Kantische Skepti- und Kritizismus kommt dem Inselvölkchen mit seinem höchst possierlich anzuhörenden isn't it- und don't we-Schlenkern in der Tat ganz extraordinär entgegen. Aussprechen müssen sie den Philosophen aber immer mit einem gaaaaanz langen aaaaa, weil sonst etwas höchst Unanständiges herauskäme, was nun wirklich nicht in die Philosophie-Vorlesung gehört. Ungeachtet offenkundiger weltanschaulicher Affinitäten ist die Nähe von Boy Georges Quartett zu Kant in Fachkreisen jedoch eher umstritten. Überhaupt wird die Bedeutung des Culture Club für die Wissenschaft bis heute heruntergespielt, und das trotz epochemachender Beiträge zur Semiotik (»words are token«), zur Psychologie (»How can I be real«) und – in einer reiferen Schaffensphase – auch zur Politologie und Soziologie (»War is stupid and people are stupid«).

Macht nix. Blitzbub George legt auf akademische Ehren wohl ohnehin wenig Wert, denn so ein Doktorhut paßt nicht zur exzentrischen Garderobe und könnte Boy George weder auf der Einkommens- noch auf der Coolness-Skala nennenswerte Dienste leisten. Halten wir uns lieber an die unaufdringlich in der Textzeile »Lovers never ask you why« plazierte Message. Wir ahnen ohnehin bereits, daß die ganze depperte Sinnsucherei rein funmäßig eher unergiebig ist und, um überzeugend rüberzukommen, wahlweise Tuberkulose oder viel Schminke erfordert. Verständlich, daß es da die Mehrheit vorzieht, sich kampflos dem schluchzenden Gesang auszuliefern und zu wogenden Reggae-Rhythmen Hüften kreisen und Extremitäten schlenkern zu lassen. Nu denn – yeah, let's!

♫ **Elton John**
Blue Eyes (1983)

**Text und Musik: Gary Osborne/
Elton John/Chris Thomas**

Kleine Pathologie der Brille als Körperkompensation oder Der Napoleon des Pop

von STEFAN ERHARDT

Kleine Menschen haben es schwer. Denn Kleinwüchsigkeit, und darüber möchte ich heute zu Ihnen sprechen, beschert den Betroffenen meist Gefühle von Minderwertigkeit, Unterlegenheit oder Benachteiligung. Wie wir alle wissen, können diese Gefühle zu Beeinträchtigungen, wenn nicht gar zu Selbstmord und Tod führen. Beispiele, auch prominente, gibt es in Hülle und Fülle, die Namen sind ebenso Legion wie Legende.

Es sei nicht geleugnet, daß es durchaus menschliche Exemplare gibt, denen es gelungen ist, aus diesem Dasein der kleinwüchsigen Art das Beste zu machen, sich eine geachtete und nützliche Existenz aufzubauen, die ihren körperlichen Mangel zwar nicht vergessen läßt, aber zumindest in gewisser Weise kompensiert. Mit welchen Mitteln diese »Kleinen im Lande« operieren, wäre lohnender Gegenstand einer längeren Untersuchung. Wir wollen uns heute jedoch auf eine Gerätschaft konzentrieren, die in dieser Funktion nur selten wahrgenommen wird: die Brille.

Oft verknüpft mit Abwertungen wie Nasenfahrrad oder Brillenschlange, besitzt die Sehprothese ihre eigene Leidensgeschichte, das heißt, es ist natürlich nicht die Brille selbst, die leidet, sondern ihre Träger – Sie ersparen mir bitte die mühselige Unterteilung in Träger und Trägerinnen –, meist im kind- oder jugendlichen Alter. Zerbrochene Gestelle, zertretene Gläser, verlorene Etuis, all dies keine Unglücksfälle, sondern Reaktionen auf Verwerfungen in der Sozialisationsphase, Zeugnisse tiefschürfender emotionaler Verletzungen, von Brillenhämatomen der Seele.

Um es kurz zu machen: Brillenträger sehen – und das meine ich jetzt durchaus doppeldeutig – die Welt mit anderen Augen. Aber, und darin liegt ihre Chance: Die Welt kann auch sie anders sehen. Eine Binsenweisheit? Beileibe nicht.

Die Brille sitzt an prominenter Stelle. Wie Untersuchungen beweisen, richten sich Blicke auf das Gegenüber zu 87% zuerst auf das Gesicht (bei Männern ist dieser Anteil gegenüber Frauen niedriger) und hier vor allem auf die Augenpartie. Wird diese umrahmt von körperfremden Objekten, steigt die Aufmerksamkeit um ein vielfaches.

Der springende – oder in unserem Fall: der sitzende Punkt liegt in der Form des körperfremden Objekts. Auf die Brille bezogen heißt das, Gestell ist nicht gleich Gestell, Glas ist nicht gleich Glas. Nachdem im vorigen Jahrhundert mangels Kapital und Innovationsdrang die Sehhilfe schlicht aus Draht gefertigt war, konnte die optische Industrie besonders nach dem Ende des Zweiten Weltkriegs mit einer Fülle an Modellen und Gestellen, von Gläsern und Linsen, von Bügeln und Halterungen aufwarten.

Variatio delectat, und Freude will der Träger einer Brille trotz oder wegen des immerhin einige dreißig Gramm schweren Drucks auch empfinden, sie soll, wenn schon zum guten Sehen ebenso nützend wie schützend, schlußendlich ja eben zum Überleben unbedingt erforderlich, nicht auch noch verunstalten, sondern eine Zier sein.

Hierin liegt die Chance zur Kompensation. Einfach gesagt: Wer auf die Brille schaut, blickt nicht auf die Größe. Für den ersten Eindruck, der bekanntlich sehr viel ausmacht, vermag ein geschickt gewähltes Brillengestell nahezu völlig von physischen Nachteilen wie etwa Kleinwüchsigkeit abzulenken. Daraus ergibt sich eine zweite

Folgerung: Je auffälliger die Brille, desto auffälliger die Erscheinung. Mit der Wahl entsprechender Modelle läßt sich also ein durchaus positives Erscheinungsbild kreieren. Aus dem anfänglichen Nachteil wird ein doppelter Vorteil: Die Brille hilft beim Sehen, die Brille verhilft zu Größe.

Wie bereits angedeutet, ist die Modellpalette inzwischen breiter als breit. Je nach Farbwunsch, Stimmungslage, Verwendungszweck, Trageort oder Facialkonstitution lassen sich individuell angepaßte Brillen fertigen, die dann sogar mit politischen Haltungen oder kritischen Weltanschauungen konnotabel sind – ich nenne als Beispiele nur die runde Nickelbrille à la John Lennon, das proletarische Kassengestell à la Heiner Müller oder die rosarote Rennradbrille à la Rudolf Scharping.

Allerdings liegt der Fall nicht so klar, wie er scheint. Sehr häufig klagen Brillenträger über Gefühle von Unwohlsein, Irritation oder Gereiztheit. Wie eine psychologische Untersuchung des Neurologie- und Psychiatrieexperten Bernhard Mitterauer aus dem Jahr 1985 zeigt, paaren sich bei ständigem Brillentragen »Mißempfindungen« mit »Manipulationen« zu einer brisanten Mischung aus Depressionsverstärkung und Zusatzbelastung.

Kommt dann ein weiterer negativer Permanenzfaktor wie etwa Kleinwuchs hinzu, ist unter gewissen Umständen die Schmerzgrenze erreicht, wenn nicht gar überschritten. Hier muß man jedoch streng nach Geschlecht unterscheiden. Während bei Frauen diese Faktorenkombo nicht zwangsläufig zu Streßentladung und entsprechenden Folgehandlungen führt, sind Männer weitaus stärker gefährdet. Dies liegt darin begründet, daß mit zunehmendem Alter in der Mehrzahl ein weiterer Faktor hinzutritt, der von fast allen Betroffenen als extrem negativ und imageschädigend gesehen wird: Ich spreche von Haarausfall.

Mit solch einem Bad-influence-cocktail sind Krisen vorprogrammiert. Ich darf exemplarisch an die historische Gestalt des Napoleon erinnern, der – als Kleinwüchsiger –

mit zunehmendem Alter unter Weitsichtigkeit und Haarausfall litt, was bekanntlich in Frauenaffären und Größenwahn tragisch endete. Ich möchte hier nun den Fall des Engländers Reginald D. heranziehen. Reginald D., geboren 1947 in einem kleinen Ort namens Pinner in Middlesex, litt unter denselben Symptomen wie jener französische Politiker. Er fand jedoch ein Mittel, wie er damit produktiv umgehen könne.

In seinem Fall heißt die Quintessenz: Kompensation durch Komposition. Reginald D. entwickelte sein mäßiges musikalisches Talent aus Kindertagen durch beständigen Übungsfleiß zu gewisser Musikalität. Sein zwanghafter Vertonungsdrang vermochte jene Negativfaktoren nicht nur wettzumachen, sondern aus dieser psychopathologischen Kompensation auch noch finanzielle Mittel in kröshafter Dimension zu schlagen. Insofern liegt hier scheinbar ein Idealfall vor, aber eben nur scheinbar.

Nimmt man sich nämlich die sogenannten Kompositionen vor, entdeckt man, daß die Kompensation nur bedingt geglückt ist. Zwar konnte Reginald D. durch eine Vielzahl von Brillenmodellen und eine nachgerade Exzentrik der Gestellformen und -farben einen intensiv genutzten Kompensationskanal finden, die verbalen Ausflüsse seines Musikalisierungstriebs sprechen jedoch eine andere Sprache.

So ist es bezeichnend, daß das Thema Brille in seinen Liedern so gut wie nicht erscheint. Kann man in »The Wide Eyed and Laughing« noch eine Referenz auf quälerische Früherfahrungen als Brillenträger erkennen, in »Too Low for Zero« ein dioptrinbezogenes Bedauern spüren, ist der offensichtlichste Titel »Blue Eyes« ein Eingeständnis der persönlichen Hilflosigkeit: »Blue eyes, baby's got blue eyes, / when the morning comes, / I' ll be far away, and I say: / Blue eyes holding back the tears / holding back the pain / and she's alone again.«

Selbstqual, Schmerz und Eskapismus – dieser Orgelton individueller Lebenspein durchzieht die gesungenen Worte des früh haarlosen, dazu als Kind noch zu Übergewicht neigenden Kleinwüchsigen und ist signifikant insofern, als er die Brille als Kompensationsvehikel ablöst, indem er die drei grundlegenden Problem-Kulminationszentren thematisiert: Depression, Aggression und Regression.

Der depressive Bereich äußert sich, ohne hier näher auf textliche Einzelheiten eingehen zu können, bereits in Liedtiteln, die sich mit der im Englischen als Blues bezeichneten negativen Stimmung beschäftigen: »I Guess that's why they call it the Blues«, »Blues for my Baby and Me« oder »Young Man's Blues«. Die Verbindung zu »Blue Eyes« ist schlagend. Hinzu kommen jede Menge Balladen und Weltschmerzstücke wie »Sad Songs«, »Sorry Seems to be the Hardest Word« oder »Teardrops«, außerdem eine Reihe von Liedern, die Ausdruck von Existenzangst und Weltuntergang sind wie »Someone's Final Song«, »This Song has no Title« oder »The End Will Come«, bis hin zu Suizidankündigungen und Todesvisionen wie »I Think I'm Gonna Kill Myself«, »The Last Song« oder »Better Off Dead«.

Dieser Bereich ist bezeichnenderweise eng verbunden mit einem anderen Thema, dem der Liebe. In Titeln wie »Don't Go Breaking my Heart« oder »Never Gonna Fall in Love Again« spiegelt sich eine durchgängig depressive, ja schizophrene Haltung wider, die darin besteht, daß auf der einen Seite ein geradezu kategorisches Verlangen nach Liebe erkennbar ist (»Give Me the Love«, »You Gotta Love Someone«), ein weibliches Gegenüber herbeigesehnt wird (vgl. die Besingung diverser Frauennamen wie Nikita, Emily, Carla oder Samantha), auf der anderen Seite aber Liebe als positiver Lebens- und Eigenwert strikt abgelehnt wird (»Love is a Cannibal«, »When a Woman Doesn't Want You«, »She's Poison«).

Der Aggressionsbereich ist im Œuvre rein zahlenmäßig schwächer repräsentiert. Hier sind auch die Äußerungen eindimensionaler auf die Assertion von Kampfkraft und Kampfeswillen bezogen (»We Will Be Strong«, »Saturday Night's Alright for Fighting«, »I Feel Like a Bullet«). In bezug auf den dritten Bereich, den der Regression, lassen sich eher Verbindungen an das Depressionsfeld knüpfen, etwa in dem Widmungslied »Candle in the Wind«, das eine postmortemische Aktualisierung und damit die Adelung zum Allzeittotenlied erfahren hat. Der Wandel in dem Kind thematisiert sich denn auch leitmotivisch im Song »Goodbye Yellow Brick Road«, daneben gibt es eine Vielzahl regressiver Anspielungen wie Lieder über infantile Berufsillusionen (»Rocket Man«, »Satellite Man«, »Pilot of the Future«) oder die Sehnsucht nach der Unverdorbenheit des Mutterschoßes (»Return to Paradise«, »Harmony«). Titel wie »I'm Your Puppet« oder »Whipping Boy« weisen zudem aggressive Züge auf.

Ich möchte Sie nicht mit weiteren Details langweilen, deshalb an dieser Stelle mein Fazit. Der Fall Reginald D. zeichnet sich dadurch aus, daß die Körperkompensation qua Brille zwar erfolgt, aber nicht ausreicht, sondern durch ein spezifisches Betätigen (hier: Liederschreiben) ausbalanciert wird. So läßt sich »Blue Eyes« als Kulminationspunkt der Vergleichgewichtung von Depression, Regression und Aggression verstehen: blaue, traurige, bluesige Augen; blaue reine Babyaugen; letztlich – in wortspielerischer Variation – blaue Augen eines Faustkampfes, im Englischen als »black eye« idiomatisch überzeichnet. Diese gewissermaßen akustische Friedensmission nach innen spiegelt sich wider im exzessiv variablen Einsatz der Sehprothese. Dennoch bleibt die ständige Todesdrohung, eine Suizidgefährdung ersten Grades, aber der Delinquent – und dieser Kalauer sei mir am Ende unserer angestrengten Betrachtungen erlaubt – trägt dies mit Fassung.

Die Autorinnen und Autoren

Rainer Balcerowiak, geboren 1955, lebt als Journalist, Autor und Musiker in Berlin. War Mitarbeiter des SFB, Rockgitarrist, Musikdozent und Redakteur der »jungen Welt«.

Hilmar Bender, geboren 1968, Diplom-Geograf, schreibt für diverse Fanzines, wohnt in Bremen, spielt beim ESV Blau-Weiß.

Roland Berbig, geboren 1954, Germanist, Privatdozent an der Humboldt-Universität Berlin.

Karl Bruckmaier, geboren 1956, studierte Kommunikationswissenschaften und arbeitet seit 20 Jahren als DJ, Autor und Regisseur des Bayerischen Rundfunks. Schreibt Rezensionen, Aufsätze und Kolumnen für diverse Zeitungen. Letzte Veröffentlichung: »Soundcheck – Die 101 wichtigsten Platten der Popgeschichte« (München 1999).

Christine Debold, geboren 1967, lebt und arbeitet in München und Memmingen.

Stefan Erhardt, geboren 1959, Lehrer in München, gibt die Vierteljahresschrift »Der tödliche Paß – Zeitschrift zur näheren Betrachtung des Fußballspiels« heraus.

Gerhard Fischer, geboren 1963, lebt als freier Journalist in Frankfurt/Main. Zuletzt erschienen zusammen mit Jürgen Roth: »Leben voller Fallrückzieher. Fußballer erzählen – von Fritz Walter bis Lothar Matthäus« (Leipzig 1998).

Dietmar Gebauer, geboren 1954, lebt als Lehrer in München, freier Mitarbeiter beim Bayerischen Rundfunk, Autor von Sachbüchern.

Suzan Hahnemann, geboren 1967, promovierte über »Vergleiche im Vergleich«. Derzeit als Lehrbeauftragte für Germanistische Linguistik und Buchwissenschaft an der Universität München, Referentin an der Akademie des Deutschen Buchhandels sowie in einem Verlag tätig.

Gerhard Henschel, geboren 1962, arbeitet als freier Autor u. a. für »Titanic«, »taz«, »junge Welt« und »Konkret«.

Bernd Herbon, geboren 1959, schreibt als Redakteur in München über Kultur.

Walter Hettche, geboren 1957, Germanist und Akademischer Rat an der Universität München.

Johannes John, geboren 1957, Germanist und wissenschaftlicher Mitarbeiter an der Bayerischen Akademie der Wissenschaften in München; außerdem Lehrbeauftragter an der Universität München und Mitherausgeber von »Der tödliche Paß – Zeitschrift zur näheren Betrachtung des Fußballspiels«.

Knud Kohr, geboren 1966, lebt als freier Autor in Berlin, arbeitet derzeit mit Martin Krauß an einer Geschichte des Profiboxens in Deutschland (erscheint 1999).

Martin Krauß, geboren 1964, lebt als freier Sportjournalist in Berlin, war Mitherausgeber der »Sportkritik. Die Zeitschrift gegen das Unentschieden«. 1999 erscheint von ihm (mit Knud Kohr) die Geschichte des Profiboxens in Deutschland.

Thomas Lau, promovierter Soziologe, Mitherausgeber des Fanzines »Von vorne und hinten«, Autor des ersten umfassenden Werkes über Punk (»Die heiligen Narren – Punk 1976–1986«, Berlin 1992). Lebt in Herten.

Conny Lösch, geboren 1967, freie Übersetzerin und Feuilletonredakteurin der »jungen Welt«.

Claus Melchior, geboren 1954, Anglist und Historiker, lebt als Buchhändler in München, Mitherausgeber der Zeitschrift »Der tödliche Paß«. Zuletzt erschienen (zusammen mit Hardy Grüne): »Legenden in Weiß und Blau – 100 Jahre Fußballgeschichte eines Münchner Traditionsvereins« (Göttingen 1999).

Christof Meueler, geboren 1968, arbeitet als Redakteur im Feuilleton der »jungen Welt« und lebt in Berlin.

Rainer Moritz, geboren 1958, ist Leiter des Hoffmann und Campe Verlags in Hamburg. Zahlreiche Buchpublikationen, zuletzt »Das FrauenMännerUnterscheidungsbuch« (München 1999).

Moritz Reichelt, geboren 1955 in Halle/Saale, gründete 1979 das Plattenlabel Ata Tak und die Band DER PLAN, hauptberuflich Maler seit 1978. Lebt in München. Zuletzt erschien: »Popkatalog Vol. 1 – Postpsychedelische Malerei« (München 1998).

Jürgen Roth, geboren 1968, lebt als freier Autor in Frankfurt/Main; zuletzt erschienen: »Verona Feldbusch – Die Biografie« (Zürich 1999).

Michael Rudolf, freier Autor, mehrere Buchveröffentlichungen, u. a. »Lexikon der Rockgitarristen« (Berlin 1999, gemeinsam mit Frank Schäfer).

Michael Sailer, 1963 in München geboren, lebt daselbst als Journalist, Mitglied der Rockband Dead City Radio und Photograph, erhielt 1998 ein Literaturstipendium der Stadt München für seinen Roman »Die Verrückten stehen in der Sonne«.

Toni Schmid, geboren 1950, gibt in München die Kulturzeitschrift »aviso« heraus.

Hans Ulrich Schmid, geboren 1952, ist wissenschaftlicher Mitarbeiter in der Kommission für Mundartforschung an der Bayerischen Akademie der Wissenschaften in München und Privatdozent an der Universität Regensburg.

Ingeborg Schober, hat diverse Bücher geschrieben (»Rock Dreams« und »Tanz der Lemminge«), Radio und Fernsehen gemacht (BR) und immer wieder Zeitung (SZ). Macht am liebsten Interviews. Lebt in München.

Susann Sitzler, geboren 1970 in Basel, lebt als Journalistin und Autorin in Berlin.

Rainer Sprehe, geboren 1971, studiert die räumliche Planung in Dortmund und Leeds.

Friedrich W. Stallberg, geboren 1945, lebt in Dortmund und arbeitet als Professor für Soziologie an der dortigen Universität.

Brigitte Waltenberger-Klimesch, geboren 1961, lebt als Gymnasiallehrerin in Augsburg.

Elke Wittich, geboren 1966, lebt in Berlin, freie Journalistin und Sportredakteurin bei »Jungle World«.

Hans Zippert, geboren 1957, als freier Mitarbeiter für »Titanic«, »FAZ«, »Die Welt«, »Cinema« und das »Süddeutsche Zeitung Magazin« tätig.

Abbildungsnachweis

Seite 27: Cliff Richard mit seiner Mutter, 1960, Foto Ullstein. – Seite 45: The Who, 1965, Foto Ullstein. – Seite 86: Jane Birkin mit Serge Gainsbourg, Foto Ullstein/Kövesdi Presseagentur. – Seite 105: Tammy Wynette, 1971, Foto Ullstein-Reuters AG. – Seite 123: Melanie, 1971, Foto Horst Tappe/Ullstein. – Seite 138: T. Rex, Foto Ullstein. – Seite 154: Neil Young, Foto Ullstein, POP-EYE. – Seite 177: Alice Cooper, 1972, Foto Jim Rakete/Ullstein. – Seite 183: Slade, 1972, Foto Ullstein. – Seite 205: Suzi Quatro, 1979, Foto Ullstein/s. e. t. Photoproductions. – Seite 230: Status Quo, 1975, Foto Horst E. Lehmann/Ullstein. – Seite 241: Donna Summer, Foto Ullstein/Kövesdi Presseagentur. – Seite 253: Deborah Harry, 1978, Foto Thomas K. Schumann/Ullstein. – Seite 275: Boy George, Foto Max Kohr/Ullstein. Umschlagfotos: Slade, 1972, Foto Ullstein. – The Sweet, 1972, Foto: Ullstein – Camera Press Ltd.